"全球城市"的特殊空间治理

——大型保障房社区的公共治理研究

徐 建 著

文匯出版社

目　　录

第一章 绪论

第一节 研究背景

城市作为人类文明进步的集中展示,承载着"城市,让生活更美好"的朴素期待。就本质而言,城市是人高度集聚的产物,人在城市空间内活动,居住自然成为城市运行和发展的重要议题,同时居住空间也成为城市的基础性空间。在不同的历史阶段,城市与居住的关系呈现出各异的面貌,唯一不变的是居住和居住空间在城市话语体系中的重要性与敏感性。

一、保障性住房空间的争议

工业革命开启了人类城市发展的新纪元,随着西方发达国家城市数量和规模的迅猛扩张,城市化与工业化伴生共荣,共同塑造了人类近代世界。城市之于农村的重大变革之一,在于社会保障对自给自足的小农保障的全面替代,社会保障制度在城市发展过程中发挥了不可替代的基础性支撑作用。其中,住房保障从无到有,逐渐发展为当代社会保障的关键组成部分,存在于大多数国家和城市。

新中国建立以来,在计划经济体制下,城市长期采用福利性住房制度,属于特殊形式的住房保障。随着20世纪末开启的城镇住房制度改革,在住房市场化全面推进的同时,低收入阶层的住房保障也成为政府的基本职能之一。中国城市化是人类有史以来单一国家最大规模的城市化进程,相应的,中国城市住房保障规模也蔚为大观。自21世纪初开始,在国家层面的政策推动下,各地城市政府纷纷启动并全面推进保障性住房建设。

住房保障的形式也经历了历史性变迁,并依制度理念、发展阶段和具体国情而有差别。大体来看,从实物保障到货币化保障,从集中式保障到分散式保障,从产权保障到租赁保障,是普遍的变化历程和趋势。这其中,住房集中式保障是一个复杂而有争议的保障形式。

在国外,尤其是欧美发达国家,早期的住房保障普遍以实物保障和集中式保障为主,在城市外缘地区,出现了一个个大型保障房社区。公允而言,这些住房在短期内有效解决了低收入阶层的居住问题,促进了社会和谐与稳定,为西方发达国家经济社会的高速发展提供了重要支撑。但随着时间的延续,这些大型保障房社区绝大部分走向了衰败,沦为吸毒、卖淫、抢劫等失范行为密集之所,被主流社会贴上"问题社区"的标签。在耗费大量资源进行治理却无效后,这些国家整体上放弃了住房集中保障模式,转而以货币化补贴为主,给予低收入阶层一定的选择自由,力求在城市整体空间范围内分散配置保障性住房。

作为东南亚国家的新加坡事实上也采用了集中建设保障性住房的形式,组屋区是新加坡人最主要的居住空间。新加坡住房模式一向为世人称道,属于成功案例,积累了许多值得借鉴的经验做法。值得注意的是,新加坡城市国家的独特性质部分限制了这一模式的推广价值。

在中国,21世纪初以来的住房保障基本采用集中建设保障性住房的形式,大型保障房社区在中国的城市普遍存在。在上海,这种大型保障房社区被称为"大型居住社区"。大型居住社区的形式与西方国家的早期实践类似,主要位于城市郊区,规模较大,以低收入阶层为主。因此,从诞生之初,学术界就持整体性的批评态度,认为将原本分散的穷人集聚在一起,必将引发不可控的长期风险,应尽快改变这种模式。与此同时,由于配套、建筑质量等问题,大型居住社区也引起入住居民不满,媒体不时报道大型居住社区存在的问题,以及属地基层政府治理的困难。大型居住社区不是好社区的刻板印象正逐渐在更大范围内形成。政府持续面临广泛的社会压力，尽管各级政府均采取了诸多努力，但由于这种模式在中国未曾经历过，全面的改进和优化在短期内还难以平息负面的争议。政府迫切需要针对大型居住社区模式的治理新范式，以更好地应对新生事物的治理挑战。

上述争议的根源在于对住房属性的认识，显然房屋不仅仅是遮风避雨之所，提供能满足这些家庭空间需求的公共住房对于政府来说是更难实现的目标（联合国人居署，2004）。也就是说，需要实现低收入居民住房保障和生存发展之间的平衡，因为大型保障房社区治理研究的本质就在于取得和增进这样的平衡效果。

二、全球城市的发展

20世纪后半叶，新一轮全球化逐渐成型并加速发展。这一轮全球化的核心在于跨国生产网络的形成，要素在全球范围内流动重组，产业内和企业内的贸易比重越来越大，世界以更为紧密的方式连接在一起，跨国公司成为国际劳动分工的关键组织者。跨国公司和高端生产者服务业企业大量集聚的城市，也因此具备了全球经济的管控功能，发挥着全球范围内资源配置的作用。弗里德曼（1986）将这类城市命名为"世界城市"（World City），萨森（2005）则称之为"全球城市"（Global City）。全球城市的生成，是全球化时代城市发展的典型表现。纽约、伦敦和东京，很多时候还包括巴黎，是公认的最为顶尖的全球城市。随着全球化的深入发展和世界经济重心的东移，更多的全球城市如新加坡、香港、上海等，在全球城市各类排行榜上稳固占据着前列位置。上海也将"卓越的全球城市"明确为城市发展的长期愿景，致力于成为与纽约、伦敦和东京比肩的顶尖全球城市。

正如全球化并非均质运行，少数全球城市的出现本身就是非均衡发展的结果，而全球城市内部也同样具有突出的分化乃至极化特征。极化不仅体现在社会阶层结构上，其空间层面也同样如此。不少全球城市面临着如何控制低收入阶层在城市空间集聚、隔离以及边缘化的难题(张祚、朱介鸣、李江风,2010)。全球城市空间的极化往往透过居住空间格局呈现出来,但对于此的关注却显得不够。正如联合国人居署(2004)所指出的,关于全球化,很多讨论集中于经济发展和人类发展议题,人类住区的发展并未得到太大关注。

在这个背景下,中国的城市特别是全球城市如何通过创新实践走出一条大型保障房社区的成功治理之路,显得尤为重要。正如全球城市概念的提出者萨森在2018年中国之行的学术研讨会上所表达的,她认为当前中国和西方最大的不一样在于变革意愿与能力,中国充满活力且勇于实施改革,在城市发展方面体现出令人瞩目的创新,并不断取得成效,而西方发达国家惰于革新、怠于现状,因此她非常看好城市发展的未来在中国。

诚如斯言,对于上海这样的全球城市而言,既面临着城市赶超发展的重大使命,也需要应对极化治理的挑战。而大型居住社区正处于两者的交汇点,是极化空间治理的焦点,也是许多国家实践所证明了的难点。因此,以上海为例,探索全球城市背景下大型保障房社区的治理,具有重要而深远的意义。

第二节 文 献 综 述

住房集中保障、大规模建设保障性住房,对今日西方发达国家而言,已非主流保障模式。目前仍在成体系运行的大型保障房社区主要是中国香港和新加坡等城市型经济体。对于大型保障房社区形式,国内外学界基本呈批判态度,并且随着大型保障房社区问题的持续出现和衰败的加剧,学者关注的焦点主要在如何更好地开展住房保障,以替代集中式的住房实物保障。总体而言,学术界关于大型保障房社区的研究,可以从学科、领域与关键词三大角度展开。

一、学科角度

城市规划学对大型保障社区的研究,主要集中在大型保障房社区的性质,以及不同于普通商品房社区的规划要点。周俭和黄怡(2011)认为,仅有居住功能的大型居住社区将没有活力和可持续发展潜力,动辄十多万人的规模,在规划上应视作"城市",配置一部分超出其自身服务范围的设施,从而增加吸引力。熊健(2011)、朱锡金(2011)和陈秉钊(2017)也从功能完善的新城组成部分的角度,阐述了大型居住社区的规划理念。钱瑛瑛等(2007)发现,上海大型居住社区规划选址普遍偏远,很可能会影响规划目标的实现。保障性住房往往面临成本约束,王勤(2016)介绍了西班牙激发规划和建筑师的想象力,努力实现低成本与优质配套之间的平衡。除此之外,城市规划学者还指出在市场经济条件下城市居住空间的极化现象,认为这是城市内部经济社会结构分化的结果(吴启焰,2016)。

社会学主要从社会和人口结构等角度理解大型保障房社区。徐建(2008)发现,保障房集中社区呈现出老龄化严重、受教育程度较低、失业情况严重等结构性特征。威廉·朱利叶斯·威尔逊(2007)的研究表明,低收入阶层聚居区的许多问题,关系到整个社会组织的一般性问题,也受到经济变迁的直接影响。金桥和徐佳丽(2016)根据2014年开展的"上海大型居住社区居民生活调查",对大型居住社区的特征进行了归纳,提炼出"居住、保障、速成、弱势、问题、无根、镇管"等七大特质,并发现区位缺陷对人口结构有直接影响。

公共管理学关注大型保障房社区的治理。陈淑云和彭银(2016)指出,保障房社区的内部关系相对复杂,带来了治理的难度,主要包括多元治理主体协调难,居民诉求被忽视,弱势群体被标签化和边缘化。高杰(2013)对经济适用房小区的满意度调查发现,居民对空间条件改善较为满意,且社区治理呈现逐渐向好的态势。一些学者(彭善民,2011;陈荣武,2015;桂家友,2015)调查发现,国内部分大型保障房社区属地政府开展了有针对性的治理探索,形成了诸如镇管社区等体制创新。

城市研究领域对全球城市内部空间演化的分析也值得关注。萨森(2005、2019)自提出"全球城市"概念起,就高度重视全球城市的极化特征,以及内部空间的分化。霍尔(1998)认为,全球城市需要努力实现对外连接以及叠加力量与内部充满矛盾和规划困惑背景之间的平衡。周振华(2017)深刻指出,社会极化的不平等,定义了后工业化都市风格的主要特点,是当代全球城市面临的最大挑战。何雪松(2016)也发现,全球城市尽管拥有庞大的中产阶级,但空间隔离风险仍然巨大。贾宜如等(2019)基于全球城市的极化特征,分析了伦敦、纽约、新加坡等全球城市开展的可负担住房实践,表明居住空间优化在全球城市发展中的重要意义。

哲学学科并不直接研究大型保障房社区的规划、建设和运行,而主要从空间正义的角度反思城市居住空间变迁,陈忠(2010)、任政(2018)指出,城市空间并不是单纯的物质空间,在马克思主义空间哲学视角下,空间是关系的产物,也生产着关系,资本、权力等要素在城市空间演化中扮演着重要角色。城市空间的性质由此发生了根本性的变化,引发了空间正义性的思辨,而居住空间是空间正义关注的焦点。不仅是哲学家,规划学者如胡毅和张京祥(2015)也分析了低收入阶层居住空间在市场化进程中的变化,从中心迁至郊外保障性住房,导致弱势群体生活利益受到损害。

二、关键词角度

纵观国外关于大型保障房社区的研究,一些词汇的出现频率极高,共同刻画出了大型保障房社区的基本面貌。

1. 区位

大型保障房社区往往处于城市中欠佳的区位,因而带来了"空间失配"现象(周江评,2004)。Morrison等(2006)通过对英国案例的实证研究表明,空间失配对就业和企业生产都有负面影响,提高了社会整体成本。刘志林和王茂军(2011)发现,低收入居民更容易受到空间失配的影响,需要在住房政策中更加关注公共服务设施的空间配置。周素红等(2010)对广州保障房社区的研究表明,这类社区存在较为明显的"居住—就业"空间匹配问题。

2. 贫困集聚

在大型保障房社区模式之下,原本分散于城市空间中的贫困群体在保障房社区内高度集中,形成了贫困集聚现象。也即公共政策导向会带来贫困和非贫困人口在空间上的重新分布(William,1998),公共住房成为最贫困和不利的社区(袁媛、许学强,2007)。在欧洲主要分布于城市外围边缘区(Peter Mann,1965),在美国则是中心城区(威廉·朱利叶斯·威尔逊,2007)。贫困群体的集聚极易导致这一群体被主流社会孤立,切断与相对优质就业和教育等资源的联系,从而带来贫困代际循环。

3. 资源

很多学者发现,大型保障房社区普遍面临资源供给不足的问题。资源供给体现为两个方面:其一是面向居民的公共服务配套资源不足,如教育、医疗、购物等设施(陈荣武,2015;徐建,2008、2018)。其二是属地政府的治理资源欠缺(桂家友,2015),包括财力、编制等。

4. 衰败

国外很多学者,比如Brama(2006)、Marcuse(1997)等都指出欧美发达国家的集中式住房保障模式绝大部分都走向了政策反面,社区逐渐问题丛生,最终衰败。徐建(2018)系统总结了国外大型保障房社区衰败的原因与过程,认为绝大多数大型保障房社区是在区位、人口、资源、管理、文化等因素的综合作用下,经过"筛选—衰退—锁定"三大过程逐步走向衰败。有意思的是,几乎所有研究都倾向于认为大型居住社区是问题社区,必然走向衰败,研究文本中很强烈地流露出对这一模式的批判。一些研究尽管并没有全盘否定,但从其提出的对策建议和治理策略看,体现了事实上的否定态度。

三、主要评论

1. 评价的标准

在评价这些研究成果前,需要明确四点:

一是保障房集中社区作为城市整体空间的有机组成部分,其全生命周期状况都与整体空间格局相关,而不仅仅是前端的形成阶段。

二是城市既有共性,也更有个性,不同城市的定位愿景、资源基础和发展取向都不一样,必然会对保障房集中社区的治理带来不一样的效果,尤其是考虑到保障房集中社区建设和治理耗资不菲的客观现实。比如,一个经济实力薄弱、百万规模人口的内陆中小城市,和一个经济实力雄厚、千万规模人口的全球城市相比,在保障房集中社区治理的资源支撑和方式手段上不可等同而语。

三是社区发展自身需要一个过程,大部分社区也有由乱到治、从不成熟到成熟的阶段变化。中国住房改革、房地产市场全面启动才20余年,保障房集中社区建设的时间更短,不能因为初期问题多发的客观实际而夸大化和污名化。

四是目前关于保障房集中社区的理论假设主要来自于西方发达国家和地区,而社区治理与国情和体制高度相关,不考虑中国的特点而照搬国外经验显然是不够严谨的。

2. 简要评述

这些研究共同的问题在于,虽然大都以特定城市为研究背景,聚焦特定城市的居住空间分化的过程、问题和结果,研究特定城市保障房集中社区的现状、问题并提出对策建议,但仅仅把城市宏观空间作为静态的背景，并没有把保障房集中社区这个小尺度空间置于城市整体空间动态变化的过程中去观察和理解。即使有所提及，也仅集中在城市空间分异的动力机制，即保障房集中社区的成因方面。

问题的关键，恰恰在于当前对大型保障房社区模式先入为主的价值否定，而这种否定并非主要来自于国内研究，绝大部分基于欧美发达国家早期大型保障房社区失败的案例，这无形中导致中国学者的研究关注点过度聚焦于大型保障房社区暴露出的问题。结果是，国内关于保障房社区的研究形成了一种奇怪的研究景观：价值判断先行—寻找基于问题的论据—证明预设判断，成了典型的主观性极强的循环论证过程，其本质根源在于价值判断对事实探究的取代。这种情形导致了两大结果：一方面，由于循环往复式研究带来的刻板印象，对该领域的研究反而逐年减少，研究者对于保障房社区必然失败深信不疑，也就很少有人再去深究。另一方面，对保障性社区为什么衰败、其内在机理究竟如何，却并没有多少文献可寻，更不用提对"什么条件下这一模式能够成功"的深度追问。事实上，对于中国正在大量出现的保障性住房社区而言，这种追问更具有现实意义。

对上海这样的全球城市而言，面临着住房整体供应和保障性住房供给双不足的压力，这个追问更具有重大的战略意义。

第三节　研究内容

本研究延续全球城市和大型保障房社区治理的理论源流，针对既有研究存在的不足和部分领域的空白，结合自身研究旨趣，提出了具有一定挑战性的理论假设，并相应构建了研究内容。

一、理论假设

本研究对大型保障房社区必然失败的公认观点提出质疑。这不仅有新加坡的类似成功案例做支撑,也因为国内包括上海在过去十几年兴建了大量保障性住房社区,迫切需要相应的治理理论指导日常实践。本研究的理论关切聚焦于大型保障房社区的良性运行何以可能,如何才能走出一条不同于欧美发达国家早期大型保障房社区最终衰败的中国之路。

基于此,本研究的核心理论假设是:大型保障房社区并不必然失败,在城市整体发展框架的牵引下,大型保障房社区能够得到有效治理,并实现作为一种城市空间战略的成功。与之高度相关的另一个关键命题则是:全球城市发展必然形成极化特征,也能够在发展进程中有效管控和调节极化;保障房集中社区并非全球城市的"毒瘤式"病态空间,相反可以成为全球城市内部具有积极意义的有机组成部分。

为了验证上述理论假设,本文以上海为研究对象,考察作为全球城市的上海,如何通过将大型居住社区融入全球城市进程,从而实现大型居住社区的有效治理和城市整体的可持续发展。

二、主要内容

理论假设设定之后,需要进一步确定研究内容,以证实或证伪假设。具体而言,本研究必须回答以下四方面的问题。这四大问题并非简单罗列,而是具有逻辑关联的严格论证。

1. 全球城市是什么,其与居住空间是何关系?

这个问题实质上是探究大型保障房社区产生与城市发展的内在逻辑。只有厘清了两者关系,才能避免在大型保障房社区研究上的就事论事和孤立研究,才能在城市母体层面深刻理解住房保障是城市的有机组成部分。本研究不奢望把思考范围拓展到所有城市,而仅聚焦于城市中的特殊一类——全球城市,这既与研究者的学术兴趣点有关,也是因为作为研究案例之对象的上海是中国最具代表性的全球城市。对两者关系的研究并非双向交互式的,而是从全球城市的概念内涵和本质特征出发,逐步推论出居住空间的重构。

2. 上海的大型居住社区如何形成,现状怎样?

当研究聚焦到特定的全球城市上海时,应在全球城市与大型保障房社区关系的一般理论基础上,结合特殊的国情和市情,全面阐述上海的大型保障房社区——大型居住社区生成的多元逻辑。这一研究将丰富全球城市内居住空间的研究,也为后续大型居住社区的治理实践提供支撑。大型居住社区生成之后的现状特别是暴露出的问题,也是研究框架中无法绕过的重要部分。

3. 国外保障房集中社区治理有何经验可鉴?

大型保障房社区模式并非中国首创和独创,国外许多发达国家曾普遍经历过住房集中保障的阶段,但后续逐渐不再以此为主流形式。对国外实践的考察有利于进一步深入理解大型保障房社区的特质,了解最新的发展取向,从而汲取治理的经验或教训。对国外案例的研究分为欧美发达国家和新加坡两大类,前者整体失败,后者尽管较为特殊,却取得了成功。

4. 上海的大型居住社区如何系统治理?

对上海大型居住社区治理探索的研究是本课题的重心所在,也是回答理论假设的关键之处。对上海大型居住社区治理的分析,将从规划设计、资源要素、治理结构、治理体制和特色优势等层面系统展开,并着力论证一个体现上海特色的大型居住社区治理模式已初步形成。同时,针对当前尚存在的问题,提出解决和优化的方案设计。

第四节 研究路线与方法

在研究内容基础上,本研究相应设计了研究路线,明确了研究方法,以便有效检验理论假设。

一、研究路线

本研究从全球城市的兴起出发,探讨这种特殊城市形态的特征,以及相应的空间表现,进而研究保障性住房空间的生成。然后以全球城市——上海的大型居住社区为例,阐述其生成逻辑,重点研究上海对大型居住社区的治理过程。

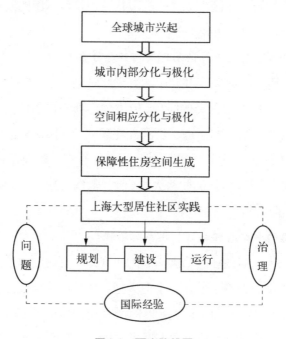

图1.1 研究路线图

二、研究方法

本研究以定性研究为主,同时辅之以定量研究,构建了多元方法体系。过程性是本研究在方法选择时的思考基点。这种过程性既体现在全球城市内的大型居住社区治理是一个渗透到日常实践中的持续过程,更是因为大型居住社区仍处于持续建设、人口陆续导入的过程之中。故而研究方法必须多元且针对性强,力求穿透表面、真实客观地理解研究对象。

1. 文献研究

本研究广泛搜集相关文献,特别是关于国外保障房社区方面,积累了较为丰富的论文、报告和著作等资料。基于文献研究,梳理出国外大型保障房社区的运作历程,包括欧美发达国家的实践,以及新加坡组屋区的治理探索等。

2. 问卷调查

面向政策客体进行数据采集,是全面理解政策效果的必要步骤。为了更精确地掌握保障房社区居民对社区规划、建设和运行的看法,本研究根据研究内容专门设计问卷,面向上海已入住运转的大型居住社区展开抽样调查,调查对象为社区居民,样本量为400份,获得了较多有价值的数据。

3. 田野调查

本研究重点运用田野调查方法,对上海多个区的大型居住社区进行了深入的实地考察,观察社区内部环境状况,体验社区治理日常过程,访谈居民、社区干部、镇级政府官员,对社区治理过程中的不同主体和社区总体状况有较深的了解。

4. 案例研究

本研究将上海大型居住社区作为核心案例。按照案例研究基本框架,对上海大型居住社区建设的宏观背景、实施过程、现状问题、实践探索展开全面分析,形成了基于构成要素、主体关系、运作逻辑、成效判断等为一体的模式体系,构建了具有较强说服力的上海案例。

5. 比较研究

住房集中保障模式曾经或正存在于世界许多国家,欧美发达国家和新加坡等国是其中典型。同时,住房保障也受到各国发展理念、阶段的影响。因此基于比较视角,而非简单的拿来主义,有利于更深刻地理解这一模式。本研究主要从文化理念、体制特色、发展阶段、治理过程等角度对中外实践以及欧美和新加坡的实践展开比较分析。

<h1 style="text-align:center">第五节 章 节 安 排</h1>

本研究包含8个章节内容,形成体系完整、逻辑自洽的研究体系。

第一章为绪论。主要阐述研究的背景、内容和方法。通过对文献的梳理,强调当前关于大型保障房社区的研究并非过剩,而是匮乏,特别是对其内在机理的研究,以及基于中国案例的研究,都急需深化和强化。在此基础上,针对衰败机理和上海个案研究进行了全面的研究设计。

第二章题为"全球城市:一种特殊的城市形态"。大型保障房社区是城市整体空间中的一类特殊形态,其形成是城市发展战略在空间层面的体现之一,而不同的城市定位和取向,也直接影响着大型保障房社区。因此,理解上海的大型保障房社区,必须首先阐述上海的全球城市定位和卓越的全球城市愿景。本章详细介绍了全球城市概念和理论,全面展示其异于一般城市的独特之处,以及最新的发展趋势。

第三章题为"全球城市、极化与空间"。本章旨在从学理角度论证全球城市的内部特征,表明极化是全球城市的固有特性,而空间是极化表达以及理解极化的关键。对全球城市极化的分析,暗示着大型保障房社区与全球城市的逻辑关联。

第四章主要研究多重逻辑主导下的上海大型居住社区生成。本章基于前述全球城市理论和全球城市极化的分析,聚焦上海案例,系统论证了大型居住社区背后的逻辑体系。20世纪90年代后上海的发展,就是国家战略指引下的全球城市建设过程。在这一过程中,国家、地方政府、市场和市民等不同主体之间的复杂逻辑互动,催生了上海大型保障房社区——大型居住社区。

第五章主要描述上海大型居住社区存在的问题与成因。本章关注大型居住社区现状,基于问卷调查和田野调查等方式,对上海大型居住社区规划、建设和运行过程中暴露的问题做了归纳总结,并提出理解这些问题的视角,进而深入分析其背后的原因。

第六章关注国外保障房集中社区的治理。本章梳理了欧美主要发达国家住房保障的历程,并对曾经普遍兴建的大型保障房社区衰败的机理展开深入分析,同时总结了国外住房保障的新趋势。本章还重点论述了长期坚持集中化住房保障的新加坡经验,在做法基础之上挖掘其深层原因。

第七章重点研究上海大型居住社区的整体性治理模式。这一章是对上海自21世纪初以来开展的大型居住社区治理的系统性研究,力图论证上海的持续探索已经初步形成具有自身特色的整体性治理框架,并涌现出部分成功案例。这就证明了大型保障房社区并非不可治理,在一定条件下完全能够实现健康的可持续运行。

第八章是对优化大型居住社区运转开展的方案设计。在前面章节对保障房社区的生成逻辑、内在演化机理、现状问题以及治理框架等的论述基础上,针对存在的主要不足,提出深度融入全球城市进程、开展系统优化的政策设计。

第六节 创 新 与 不 足

本研究是对大型保障房社区的系统研究,尝试回答住房集中保障可行性的难题,具有较强的创新价值。

一、主要创新点

本研究的创新主要体现为三大方面:

1. 解释了全球城市与居住空间的内在关系

当前全球城市理论体系更多聚焦于全球城市概念演化、指标体系构建、发展案例总结等方面,对于全球城市内部空间的变迁关注较少,居住空间在全球城市建设过程中的演化逻辑更是少有问津。本研究从空间角度切入,指出全球城市既是全球化的"空间表达",其内部空间也具有不同于一般城市的特征。本研究首次提出了全球城市内部空间的核心矛盾,即地方空间的有限性与功能承载的无限性之间的矛盾。在此基础上,本研究指出全球城市居住空间的演化从内在看决定于全球城市的特性,只有从全球城市本身的规定性出发,才能真正理解居住空间的变迁,尤其是保障性住房空间的形成。这是对全球城市理论体系演进的一个贡献。

2. 揭示了大型保障房社区衰败的机理

欧美发达国家大型保障房社区模式的整体失败已是历史事实,但国内学术界对其衰败的内在机理缺乏足够深入的分析。理解失败,更能增进成功。本研究提出了"五大因素、三大过程、三大矛盾"的结论,从理论上较好地解释了衰败的内在机理。即:大型保障房社区由于区位不佳、弱势人群高度集聚、关键资源缺失、管理乏力,以及"贫民窟文化"等因素,在总体上经历了筛选—衰退—锁定三个过程之后,最终趋向不可逆转的衰败。其背后的本质原因在于"建设与管理、硬环境与软环境、需求与资源"三大矛盾的失衡式运行。

3. 提炼了大型保障房社区成功运转的治理模式

本研究并未止步于对大型保障房社区衰败机理的揭示。相反,在深刻认知败因的基础上,依托整理性治理理论框架,系统总结了上海21世纪以来在大型居住社区治理方面的战略设计和持续探索,并提炼出被实践初步证明有效的治理模式。上海大型居住社区整体性治理模式的核心体现为"五化":规划理念整合化,资源注入倾斜化,治理结构网络化,治理体制创新化,组织优势显性化。该模式的最大价值在于,证明了住房集中保障模式并非命定失败,也能实现有效治理和健康运转,这是新加坡案例之外的又一成功实践。尽管该模式具有上海的城市特色,但也具备一定的推广价值。

二、存在的不足

1. 过程性制约

以大型保障房社区为表现形式的住房集中式保障,在欧美发达国家已基本成为历史。上海大型居住社区尽管在21世纪初即已推出,但由于采取了分批分期建设模式,总体上还处于持续推进过程中,治理探索也在不断丰富和深化。对模式提炼而言,事后总结显然最佳,过程性永远是一个制约。这就需要仔细甄别核心战略和主导逻辑是什么,哪些是一以贯之的做法,哪些则是阶段性、枝节性的问题。也就是说,需要克服在过程性中把握永恒性的挑战。

2. 上海案例的特殊性

本研究得出的大型保障房社区具有成功可能性的结论,主要基于新加坡和上海案例,由于新加坡的特殊性,事实上上海案例更为重要。但对中国普遍存在的住房集中式保障实践而言,上海案例又带有一定的特殊性。特别是本研究表明,全球城市进程对上海大型居住社区治理具有重大意义。因此对于非全球城市的国内一般城市,比如普通地级市而言,上海探索的可复制性、可推广性如何,还无法轻易下结论。

三、后续研究方向

1. 深化探索、外拓推延

全球城市内部空间的演变,是一个值得深入研究的课题,无论是对全球城市理论演进,还是特定的全球城市治理而言。一方面,关于全球城市与居住空间的关系,可以进一步细化,尤其是内在逻辑的运作过程;另一方面,在本研究关于居住空间分析的基础上,对全球城市的内部居住空间、功能空间、公共空间等不同空间形态之间的互动关系,也值得深入剖析。

2. 持续跟踪、动态修正

鉴于上海大型居住社区的治理探索仍在持续,下一步可以保持紧密跟踪,覆盖更多大型居住社区案例,不断丰富上海整体性治理模式的内涵,修正部分内容,最终通过社区全生命周期研究,更加全面、准确地提炼出这一模式的核心要素,以及内部的运作逻辑,形成学理上更具说服力的"上海模式"。

3. 强化比较、有序推广

中国语境下的上海大型居住社区治理探索,尽管有城市自身的特殊性,但对于北京、广州等同属于全球城市之列的中国城市而言,进行城市间同类治理的比较研究,无疑具有更重要的价值。同时,在比较中可以提炼共同的要素因子,经过适当调整,可在更大范围内进行推广尝试,共同促进中国大型保障房社区的治理事业。

第二章 全球城市：一种特殊的城市形态

第一节　全球城市在全球化进程中的兴起

全球城市是全球化时代的一类特殊城市,是经济全球化的"空间表达"。全球城市并未超脱城市范式,同样具有城市的核心特征,但又在定位、功能、结构等层面展现出不同于一般城市的新面貌。

一、全球城市成为令人瞩目的现象

城市是人类进步的集中表现,人类文明的辉煌灿烂与挫败迷茫几乎都在城市空间内呈现。正如约翰·里德(2016)所言,我们塑造了城市,城市也塑造了我们。集聚的本质激发了城市无限的可能性,但受限于地域隔离和交通技术不发达,早期的城市几乎只在其附近区域发挥作用,全球性的城市凤毛麟角,尽管历史上有部分城市在其鼎盛时代曾拥有世界性的声名。

地理大发现历史性地开启了人类全球化的进程,也逐渐深刻地改变了全世界城市的发展走向和前途命运。

早期全球化的核心是基于比较优势的国际贸易,国家在其中发挥主导作用,这一阶段也往往被称为全球化的1.0版。20世纪六七十年代以来,跨国投资和贸易日益蓬勃发展,带来新的国际劳动分工,全球价值链革命持续推进,跨国公司开始成为全球化的核心推进力量,生产性服务业也随之在全球扩张,全球化进入跨国公司驱动的2.0版阶段。这个阶段又可以进一步细分为四个子过程:生产的全球化、资本的全球化、技术的全球化,以及服务的全球化(成思危,2001),反映了经济全球化持续深入的演进。从生产到资本、技术,再到服务,要素流动重心的变化也会相应产生经济地理空间的改变。无疑,当今世界很少有区域空间不被经济全球化所影响,但全球化效应的辐射并非均质分布,较之乡村区域,城市区域承载着更多的经济全球化因子,成为全球化运作的主体空间,是经济全球化在地理层面的关键投射(联合国人居署,2004)。

城市的天然优势体现在对资本、技术和服务的更好承载上。背后有两大原因:一则资本、技术和服务不同于土地和自然资源,是非实体性要素资源,往往依附于机构和人,更愿意、更适合在城市空间驻留;二则资本、技术和服务具有很强的流动性,依托城市流动的效率显然更高。因此,在新的跨国界的全球化进程中,城市的重要性逐渐凸显,成为跨国要素流动的主要载体。

经济全球化的本质是市场化逻辑的跨国界体现,也即要素以市场机制在全球范围内配置。其结果正如民族国家范围内的市场化进程必然催生增长极核、形成资源不均衡配置格局一样,经济全球化带来的要素流动并非均质分布,部分城市脱颖而出,集聚了最大规模的要素资源,成为新历史进程的最大受益者。萨森深刻觉察到了经济全球化时代新的经济逻辑,她发现,生产的地理分散反而对集中管理和控制提出了新要求,越是分散越需要高度管控,这个管控的最关键区位就是少数核心大都市(丝奇雅·萨森,2005)。这一过程形成了所谓的"世界经济的大都市化",大都市成为全球竞争的首要竞技场(联合国人居署,2004)。

同时,信息技术的进步也推动了跨境联系与沟通,全球因此全面、深度连接,形成世界城市网络,被卷入全球化的城市成为其中的一个个节点,而上述极少部分大都市则是主要节点,扮演着令人瞩目的全球资源要素流动的通道和枢纽角色。宏观来看,在20世纪60、70年代启动的当代经济全球化的进程中,纽约、伦敦、东京基于所在国的综合实力和自身的良好基础，率先转型，成为第一批主要受益城市，崛起为公认的最顶尖的全球城市，在全球范围内发挥着甚至超越民族国家的控制力和影响力。

从全球化的角度观察城市，霍尔和弗里德曼在当代全球化早期进程中已有卓越的研究，发现极少数大都市由此产生了质的跃升。1991年，萨森的专著《全球城市：纽约、伦敦、东京》出版，在全球学术界第一次提出了"全球城市"概念。但萨森并未对全球城市作出明确的内涵式定义，更多是从描述性角度阐述。

二、"全球城市"概念辨析（徐建，2019）

1. 两种视角下的"全球城市"概念

对于"全球城市"概念的理解，大体呈现为两种视角。第一种主要是基于城市实力和影响力，把"全球城市"解读为"全球范围内的卓越城市"或"具有全球影响力的城市"。这一脉的典型代表如吉德斯（Geddes），于1915年最早提出"世界城市"一词，并列举了巴黎、柏林和纽约等城市，现实中不少学者和公众也持类似的理解。这在本质上属于城市评价，背后隐含的是"中心—边缘"的城市等级序列观，并且抽离了时空背景，适用于城市文明史的绝大部分历程。

第二种视角则基于20世纪70年代以来的全球化进程，体现了新一轮国际劳动分工过程中出现的空间层面分散与集中并行的态势，如跨国公司总部和生产者服务业企业在少数大城市高度集聚，伦敦、纽约、东京、巴黎等成长为具有全球资源配置能力的"全球城市"。也就是说，"全球城市"本质上系经济全球化的"空间表达"，在全球化催生的世界城市网络中居于核心节点位置，是一种当代现象和特殊城市形态。这一视角从霍尔1966年对"世界城市"的多角度定义，到弗里德曼1986年在其基础上提出的"世界城市假说"，再到萨森1991年正式提出"全球城市"概念，尽管各有侧重并存有差异，但具有大体一致的逻辑指向。特别是弗里德曼和萨森,准确抓住了经济全球化对城市的重大影响。正如迪肯所言,资本输出国采用超越传统国际劳动分工的方式使其地理分布的多样性明显增加……实际上,所有的制造业和商务活动都位于城市地区,在一些国家,只有一个或两个主导城市(彼得·迪肯,2007)。这种视角究其根本,属于功能主义导向,重点关注新一轮国际劳动分工、资本跨国流动和信息技术进步带来的经济地理重构,以及在此基础上城市重要性的提升和少数具有控制、协调、服务、引领功能的大城市也即"全球城市"的崛起,这些城市最广泛地连接全球范围内的各类城市,成为维护和推动全球化的关键性力量之一。与前一种视角的城市等级序列观不同,这一脉络更强调城市网络节点观,注重"地点空间"与"流动空间"的融合,突出城市间基于要素流动的连接,事实上也成为目前城市研究领域关于"全球城市"研究的基础。简单来说,连接是全球城市概念区别于传统国际大都市概念的核心,理解全球城市的关键也在于连接,连接催生了全球化,形成了世界城市网络,培育了全球城市出现的土壤。

2. 基于全球化理解"全球城市"

上述两种对"全球城市"的理解路径并非截然相对,简单而言,"全球城市"无疑是这个时代的"全球范围内的卓越城市",现今"全球范围内的卓越城市"多数是"全球城市"。从这个意义上说,可以将第一种路径视为广义上的"全球城市"视角,后一种则为狭义的"全球城市"概念。两者之间的关键差异在于"全球化",即是否在全球化视角上思考,以及对全球化的认知如何。格雷格·克拉克(2018)在其最新著作《全球城市简史》中巧妙地融合了二者,尽管并未明说,但他把全球化理解为跨国连接和国际影响,由此归纳了人类历史上所有超出本土市场发挥作用的城市的五大关键特征,即贸易与交通网络,具有开拓精神的多元化人口,对贸易体系的创新与影响,对新市场、新产品和新实践的探索,地缘政治机遇。循着这一路径,他追溯到了雅典、亚历山大、罗马,甚至人类文明更久远时期的城市。据此他认为:"尽管'全球城市'

是一个新概念，但其内涵却古已有之……全球城市的历史深深植根于人类文明的发展历程之中，从现代民族国家出现之前那些古代大都市的建立，一直延续到今天信息化时代全球城市的崛起。"克拉克宏大论述的最大启发在于，用全球化的视角重新审视世界城市史特别是大都市史，将会发现大都市往往蕴含着跨国界、跨文明因子，这些全球化因子的变化会引发城市文明演进的共振。

上述概念辨析表明，"全球城市"并非是平地惊雷或凭空而生，仍服从于"城市"基本范式，是城市发展的一种特殊形态。显然，当代的"全球城市"是前述狭义的"全球城市"，也即城市在20世纪70年代以来的全球化进程中的新变化和新形态。因此，无论是从理论研究还是实践发展的角度看，都应该更加聚焦后一种视角的"全球城市"概念——一个当代全球化催生的新城市文明。如果坚定立足全球化动态演化这一根本出发点，那么在全球化席卷全球并推动世界日益成为"地球村"的背景下，我们的视野就不止于少数的"全球城市"，更深切的关怀则不能不包括全球化影响下、世界城市网络中的所有城市和人，它和他们的当下状况和未来发展。因此，"全球城市"概念字面上体现为特定和部分城市的"独角戏"，但本质上却是全部城市发展的"协奏曲"与"命运交响曲"；关注"全球城市"，更深层的目的是找寻和提升城市在全球化背景下的核心竞争力，以及城市如何让生活更美好。

三、全球城市的排名

20世纪90年代末以来，随着全球城市在经济全球化中的作用日益凸显，以及全球城市概念的传播，各类全球城市排行榜也层出不穷。目前最主要的排行榜是"全球化与世界城市研究网络"排名，以及"全球城市实力指数"报告，其中又以前者最广为人知，也最受认可。

1. "全球化与世界城市研究网络"排名

"全球化与世界城市研究网络"（Globalization and World Cities

Study Group and Network，以下简称"GaWC"），系由英国拉夫堡大学地理学系泰勒教授领导的研究团队运作。该团队认为尽管全球城市理论以全球范围内广泛经济交易的存在为前提，但大多数研究仍集中于具体城市内部的结构以及相互间的比较分析，城市间关系和联系反而被研究者所忽视。泰勒团队致力于弥补对全球城市间联系研究不足的缺陷，在延续萨森理论传统基础上，强调高端生产性服务业在世界城市网络连接中的重要性，并主要基于会计、广告、金融、法律等生产性服务业企业的总部分支机构分布情况，对全球范围内主要城市的连通性展开打分及排序。

该排名将全球城市划分为5档12级，最高层次为α++级，是顶级的全球城市，比其他所有城市都更深地融入全球体系，在历次排名中仅有伦敦和纽约一直位居此列，显示二者在世界城市网络格局中的持续稳固地位。第一梯队包括α+、α、α−三级，其中：α+是仅次于纽约和伦敦的综合性较强的城市，主要满足亚太地区的高级服务需求；α和α−也是重要的全球城市，将主要经济区域和国家连接到全球经济体系。第二梯队包括β+、β、β−三级，是将所在区域或国家与全球经济连接起来的重要城市。第三梯队包括γ+、γ、γ−三级，这些城市可以是将较小的地区或国家与全球经济联系起来的全球城市，也可以是主要的全球能力并非高级生产者服务功能的重要全球城市，如制造业或旅游业等。"高度自足"（high sufficiency）和"自足"（sufficiency）类型是"准全球城市"，处于全球城市门的槛阶段，还不是严格意义上的全球城市，但它们有足够的服务从而避免过度依赖全球城市，比较常见的是两类专业化城市：较小的首都城市和传统的制造业中心区域。

2018年的排名显示，全球共375个城市被纳入榜单，其中处于Alpha+以上水平的城市是：伦敦、纽约、香港、北京、新加坡、上海、悉尼、巴黎、迪拜、东京、米兰、芝加哥、莫斯科、多伦多。

Alpha ++	London	Beta +	Ho Chi Minh City	Gamma +	Guatemala City
	New York		Boston		Detroit
			Cairo		Lahore
Alpha +	Hong Kong		Hamburg		Harare
	Beijing		Düsseldorf		Colombo
	Singapore		Tel Aviv		Accra
	Shanghai		Atlanta		Riga
	Sydney		Athens		Hyderabad (India)
	Paris		Doha		Adelaide
	Dubai		Lima		Cleveland
	Tokyo		Bangalore		Glasgow
			Dallas		Muscat/Ruwi
Alpha	Milan		Copenhagen		Guayaquil
	Chicago		Hanoi		Osaka
	Moscow		Perth		Xi'An
	Toronto		Chengdu		Rotterdam
	Sao Paulo		Bucharest		Dar Es Salaam
	Frankfurt		Auckland		Zhengzhou
	Los Angeles		Vancouver		Pune
	Madrid		Hangzhou		
	Mexico City			Gamma	St Louis
	Kuala Lumpur	Beta	Oslo		Lusaka
	Seoul		Berlin		San Diego
	Jakarta		Chennai		San Jose
	Mumbai		Brisbane		Amman
	Miami		Casablanca		Santo Domingo
	Brussels		Kiev		St Petersburg
	Taipei		Rio De Janeiro		Guadalajara
	Guangzhou		Lagos		Porto
	Buenos Aires		Montevideo		Kunming
	Zurich		Abu Dhabi		Calcutta
	Warsaw		Tianjin		Baku
	Istanbul		Beirut		Tegucigalpa
	Bangkok		Nairobi		Tbilisi
	Melbourne		Caracas		Charlotte
			Manama		Wellington
Alpha -	Amsterdam		Sofia		Austin
	Stockholm		Philadelphia		Turin
	San Francisco		Karachi		Asuncion
	New Delhi		Nanjing		Ankara
	Santiago		Wuhan		Ahmedabad
	Johannesburg		Zagreb		Hefei
	Dublin		Calgary		Algiers
	Vienna/Wien		Kuwait City		Islamabad
	Montreal		Denver		Luanda
	Lisbon		Minneapolis		La Paz
	Barcelona		Cape Town		Bilbao
	Luxembourg				Tampa
	Bogota	Beta -	Stuttgart		Belfast
	Manila		Tunis		Baltimore
	Washington (DC)		Geneva		Vilnius
	Prague		Chongqing		Bristol
	Munich/München		Almaty		Taiyuan
	Rome		Helsinki		Ljubljana
	Riyadh		Panama City		Tallinn
	Budapest		Nicosia		Phoenix
	Houston		Belgrade		
	Shenzhen		Seattle	Gamma -	Maputo

图2.1　GaWC 2018年排名情况（部分）

资料来源：GaWC网站（https://www.lboro.ac.uk/gawc/world2018t.html）

GaWC排名存在一定争议,最主要的质疑来自于以生产性服务业机构数量为标尺衡量全球城市,可能会存在规模遮蔽能级的风险。比如,在2018年排名中,北京和上海分列第四与第六,但这两个中国城市在生产者服务领域的能级显然没有排名显示的高,中国拥有的具有国际竞争力的先进生产者服务业机构数量很少,排名结果体现的主要是发达国家生产者服务业机构在中国城市的分布状况,并非北京和上海在该领域的真实竞争力(宁越敏,2019)。

2.“全球城市实力指数”报告

“全球城市实力指数”(Global Power City Index,以下简称“GPCI”),由日本森纪念财团都市战略研究所制定并发布,该研究所隶属于日本城市开发商森大厦株式会社。

GPCI认为鉴于城市间的全球竞争日趋激烈,应该关注城市的“磁性”,即它们在全球范围内吸引人才、资本、企业的综合能力。相较于GaWC主要聚焦于生产性服务业机构,GPCI的测度范围更广,主要围绕六大维度展开:经济(Economy)、研发(Research and Development)、文化交流(Cultural Interaction)、宜居性(Livability)、环境(Environment)和交通通达性(Accessibility)。六大一级指标包含26个二级指标和40个三级指标,形成了评价全球城市的综合体系。值得注意的是,萨森也是GPCI执行委员会八位委员之一,显然该测评方式也为其所认同。

与GaWC不首先设定城市范围,而是基于生产性服务业的全球实际布局进行城市排序不同,GPCI则是先选取城市,再对遴选出来的城市展开围绕六大维度的打分,并最终形成名次。在第一步的城市筛选方面,GPCI充分借鉴了当今全球较为流行的各类指数排行,以2018年为例,主要包括国际金融中心指数(GFCI, Z/Yen集团)、全球竞争力报告(世界经济论坛)、全球城市指数(GCI,科尔尼公司)、IMD世界竞争力报告(瑞士洛桑国际管理发展学院)、机遇之城(Cities of opportunity,普华永道)等,通过交叉整合,共选取44个全球城市作为排名对象。排

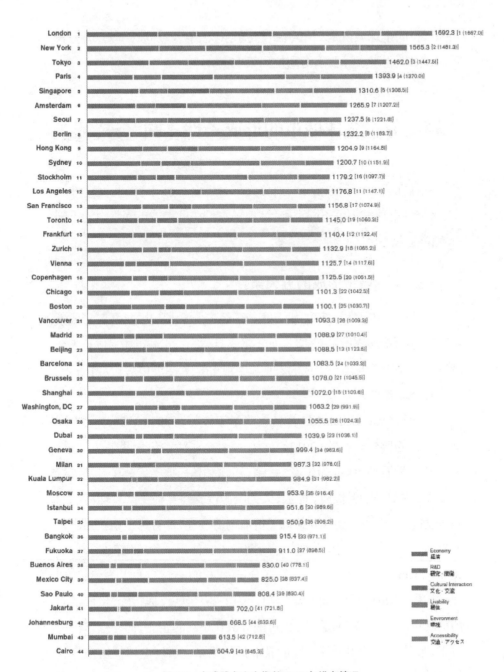

图2.2　全球城市实力指数2018年排名情况

资料来源：森纪念财团都市战略研究所

名前十位的全球城市是：伦敦、纽约、东京、巴黎、新加坡、阿姆斯特丹、首尔、柏林、香港、悉尼，上海则位列第26位。

第二节 全球城市的形成条件、功能与特征

总体而言，全球城市可以划分为综合性全球城市、专业性全球城市、区域性全球城市等不同类别，体现了它们在世界城市网络中的不同节点位置属性。

一、全球城市形成的五大条件

全球城市并非凭空而生，而是根植于经济全球化历史进程，其形成条件因而与经济全球化高度相关。如不考虑具体的特定城市如何成长为全球城市，而是从全球城市形成的宏观和中观角度看，主要包括五大条件。

1.全球价值链分工

价值链（value chain）是著名战略学家波特在20世纪80年代中期最早提出的概念。波特（2012）认为，一般企业活动包含两个部分，其一是基本类活动，体现为生产、营销、运输和售后服务等；其二是支持类活动，主要是物料供应、技术、人力资源或支持其他生产管理活动的基础功能等，这些活动共同组成了价值创造过程，都有利于企业强化客户价值，他将之称为"价值链"。同期科古特使用了价值增值链（value added chain），来分析价值链垂直分离引发的全球空间再配置。加里·杰里菲（2018）是全球价值链概念的主要贡献者，他指出，价值链的活动既可以由一家企业完成，也可能分散在不同的企业，而在全球化背景下，显然更多地由全球范围的企业间网络来完成。全球价值链分工的直接表现就是中间商品和服务的贸易大幅度增加，全世界贸易总额的60%以上均来自此。全球价值链指的是，生产过程的分离以及生产

过程中任务和活动日益趋向国际分散化,驱使无国界生产体系的形成,这或许是顺序链或复杂的网络,又或是全球性、区域性的,甚至有可能仅跨越两个国界(联合国贸易和发展组织,2013)。正是跨国公司主导的全球价值链分工形成了全球生产活动的分散化,并进而形成了少数核心大城市进行远距离集中管控的新要求。

全球价值链分析的最大价值在于揭示了全球分工活动中的不均衡增值及其分配。发达国家以其拥有的技术、资本、管理等先进要素,更多占据增值的主要部分,而这些先进要素所有者往往是跨国公司、生产者服务业机构。因此,全球城市是全球范围内最高端要素的集中汇聚地,是全球价值链高端环节的空间载体。

2. 金融管制放松

二战之后的较长时间内,金融行业在欧美属于管制行业,金融跨境流动的规模极为有限。随着20世纪70年代出现长期滞胀,凯恩斯主义受到严重质疑,新自由主义学说成为主导思潮。金融管制由此全面放松,金融自由化浪潮席卷发达国家,内容包括改革金融体制、利率自由化、放宽资本流动管制等。资本尤其是发达国家资本开始按照市场逻辑在全球寻找增值机会,国际间资本流动规模越来越大。以亚洲为例,在20世纪60年代,亚洲资本市场总市值全球占比不足5%,到80年代则超过欧洲,截至90年代初已占全球总市值的五成左右,世界金融格局发生重大变化。20世纪80年代和90年代,国际债券、国际股权、衍生品交易和国际货币市场等新金融工具的兴起,刺激着全球金融流动集聚提速(加里·杰里菲等,2018)。资本管制放松带来跨国投资的快速增长,1983年至1990年间,外国直接投资流量的增速是贸易流量的3倍(加里·杰里菲等,2018)。

3. 技术进步

人类历史上跨文明交流的深入,离不开技术进步对地域和地理阻隔的超越。这一轮经济全球化也受益于科技的全面进步而得以实现,其中两大技术领域发挥了关键作用：一是信息技术。电子通信、即时通信的出现，使得生产的全球分散和管控协调的高度集中成为可能，公司总部可以远距离管理全球业务。互联网时代的全面到来与3G、4G和5G的迭代，更实现了从文字、语音到视频的革命性提升，地理位置对沟通、交流的阻隔效应越来越趋于弱化。二是运输技术。价值链分工、产品间和产业内贸易离不开运输特别是海运方式的支撑，背后则是造船技术的快速提高。以最主要的集装箱船为例，主流集装箱船的装载量从1968年的1 530TEU，快速提升到2015年左右的19 000+TEU，运输能力增长了约12倍，近年来这一指标已经达到22 000+TEU水平。

4. 生产性服务业发展

萨森对先进生产性服务业的重视程度显然区别于弗里德曼，但这并非表明弗里德曼认为生产性服务业不重要，这一差别更主要来自于两者对全球城市的功能和性质认识不同。事实上，生产性服务业的发达是全球城市兴起的重要条件。一方面，生产性服务业有力保障了跨国公司总部的运作，其强大的会计、审计、法律、广告、营销、品牌等能力伴随着跨国公司生产的全球布局，能帮助这些分散的经济活动迅速在当地立足并获得全球竞争力，为全球要素资源流动和重组保驾护航；另一方面，一些生产性服务业部门，比如金融、证券、基金等，事实上发挥着全球资源配置功能，因而这些领域的快速发展和在核心城市的高度集聚，客观上赋予了这些城市强大的全球城市功能。

5. 世界经济重心转移

经济活动的不均衡是常态，而全球城市本身就是全球资源要素不均衡配置的体现，如同花儿在土壤最肥沃、阳光最充足的地方长得更好。从这个角度说，全球城市更有可能在世界经济重心区域形成，因为重心区域承载着全球规模最大的经济体量，主导着世界经济格局，客观上需要一批全球城市发挥全球经济管控功能，也更有条件催生一批全球城市。纽约、伦敦、东京三大顶尖全球城市，对应着北美、西欧、东北亚世界三大经济重心，而东京崛起为全球城市的过程背后，是世界经济重心向亚太区域的逐渐转移。

二、全球城市的三大功能

全球城市的出现本质上是一种功能需要，全球城市是经济全球化时代世界经济运行必不可少的功能载体。因此，全球城市与其他非全球城市最大的区别在于功能，而非人口、面积或产值等其他因素。纽曼和索恩利（2016）精确地指出，"正是城市在全球网络中的功能，而不是人口规模，决定了一个城市的全球（世界）城市地位"。全球城市功能并不是多面向或无所不包，主要体现在生产性和经济性层面。那种在经济之外增加社会或环境等其他维度，从而将全球城市概念变得越来越综合的努力，实际上是模糊了全球城市在经济全球化方面的独特意义，混淆了是研究全球城市的问题还是研究全球的城市问题（诸大建，2019）。从全球城市概念定义并与非全球城市比较的角度看，全球城市功能主要体现为资源配置、创新、文化和中介搭桥等四大方面。

1. 资源配置功能

经济全球化时代，以跨国公司和生产性服务业企业等机构与组织为主要载体，要素在全球范围内的不同城市间以市场化逻辑流动，绝大部分城市都因此连接，形成世界城市网络，而连接的本质即资源的全球配置。其中，全球城市是网络的核心节点，具有最丰富、最高端也是最具支配性的连接特性，因此全球城市最核心的功能是全球资源配置，最强大的能力则是全球资源配置能力。即，全球城市能使不同尺度的经济活动连接到世界经济网络中，实现全球资源流动和合理配置（周振华，2017）。作为全球资源配置的核心主体，跨国公司的全球联系决定了全球城市资源配置的广度和深度(上海财经大学课题组,2016)。

此外,与全球资源配置功能直接相联系的,或者说全球资源配置功能必然催生的,是全球治理作用。也就是说,全球城市以其承载的各类功能性机构,能够作为"大脑"和"司令部",对世界经济运行进行有效的管理、控制与协调(陈磊,2011)。比如,拥有华尔街、纽交所的纽约,可以对全球经济状况发挥出无与伦比的巨大影响力。

2. 创新引领功能

全球城市的形成过程表明,创新,特别是科技创新,并不是全球城市的本源功能。但随着21世纪以来创新对产业的深刻重塑(陈宪,2019),新一轮科技革命的加速酝酿,创新日益成为经济社会发展的第一动力和可持续的内生动力。创新改变着包括跨国企业在内的所有机构和组织,同样改造着城市,必然也将重塑全球城市格局。因此,无论是既有的全球城市,还是怀有全球城市抱负的城市,不约而同地抓创新、谋创新。而全球城市基于充沛多元的要素资源和较为扎实的基础,更有条件强化科技创新能力建设,创新已成为全球城市功能体系中的重要组成部分(徐建,2018)。

3. 中介搭桥功能

作为世界城市网络的核心节点,全球城市将不同尺度的经济活动链接到全球经济运行体系的方式,既可以是通过自身的"集聚—辐射"逻辑展开,也可以发挥中介搭桥功能。该功能的直接表现形式是全球城市空间内持续进行的密集而丰富的商务、论坛和展览等活动。世界城市网络中次级节点地位的普通城市,特别是全球城市周边区域的城市,能够由此触碰全球信息与机会,获取优质的发展资源。

三、全球城市的五大特征

基于概念定义和功能定位,全球城市体现出五大鲜明特征(周振华,2017)。

1. 庞大的要素量

全球城市往往因其要素规模而非地理面积令人印象深刻。要素包括存量和流量两部分,集聚是全球城市的基础,辐射量即流量则更为突出,且呈现"大进大出"的流动状态,这是由全球城市在全球范围内发挥协调、控制和引领等功能所决定的。全球城市连接全球,必然具有海量的要素流,包括资本、人口、技术、货物、服务流等,这些流具有全球属性,其规模往往也位居最前列。

2. 健全协同的平台体系

要素的流动和配置离不开平台支撑,包括要素交易平台、专业服务平台、交通运输平台、信息交互平台等。这些物理的和虚拟的平台因其承载流量之多之巨,一般也是庞大和尖端的,并且共同构成了协调高效的有机体系。

3. 高度集聚的全球功能性机构

全球功能性机构是在各类平台上操作并实现大规模流量的主要行动者,从而成为全球城市在全球资源配置过程中的核心力量。这些机构既包括跨国公司总部,也包括生产性服务业企业,以及行业协会等国际组织,它们共同发挥着控制、协调、引领作用,赋予全球城市全球资源配置的关键功能。

4. 接轨国际的规则标准体系

全球城市核心功能、要素流动、机构载体等的全球性,决定了城市运行的规则和标准必须兼容国际、遵循国际通行惯例,要体现出高度的亲和力和包容性。

5. 创新创意的全球引领示范

全球城市在人口和社会结构上异质性强、构成复杂,因而不仅经济活动活跃,经济与社会、文化互动程度也高,激荡碰撞之中催生了广泛的创意与创新,往往也是信息、娱乐及其他文化产品的生产与传播中心,是新思想、新创意、新模式的主要策源地。

第三节　全球城市的发展逻辑

作为一个范式,在概念界定之外,还必须有完整的逻辑框架。周振华(周振华,2006)指出,弗里德曼和萨森主要聚焦静态的、既有的"全球城市",缺乏"全球城市"动态演化分析,缺乏从全球化到"全球城市"逻辑链条上的中间变量设定,这既是"全球城市"理论层面的缺憾,对快速发展的中国城市的支撑与指导也不足。也就是说,在中国语境下或者说中国学者讨论"全球城市",横亘在前的一个重大命题是,"全球城市"何以可能,中国打造"全球城市"何以可为? 这些都离不开"全球城市"发展逻辑框架研究。

一、"全球城市"的传统逻辑

萨森"全球城市"发展逻辑的一端是全球化,另一端为全球城市,对中间过程着墨不多。为了解决萨森模型注重静态、过于关注少数核心节点城市的不足,周振华提出以"世界城市网络"作为中间变量,形成"全球化—世界城市网络—全球城市"的逻辑框架(周振华,2006),将视角成功拓展到次一级全球城市,并为"全球城市"的动态演化奠定了基础。

时至今日再来审视"全球化—世界城市网络—全球城市"的逻辑框架,可以发现,从"世界城市网络"到"全球城市"的逻辑顺畅,但在"全球化"与"世界城市网络"之间,还缺乏富有解释力的变量。既有的理论体系往往直接以国际劳动分工或者生产网络展开叙事,分工体系或者网络体系往往被默认为是固定不变的。确实,萨森提出"全球城市"概念的时代,恰逢本轮全球化在跨国投资活跃、金融管制放松、信息技术进步、世界贸易组织成立等条件下迅猛推进,这一以特定的数个发达国家主导为核心的格局长期未变,实质上体现的是本轮全球化的周期延续性。但大约从21世纪的第二个十年开始,随着新科技革命的迅猛推进,国际金融危机促发的国际投资贸易规则的加速重构,以及逆全球化现象的不时出现,人类经济全球化的进程本身开始发生重大变化。作为初始变量的全球化的改变,必然会相应带来世界城市网络的动态演化,那么两者之间的传导机制或者中间变量是什么,就成为必须要解答的议题。特别是对于上海等新兴经济体核心城市而言,正确识别和把握"全球化—世界城市网络"的逻辑关联是关系城市发展走向的关键前提。

二、基于"全球价值链分工"的逻辑框架

在新的全球化背景下,有必要新增"全球价值链分工"作为中间变量,形成"全球化—全球价值链分工—世界城市网络—全球城市"逻辑框架。理由主要包括四方面:

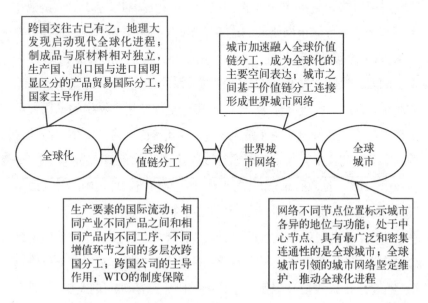

图2.3 全球城市的发展逻辑

第一，分工之于城市的重要性，得到了包括马克思主义在内的多个理论流派的广泛认可。在马克思看来，现代城市是现代工商业生产在空间上集聚的产物，他进而指出，"生产和交往之间的分工随即引起了各城市之间在生产上的新的分工"，以城市为枢纽，现代社会成为地域间普遍联系的世界历史性社会。不难发现，马克思城市观蕴含着从分工到世界城市网络的逻辑线索，其历史背景则是马克思所指出的由现代大生产和资本主义催生的"中心—外围"现代全球化格局。显然，现代分工体系成为马克思对全球化特征和性质分析的重要变量。全球价值链所探讨的正是跨国生产活动深化和复杂化背景下、相关组织结构之间的作用关系特别是价值分配机制，实际上属于现代分工的最新形式之一。

第二，相比较生产网络、分工网络等，全球价值链分工视角更关注城市参与国际分工要素的数量和质量，参与分工的层次等级，以及对整条价值链的控制力，而非传统的进口多少、出口多少的简单累积，从而更能准确、清晰地标示哪些城市真正在全球化过程中拥有高收益要素和获得实质性利益，并进而占据关键节点位置。因此，基于价值链视角考察和测度世界城市网络间的连接状况，其结论更为客观。正如伊莫马塔所言，全球价值链研究重点关注利益相关者之间的交易形式，因为交易的方式反映了交易各方之间权力关系的结构。比如，上海集装箱吞吐量连续9年位居世界第一，但上海在全球航运体系中的话语权和把控力却不如吞吐量仅为上海几分之一的伦敦，后者在海事纠纷仲裁等高端环节的竞争力远非上海可比。有意思的是，萨森认为的三个"全球城市"纽约、伦敦和东京，正好对应于全球价值链理论中的经典模型"价值链全球三极"——北美洲、欧洲和东亚。

第三，20世纪90年代初萨森提出"全球城市"之时，全球价值链概念尚未提出（价值链概念早已有之，不过直至2005年左右"全球价值链"概念才正式成型），但她已意识到跨国生产活动的重大变化，只不过彼时从发达经济体到发展中经济体的跨国投资流径非常清晰，价值链条上的西方与非西方的位置分布很是分明,因此全球价值链理论的缺席并未影响萨森的模型构建。而在全球价值链出现发达国家价值链环流与发展中国家价值链环流同时存在、相互影响并形成"共轭环流"(洪俊杰、商辉,2019),且中国已成为衔接两大环流的枢纽国的复杂形势下,再忽视这个变量将无助于"全球城市"理论的深入演进。

第四,"全球城市"的最新变化,即在集聚高能级机构和平台基础上,不约而同强调创新的重要性,如纽约正着力打造"硅巷",力图培育内生动力和新核心竞争力,本质上属于新科技和工业革命背景下强化全球价值链高端环节的战略性举措。也即,从全球价值链竞争角度更能准确把握"全球城市"的动态变化,这也是上海加速向具有全球影响力的科技创新中心迈进的根本原因。

三、"全球城市"发展逻辑的意涵

前面已经提及,不能将"全球城市"简单理解为关于部分城市甚至极少数城市的理论,其本质关切是全球化背景下的城市发展,事关所有城市的命运。那么在"全球城市"发展逻辑框架下,对世界范围内的不同城市而言,都必须更加重视以下五大方面。

1. 全球价值链变化的决定性

全球价值链革命是当代全球化不同于以往的关键因素,也是现今世界城市网络和全球城市形成的前提,不同城市在全球价值链位置的变化情况将在很大程度上决定全球城市的动态格局。《世界投资报告2013》明确指出了全球价值链对于区域发展的重要性,"对于大多数国家来说,核心问题在于如何实现全球价值链与发展战略一体化"(联合国贸易和发展组织,2013)。

2. 纳入世界城市网络的必然性

尽管近年来出现了逆全球化现象,但全球化仍是不可逆转的历史进程,越来越多的城市将主动或被动地卷入全球化、扩大自身连接,成为世界城市网络中的节点,而世界城市网络也将随之扩大化和复杂化。

3. 集聚概念的重构性

在传统城市研究的视野内,城市的本质是集聚,集聚是理解城市的一把金钥匙。但在全球城市时代,缺乏连接能力和特性的集聚将无法真正推动城市提升其在世界城市网络中的地位,规模不再是决定性因素。因此,我们需要对集聚和规模进行重新审视。

4. 不同城市之间的分层性

世界城市网络并非均质化,而全球城市作为具有明确指向的概念,也并不是对所有城市普遍适用。也就是说,全球化城市即卷入全球化进程的一般城市,在世界城市网络中处于普通节点地位,这类城市的数量非常庞大,而且仍会增加,但只有一部分甚至很小比例城市能够成长为全球城市,攀升到城市网络顶端的城市则更是少之又少。

5. 城市间合作的重要性

资源的稀缺性决定了城市竞争的客观存在,特别是一些大城市的兴起,常伴随着另一些的衰落。但全球城市内生于世界城市网络的逻辑,蕴含着基于网络关系合作的必然性,合作基础上的竞争而非零和博弈,成为全球化时代城际关系的新特点。比如,纽约和伦敦这两个顶尖的全球城市之间长期存在着竞争,但彼此间要素流的规模显著高于两者各自与其他城市的水平。通过合作、开展良性竞争,维护城市网络的持续运行,将成绝大部分城市的内在自觉。

第四节 基于全球价值链竞争的全球城市新图景

既然"全球城市"是全球化的"空间表达",全球价值链分工是理解新一轮全球化和决定世界城市网络的关键所在，那么对全球价值链的演化分析就极有必要。

一、全球价值链的演变趋势

在中美贸易摩擦特别是中兴、华为事件背景下，显而易见，未来的全球竞争很大程度上将围绕价值链展开，有四大趋势值得注意。

第一，以WTO为核心的多边贸易规则正面临重要变革，全球价值链重组态势初显，作为当代全球化关键主体的跨国公司出现从"全球整合"往"本土整合"转变的动向，发达经济体的"近岸"生产活动明显增加。

第二，新一轮科技和产业革命在即，创新成为全球价值链重构的关键因素，对于特定区域提升其在全球价值链中的位置至关重要，围绕创新的研究、产业和经济等布局全面展开。

第三，大国战略竞争背景下，全球价值链高端环节的争夺事实上成为关键内容，竞争日趋激烈，将有很大概率出现中美各自主导的全球价值链格局。

第四，"一带一路"作为中国提出的全球化新倡议，是对全球化体系的完善和补充，契合了价值链向新兴经济体延伸的趋势，客观上将形成新的全球价值链体系。

二、中国"全球城市"的新图景

基于上述对全球价值链变化趋势的分析，遵循"全球化—全球价值链分工—世界城市网络—全球城市"逻辑框架，中国"全球城市"无疑将呈现新的图景。

首先，大国竞争的加剧和全球价值链的争夺，迫切需要中国"全球城市"加速发展，在接轨国际、塑造规则、引领全球化等方面有所作为，以城市能级和核心竞争力为国家发展提供战略支撑。历史表明，伦敦、纽约和东京成为顶尖"全球城市"的历程，往往就是英国、美国和日本等大国崛起的过程。也就是说，中华民族的伟大复兴离不开也必然催生多个中国的"全球城市"，"全球城市"建设是宏大历史叙事的有机组成部分。

其次，全球范围内要素流特别是高级生产要素的规模、流向和结构将发生变化，中国"全球城市"与发达经济体的合作方式、关系强度将相应调整，创新要素引进和集聚的传统路径日益艰难，倒逼这些城市在高级生产要素方面加速实现从"外来集聚"向"外来集聚与内生发育平衡"转变，走一条不同于既有模式的"全球城市"建设之路。值得注意的是，长期落后和追赶的历史过程导致我们在无形中赋予"跨国公司"以"西方的""外来的"标签，而忽视了中国本土"跨国公司"和创新型主体的全面崛起。

再次，塑造以中国为中心、基于"一带一路"的更具包容性的"世界城市网络"体系，事实上将赋予中国"全球城市"双重属性，一方面融入发达经济体为主的价值链体系，另一方面引领发展中经济体为主的价值链体系，并且还要推动两个价值链体系的融合运作，这就要求其在功能、平台、规则和人力资源等方面作出相应安排。

最后，"一带一路"的全球化新趋势，将推动中国多扇面全方位开放，更多城市特别是中西部核心城市如成都、重庆、西安等加速与世界连接，在世界城市网络中持续攀升，从而形成以多个"全球城市"引领、更为均衡发展的城市空间格局。

第五节　小　结

本章主要介绍全球城市的相关理论。只有从内涵、功能、特征等角度全面理解全球城市，并识别出其与普通城市的主要差别，才能在后续精确剖析全球城市内部的各项运作和演化。

全球城市是一个相对较新而且容易引起误解的概念，这一概念容易被望文生义理解成"全球范围内的城市"，或者是"全球知名城市"。事实上，这四个字作为一个整体，是美国学者萨森所提出的一个严谨学术词汇。之所以要专门介绍全球城市，源于这是一类特殊的城市形态，与绝大部分普通城市存在结构性的重大差别，这种差别体现在城市运行逻辑、城市愿景目标、城市规模能级等许多层面，包括城市保障性住房的空间布局等。

尽管历史上的每个阶段，都曾出现具有国际影响的著名城市，但并非萨森所言的全球城市。全球城市产生于20世纪六七十年代开启的经济全球化进程，这一轮全球化区别于之前全球化的关键在于，要素跨国流动和全球配置取代了单纯的产品贸易。除此之外，金融管制的放松、技术的进步、生产性服务业的发展和世界经济重心的变动等，推动了市场机制跨越国境发挥作用。基于这些条件，世界范围内的城市连接成世界城市网络，每个城市就是网络中的一个节点。

生产在世界范围内日益分散布局，但与此同时，生产的分散化却要求集中化的管理与控制。跨国公司、生产性服务业企业在要素流动和协调与管控中具有重要作用，而这些机构趋向于集中在少部分城市。这些城市成为世界城市网络中的核心节点，即全球城市。全球城市在全球化时代主要具有全球资源配置、创新引领和中介搭桥等功能，体现出庞大的要素量、健全协同的平台体系、高度集聚的全球功能性机构、接轨国际的规则标准体系、创新创意的全球引领示范等五大特征。

传统的全球城市发展逻辑是"全球化—世界城市网络—全球城市"，但在全球化发生重大变化的情况下，应该在全球化和世界城市网络之间进行变量增补，更清晰地展现全球化影响世界城市网络的机制。因此，本研究提出了"全球化—全球价值链分工—世界城市网络—全球城市"的修正框架。这个框架对全球化时代的城市而言意味着：全球价值链变化的决定性,纳入世界城市网络的必然性,集聚概念的重构性,不同城市之间的分层性,城市间合作的重要性。

在全球价值链出现一系列变化的情况下,中国全球城市发展面临着新的景象,大国竞争的加剧和全球价值链的争夺,迫切需要中国全球城市加速发展;全球范围内要素流特别是高级生产要素的规模、流向和结构将发生变化,中国全球城市与世界连接的方式将重构;塑造以中国为中心、基于"一带一路"的更具包容性的"世界城市网络"体系势在必行;"一带一路"的全球化新趋势,将推动中国多扇面全方位开放。

第三章　全球城市、极化与空间

第一节 城市发展中的分化与极化

城市是人类文明的产物,城市的本质在于集聚,集聚则意味着不均衡和分化,所以城市天然蕴含着分化因子。分化广泛体现在城市之间和城市内部,在部分阶段和领域,分化可能演化到极化程度,这些构成了城市发展的客观常态。

一、城市在分化中演进

分化源于事物发展的差异化。世上没有两片相同的树叶,事物之间的千差万别是自然规律使然,同一类别和领域之间在特定指标上也存在客观分别。这种不同在时间和空间两个维度上的演变必然导致分化的出现。

就人类历史而言,从游牧到定居,从群落定居中逐渐产生城市,这本身就是文明史上一个历史性的大分野。由此城市成为人类文明的关键承载空间,在哈佛大学教授爱德华·格莱泽(2012)眼中,城市是人类最伟大的发明与最美好的希望。亚里士多德关于人们因为更美好生活而来到城市的名言,深刻揭示了两千多年前,城市便寄托着人类对幸福的期待与向往。

有种观点认为,人类城市化历史可以分为三个主要阶段。第一阶段是从公元前10000年至1800年;第二阶段约从1800年延续至2010年,全球范围内城市化开始加速,到2010年,超过50%的世界人口居住于城市;第三个阶段则从2010年延续至21世纪末左右,城市化过程结束,届时90亿～110亿的世界人口中的75%～80%为城市居民(安杰尔·什洛莫,2014)。

反观中国,截至2018年底,中国的城镇化率从1978年的17.9%提高到59.58%,城镇常住人口相应从1.72亿人增长到8.31亿人。可以说,城市化进程深刻改变和形塑了当今中国,"农村中国"正逐步转型为"城市中国",这是中华文明数千年来的历史性变革。

尽管中国已成为世界第二大经济体,且已整体步入以中高速增长为标志的新常态,但从世界范围内城市化的一般规律来看,30%～70%是城市化推进较快的区间,中国城市化的进程在较长历史周期内仍将持续。据潘家华和魏后凯(2013)预测,中国城镇化率在2030年将提高到68%,2033年则为70%左右,并于2050年前后达到"天花板水平"(80%～85%)。城市正不可逆转地取代农村,逐渐成为中国民众最主要、最重要、最日常的生活空间。

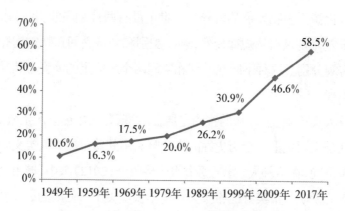

图3.1　1949—2017年中国主要年份城镇化率
资料来源:历年国家统计局发布的统计公布和统计年鉴

绵延数千年的城市发展史,虽然城市作为一种文明形态,在全球范围内一直未曾断绝,但具体的城市却命运迥异,一部分上演着崛起、发展、辉煌、衰落、复兴的生命周期轮回,一部分则昙花一现。那些最初的辉煌城市大多已沦为考古遗迹,甚至杳如黄鹤,如古巴比伦、特洛伊和玛雅。在任何一个历史周期或节点,全球城市的横断面也不是均质的,区域城市的等级序列始终存在,有规模和实力的差距,也存在生机勃勃和暮气沉沉的差别。以2000年为例,世界上人口规模超过10万的大城市数量达3 646个,其中12个城市的人口规模超过1 280万(安杰尔·什洛莫,2014)。

2016年5月9日,《人民日报》头版刊登的重要文章《开局首季问大势——权威人士谈当前中国经济》,以问答的形式专门讨论了区域发展的分化,其中很明确的观点是分化的必然性和合理性。除了引发广为关注和热议的"投资不过山海关"、东北三省一蹶不振现象外,大量数据也支撑着分化广泛存在的结论。

若从县市行政区域层面看分化,根据从2000年"五普"到2010年"六普"的人口数据,中国26.7%的地级及以上行政区和37.2%的县市(区)处于人口流失状态,发生了城市收缩,且存在明显的地域相关性,较为集中地分布于东北地区和长江经济带(张学良、刘玉博、吕存超,2017)。值得注意的是,这十年也是中国经济腾飞的黄金时期,GDP从10.3万亿跃升到41.2万亿,足足增长了3倍,可见,分化与增长和发展伴生。

城市发展过程中的分化不仅体现在城市与乡村之间,也体现在城市与城市之间,还包括城市内部。以房价为例,2018—2019年间,上海6 340平方公里地域范围内,各区之间住房成交均价呈现巨大的差距,最高的黄浦区达到人民币12万元,最低的金山区连2万都不到,仅为前者的六分之一。而若论路程距离,黄浦区的人民广场至金山区行政中心只有70公里左右。

二、极化的内涵

极化的概念因学科和语境不同,所指亦有差别,但其本质意涵是事物向一个核心集聚,以及由此引发的不同部分之间的巨大差异。在日

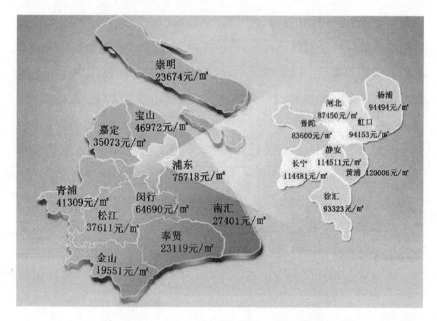

图3.2 2018—2019年上海各区住房成交均价

资料来源：网易号：《2018—2019上海各区房价排名分布图涨跌情况一览表》，2019年4月27日，http://dy.163.com/v2/article/detail/E9TP7EPK05386Z4I.html

常现象中，我们通常可以发现一个整体内的各部分之间差异巨大，比如前述上海各区住房成交均价最高值和最低值之比。在自然科学中，极化指的是在外电场作用下，电介质表面或内部出现电荷的现象。

而在区域经济学中，1957年瑞典经济学家缪尔达尔首次提出"循环累积因果论"，认为区域间的要素流动过程中，回流效应总是大于扩散效应，因此市场力量反而扩大了地区差异。美国发展经济学家赫希曼也提出极化和涓流效应，他发现市场经济条件下极化效应而非涓流效应始终处于主导地位。法国经济学家弗朗索瓦·佩鲁于1985年发表的《增长极概念在经济活动一般理论中的新地位》一文，系统阐述了增长极理论。其核心观点是否认增长在全域空间内同步发生，相反，部分区域必定先行发展，形成所谓的增长极核，并在高度集聚之后逐步外推辐射，形成区域整体带动效应（杨公朴、夏大慰、龚仰军，2008）。

可见,极化既是一种静态、客观的状态,体现了事物在一定尺度下的非均衡程度较大的分布格局;也是一个动态、自然的过程,是合乎理性和规律的发展战略。

三、中性属性的城市极化

社会科学研究者在使用"极化"一词时,往往下意识持有"负面""问题""亟须治理"等标签,将极化视为具有现实或潜在破坏性的社会病态现象。但正如上文所述,分化是一个中性的概念,作为分化的极端形式,极化仍属于分化范畴,价值属性也体现为中性(项继权、刘开创,2018),并没有简单的好与坏之分。事实上,一定程度的极化是演化的结果,也是整体功能运转的需要。

一方面,从状态角度来看,有分化的地方往往存在着一定程度的极化,这既是自然选择的结果,也是人在理性和情感支配下的行为结果,形成了人类世界的参差不齐与百花齐放。比如,任何国家都有首位城市和发展极核,2007年,在拥有人口规模超过75万人的城市的118个国家中,平均首位度为30%±3%(安杰尔·什洛莫,2014);2017年,长三角三省一市以中国2.2%的面积和11%的人口,创造出全国四分之一的生产总值,接近二分之一的贸易出口额。

另一方面,从过程角度来看,非均衡发展是区域发展的关键战略之一,中国的改革开放便是从沿海局部地区起步、开展点上试验,进而向内陆延伸,带动全局进步,也即所谓的"先富带动后富"。也就是说,中国的大国特征及条件,使得城市格局的变化出现聚集突破效应,即,虽然人均资源少,但总量规模大,因此可以把资源优先集中在极少数的中心城市,实现城市发展和转型的率先突破,进而发挥其辐射带动作用驱动整体(倪鹏飞,2018)。对区域而言如此,对一个城市的发展也不例外。各类产业园区成为城市发展的先导,当前不少地区全力争取设立自由贸易试验区,就是意在发挥其极核作用。

值得注意的是,既然极化是中性的,可以趋向于正面,也可能导致负面效应,那么主动开展"趋利避害"的控制就显得尤为重要,在动态平衡中实现整体利益的提升。

第二节　何为全球城市的极化?

全球城市作为城市,自然也受城市本质性规律约束;全球城市作为特殊的城市,自身也具有不同于普通城市的特征。"极化"在全球城市的体现独特而又鲜明。

一、全球城市是城市之间极化的产物

严格来说,全球城市不是一个历史概念,作为城市谱系的一种,全球城市是全球化背景下城市发展的高级形态,是城市当代形态的特殊一类。全球城市出现的宏观背景是经济全球化,也就是以价值链分工而非制成品贸易为核心的新国际劳动分工,在这个以跨国公司和生产性服务企业为载体的分工网络中,少部分城市成为网络的主要节点,成为经济全球化和世界经济发展的全球极核,承载着极端重要的指挥、控制、协调、服务等功能。因此,全球城市之所以成为一个专门的研究对象,在很大程度上是由于其特定的功能及其地位作用(周振华,2017)。

以公认的GaWC排名而论,在其历年排名中,入围榜单的、达到全球经济枢纽节点地位的全球城市数量呈上升趋势,从2000年的227个增加到2020年的707个,总量增加了两倍以上。在萨森看来,达到全球城市标准的城市数量更少,只有100多个(萨森,2019),尽管数量确实在增长。若按2000年全世界人口规模超过10万的大城市数量3 646个粗略计算(安杰尔·什洛莫,2014),全球城市占比也未超过10%,显然

是全世界城市极化分布的一端。同时，全球城市高度集聚于发达经济体和大国，与之相对应，不少国家甚至连一个城市都未上榜。

因此，从极化视角看，全球城市是世界范围内城市两极分化的客观反映，其形成过程也反映了经济全球化驱动下全世界城市的动态变化。

二、全球城市极化的内涵

如前所述，分化是城市发展过程中的常态，那么作为城市一种的全球城市也不例外。既然存在分化，不同城市间必然有分化程度和规模等的差别，有些分化得不甚明显，有些则趋向极端化。不同城市发展的历程表明，城市规模并不是城市间分化差别的主导或唯一变量，比如，一些资源型的中小城市在人口收入结构方面的两极分化往往令人触目惊心。显然，两极分化并非某一类城市专属。但与一般城市不同，全球城市的分化往往更为突出、更为显著，也更为独特，呈现出两极化的态势。从内涵角度看，全球城市的极化是指作为特殊城市形态的全球城市，在全球城市的演化过程中，部分领域内生而成的与其关键功能和核心定位相适应的两极分化现象。也即，全球城市的极化不同于普通城市，并不是因为全球城市通常所具有的巨大规模放大了分化，全球城市的极化是一种特殊现象，主要体现为四个层面：

1. 全球城市的极化是一个系统现象

极化的系统性体现在宏观和微观两个层面。从宏观层面看，如前所述，是经济全球化这一历史性变化催生出全球城市形态，全球城市内生于全球经济运行系统，是其关键组成部分。从微观层面看，全球城市内部的极化也存在固有逻辑，是"中央—地方""全球—地方"等多种逻辑交织下的整体性变化，涉及经济、社会、文化等城市构成和运行的几乎所有领域。因此，必须要从全局而非局部角度理解全球城市的极化。

2. 全球城市的极化是一个结构现象

极化的结构性意涵,一方面指全球城市极化深入到城市肌体内部,与全球城市本身的结构性要素相关,包括功能、产业、人口等,极化重塑了全球城市的骨架;其次,结构极化引发的相应的结构效应,是理解全球城市变迁的关键,特别是不同结构间极化程度的不一致,很大程度上决定了特定全球城市的特征。比如,东京在要素外向度和包容性方面的结构性缺陷,导致其更多是作为"日本的全球城市",从而不足以支撑全球登顶(屠启宇,2019)。因此,必须要从结构本身而非外在指标角度理解全球城市的极化。

3. 全球城市的极化是一个过程现象

极化的过程性直接表明极化与全球城市的演变过程密切相关,在全球城市的不同发展阶段,极化作为一个整体,其性质、领域、规模和程度等存在一定的差异。同时,不同领域的极化本身也处于动态变化之中,在自身规律和外界变量综合约束下,不同的时间段内会呈现出各异的基本面貌。这就预示着极化在某种程度上是可测度、可干预、可调控的,存在着潜在的治理"时间窗口"。理解全球城市的过程性有助于克服早期全球城市研究方式非常静态的不足,从而不能有助于探索为什么一定城市支配着城市间关系的理由(彼得·纽曼、安迪·索恩利,2016)。因此,必须要从动态而非静止的角度理解全球城市的极化。

4. 全球城市的极化是一个个性化现象

全球城市极化无疑是受到经济全球化的深刻影响,但这并不意味着这种影响对每个全球城市都均衡或相同,更不表明各个全球城市的极化都是一致的。萨森(2005)也强调特定城市的独特性,认为所谓的趋同只是显示在全球城市一组特定功能的发展,以及这些功能直接或间接产生的结果上。比如,新加坡在全球城市建设过程中,由于国家对于社会凝聚的高度关注和特殊举措,并没有出现萨森等学者所言的严重两极分化。因此,必须要从个性而非简单共性的角度理解全球城市的极化。

三、全球城市极化的表现形式

萨森（2005）在《全球城市：纽约、伦敦、东京》一书中正式分析之前点明："这三座城市在经济基础、空间组织和社会结构三方面都经历巨大而又相似的变革。"这意味着萨森认为全球城市形成的结果或者标志之一，便是这三个领域的重大变化。我们也自然可以推理出，一方面，全球城市的表征并非单一指向，而是多面向的、结构性的，体现在构成城市的基础和关键性领域内；另一方面，作为当代世界城市网络中的关键节点和城市发展的高端形态，变化前后的反差或者与其他普通城市相比，也必然趋向极化。本研究在萨森所列三个领域的基础上进行了相应扩展，力图从结构性要素层面，更为全面和准确地刻画全球城市的极化特征，将全球城市极化的表现形式总结为功能结构、产业结构、收入结构、人口结构和空间结构等五大方面。

1. 功能结构

对全球城市功能的理解，必须结合经济全球化过程和世界城市网络。经济全球化席卷全球，通过全球价值链分工将全球范围内的不同地域连接成生产性网络。正如企业组织内部需要一整套管理体系匹配生产流程，全球价值链分工体系也必然离不开决策、指挥、协调、执行等不同层次的功能配置。弗里德曼认为，世界城市（全球城市）拥有控制全球经济的能力，而其载体则是主要集聚于此的跨国公司总部。萨森（2019）做了进一步论述，在她看来，对于20世纪80年代开始腾飞的全球经济来说，高端中介服务是越来越具有战略性和系统性的必要功能，这一功能最核心的承载地是全球城市，相较于一般城市，全球城市的中介服务功能也是最为高端的。除此之外，霍尔还认为，全球城市在政治权力和商贸等行业组织等方面也具有突出的表现。

也就是说，从功能结构体系看，全球城市掌握着经济全球化运转过程中最高端、最重要,也最不可或缺、最不可替代的中心功能,而且"经济越是全球化,中心功能在少数几个城市集聚的程度越高(丝奇雅·萨森,2005)",这赋予了全球城市全球范围内功能极化的独特角色。

2. 产业结构

全球城市功能的承载,除了跨国公司总部、生产性服务业企业等机构载体外,也体现在产业构成上。首先,主要全球城市均经历了产业结构的服务业转型(周振华,2011)。比如,伦敦从20世纪60年代开始,逐步完成了从制造业中心向全球金融中心和国际创意之都的升级;纽约服务业比重高达九成,结构分布大致是房地产四分之一、金融五分之一、科技研发十分之一,同时还留存着部分制造业如高端品牌服装制造等。

其次,金融业的关键支撑。金融是现代经济的核心,也是全球资源配置能力的直接抓手。英国著名智库机构Z/Yen集团,与中国(深圳)综合开发研究院合作,定期发布全球金融中心指数,该指数的第25期列出了世界十大金融中心:纽约、伦敦、香港、新加坡、上海、东京、多伦多、苏黎世、北京、法兰克福,基本都是公认的全球城市。再次,强大的中介服务功能。以GaWC排名为例,该排名主要基于会计、广告、金融、法律等生产性服务业企业的总部分支机构分布,能准确反映一个城市在全球范围内的中介服务能力。在近年来的排名中,伦敦、纽约、新加坡、香港和东京等全球城市始终位于Alpha++、Alpha+等最高层级之列,显示了在该领域的雄厚实力和巨大优势。

最后,对创新的高度重视。科技创新产业代表着价值链高端环节,在创新动力日益凸显和创新全球竞争日益激烈的背景下,2008年金融危机之后,纽约、伦敦等全球城市纷纷重视创新投入。近年来纽约甚至已超越波士顿,成为美国第二大科技重镇,硅巷正成为媲美硅谷的创新高地;伦敦2010年推出"科技城计划",位于伦敦东区的硅环岛在新兴科技引领上日益引人注目。

3. 收入结构

全球城市的功能结构与产业结构,更为根本地说是全球城市的经济逻辑,同时创造了高端工作与低薪工种,全球城市对高级人才和传统服务业就业人口的需求量也急剧上升,其实最不需要的就是传统的普通中产阶级(萨森,2019)。原因在于,作为一个生态体系,高端功能和产业均需要低端配套,而且越是高端,对低端配套的种类、规模和质量也越高。进一步而言,金融等高端岗位的收入结构在固定薪酬之外,往往还伴随业绩分红、股权、期权、个人投资等收益,而低端就业岗位通常是法定最低收入线附近的固定或计件类计酬,显然知识和复杂技能的增值和议价空间远大于体力和简单技能。于是这凸显了全球城市与一般大城市的差别,纽约与伦敦的全球城市形成过程都显示,在高收入阶层扩大的同时,低收入阶层也相应增加,呈现出鲜明的两极分化趋势。

对全球城市而言,中产阶层的扩大,并不意味着不会出现极化(何雪松,2016)。以香港为例,乐施会发布的《香港不平等报告》显示,2016年香港基尼系数为0.539,较10年前上升0.006,创45年新高(乐施会OXFAM,2018),而这40余年正是香港迈向全球城市的过程。值得注意的是,并非普通城市就不存在收入的极化,或者说全球城市的收入极化就一定比所有普通城市都严重。有研究显示,一些全球城市的税收和福利政策可能会对收入极化的程度有正面影响(彼得·纽曼、安迪·索恩利,2016)。

4. 人口结构

超大规模的要素流量是全球城市的重要特征,自然也包括人这一要素。全球城市的人口极化体现在规模、类别和福利待遇上。第一,规模巨大。虽然是功能而非人口规模,决定一个城市在世界城市网络的地位(彼得·纽曼、安迪·索恩利,2016),但全球城市的人口规模往往较大。当然,这也有多样的情形。比如,全球城市东京作为首都,是日本的首位城市,东京市区人口超过1 300万,整个东京都市圈人口高达

3 700万,全国占比超过30%;而新加坡,作为城市国家,地理空间局限之下,人口仅为561万,但人口密度高达7 915人/平方公里(2017),是北京的20倍以上。需要指出的是,一些发展中国家,人口大量涌入主要城市,在贫民窟空间内长期居留,规模和密度均非常可观,但其在世界范围内的功能地位非常落后。

第二,类别多元。相较于普通城市,全球城市的人口构成几乎没有单一化,特别是两类人口的规模或占比突出。一类是国际人口,比如,纽约是多族裔聚居的多元化城市,拥有来自97个国家和地区的移民,语言运用达到800种;2008年的统计数据显示,近四成的纽约人口出生于美国之外,近五成的纽约人口居家语言并非英语,而相应的整个美国的水平分别是13%和20%(爱德华·格莱泽,2012)。再比如,伦敦目前已成为英国全国种族构成多样化程度最高的城市,甚至有色人种的城市总人口占比已经超过白人。另一类是低端外来移民。部分全球城市是低技能外来移民的重要目的地,比如纽约的众多来源国的低薪岗位移民,比如香港的菲佣。无论这些国外移民是否具有合法身份,都已成为公共政策不能忽视的重要部分。而在上海和北京这样有着户籍管控的中国全球城市,本国的外来人口特别是农民工,规模也以百万计,构成了城市环卫、快递、保安等诸多岗位的主力军。

第三,福利待遇。总体而言,本国和异国、本地和外来、正式岗位和非正式岗位的二元差别,在全球城市尤为显著。而在刚性和保守取向的公共政策面前,不同人群的福利待遇和社会支持自然存在较大差距。"低薪工种"人群常被主流忽略,但对于既有全球城市而言,"低薪工种"广泛承担了从低级别文秘工作到低收入家务劳动的社会分工,特别是考虑到全球城市里高端人才的家庭其实是企业平台的延伸,因而"低薪工种"是"具有战略保障意义的基础设施(萨森,2019)"。对于发展中国家潜在的全球城市而言,这些人群使各行业获得了低人力成本的竞争优势,从而进入全球价值链(格雷格·克拉克,2018)。

5. 空间结构

空间既是关系和过程的结果，也能塑造和强化关系与过程。全球城市空间结构的极化包含微观和宏观两个层面。从微观来看，一般指的是社会两极分化导致的空间隔离，特别是居住空间的分化和碎化。萨森发现纽约和伦敦存在明显的贫困集中区，而东京由于政府扮演着强有力的角色，使得社会地理差别比前两者小得多（丝奇雅·萨森，2005）。也就是说，经济全球化并不是全球城市内部社会空间变化的决定性因素或唯一因素，全球化并不必然导致空间极化。但如果我们认同全球城市功能和收入极化的逻辑，顺其推演，必定能理解其对空间的影响。或者说，正因为意识到了可能的空间后果，才催生出政府的及时干预和管控。

显而易见的是，居住的空间分异在市场取向的城市已经是公认的客观事实，全球城市概莫能外。从宏观来看，全球城市的空间拓展与传统城市发展过程中通常伴随的空间扩展截然不同（周振华，2017）。全球城市空间扩展一方面体现为世界城市网络要素流动空间层面，也即卡斯特意义上"流动空间"；另一方面体现为地理层面。周振华（2017）将后者归纳为三个层次：全球城市过程、全球城市区域过程和巨型城市区域过程，其背后动力主要是全球城市与周边区域高度功能连接和集成，即将更大地域整体纳入世界城市网络和全球价值链分工，表现为都市圈和城市群等形态。世界六大城市群和四大湾区事实上都是全球城市空间扩张的体现，包括我国最新的长三角一体化和粤港澳大湾区建设等两大国家战略。

第三节　全球城市何以极化？

极化在现代城市发展过程中的普遍存在，说明不同城市的极化有着全部或部分共同的原因。但全球城市由于其特殊性，一方面，极化表现得更为显著和多元,另一方面,极化的内在根源也异于一般城市,因此,全球城市极化的原因和逻辑更为复杂。

一、复杂逻辑驱动下的全球城市极化

如果回到全球城市形成的本源,可能更易于找到成因。经济全球化的本质是生产要素的国际流动(张幼文,2009),全球城市则是全球要素流动和配置的枢纽,其形成可以归结为市场逻辑在全球范围运行的必然结果,也即市场在全球资源配置中发挥决定性作用。经济学经典理论表明,市场是最有效最公平的资源配置方式,但在真实世界中,市场逻辑也催生出社会两极分化等负外部效应。而作为全球化进程中市场逻辑演绎最充分、要素流量规模最庞大的区域,全球城市必然演化出正面和负面兼具的结构化的极化现象。特别是考虑到全球化时代,国际要素的流动往往更多受WTO相关规则的约束,民族国家的权限客观上受到或多或少的限制,也使得极化更为凸显。这在当代经济全球化之前的人类历史中,以及当代普通的地方行政区域内,都是前所未有的。

全球范围的海量规模要素,在特定全球城市空间内基于市场逻辑的活跃运行,这本身就是极化的体现,而且是基底的、决定性的极化,客观上要求城市整体形成与之相适应的系统体系。这背后的内在机理体现为"定位—功能—结构—规模"联动链条,可以不那么精确地提炼为"深、高、多、大"的交织演化。该逻辑渗透到全球城市运行过程,催生了功能、产业、人口、收入和空间等诸多领域的结构性极化。

二、原因之一:定位

定位是前提基础。全球城市一定是要与外部世界联系起来的(彼得·纽曼、安迪·索恩利,2016),定位是决定全球城市与其他一般城市差异的关键。全球城市是融入经济全球化程度最深的城市,处于世界城市网络关键节点和全球价值链分工高端环节的客观实际,以及确保城市地位在激烈的全球竞争中不受侵蚀、不被动摇的坚定决心,势必持续强化全球城市的外向性和开放性,把立足全球思考、决策和行动内化到城市运行的全环节、全过程,体现在城市主要的制度体系和公共政策。因此,尽管作为民族国家一个地方区域的法定事实从未改变,但城市的视野却随着全球城市建设进程而不断外扩。这种全球定位、全面开放的核心目的在于打造要素流动友好型城市,增强城市对全球资本、技术、人才等各类要素的吸引力。

三、原因之二:功能

定位决定功能,功能则是主因。全球城市是功能性城市,一个城市之所以被定位为"全球城市",是因为它在全球化时代的全球经济运行中发挥着至关重要的控制、协调和服务等多重功能,广泛配置着全球资源。离开经济功能特别是离开金融中心来讨论"全球城市"是没有意义的(诸大建,2019)。但同时全球城市功能体系并不是一成不变的,而是围绕着全球资源配置能力这一核心,持续深化演进。近年来,各主要全球城市越来越重视科技创新、文化引领等新功能。在"定位—功能—结构—规模"逻辑链条中,功能既是极化的表现之一,也是城市其他极化的主要原因。

四、原因之三:结构

定位与功能影响结构,结构发挥催化剂作用。全球城市的全球开放性必然催生出多样性,这种多样性体现为人口、产业、机构和文化等几乎所有方面。弗里德曼用七大指标评价世界城市:主要的金融中心;跨国公司总部所在地;国际性机构的集中度;商业部门(第三产业)的高度增长;主要的制造业中心(具有国际性的加工工业);世界交通的重要枢纽(港口、空港);城市人口达到一定规模,也充分表明全球城市不是单一而是综合的。结构体现的是全球城市的复杂性与多元性。

五、原因之四：规模

深度融入的定位、高端的功能和多元的结构，必然离不开一定规模的支撑。这一逻辑链条中的"深""高""大"每一个都具备诱发规模的潜能，而三者的联动，更是将规模推向极致。城市的本质是集聚，全球城市则是全球集聚且全球辐射，信息技术的进步事实上可以让要素在"虚拟"和"流动"空间内无限膨胀。即使是虚拟空间的要素流，其扩大也会产生实体空间内的协同效应，促使更多的机构设立、更多的人才进入，毕竟虚拟空间不是虚拟运作，离不开机构载体和人力操作。反过来，规模的持续扩大，也必定会引发进一步的分化。当这种分化不是发生在国家尺度，而主要是在特定且有限的城市地域范围内时，全面的极化便在所难免。

第四节 空间：全球城市极化的独特表现

城市本质上是空间现象（多琳·马西，2016）。近几十年来，从空间维度理解城市蔚为风潮，空间维度的价值在于立体地展现城市内部的结构、关系和过程。全球城市的极化也淋漓尽致地在空间层面展现。

一、空间概念的演化

作为概念，空间横跨自然科学和社会科学，是众多学科理论大厦中必不可少的基石之一；作为日常用语，空间一词习以为常。这在一定程度上使得空间难以令人信服地被清晰界定，其既是虚拟的，又是实体的；既是客观的，又是建构的；既是不变的，又是动态的；既是生产性的，又是关系性的；既是原因，又是结果，因而空间"很重要但又很难理解"（亚里士多德，2009）。

在诸多学科流派中，马克思主义理论体系对空间有着深刻而持续的论述,其中马克思、列斐伏尔和哈维是典型代表。

1. 马克思的空间观

马克思众多著作中并没有以空间为主题的专著,但空间是马克思分析资本主义的重要视角,其很多重要著作和论述都体现出丰富的空间思想。马克思(2009)认为,"空间是一切生产和一切人类活动的要素"。马克思从空间的资本化出发,形成了资本生产的空间化逻辑,循着这一逻辑,空间生产被资本力量所驱逐,资本追求普遍性,不断地突破地域和空间的限制,摧毁一切阻碍发展的地域限制(耿芳兵,2017)。在马克思看来,由于分工日益扩展,在资本主义生产方式推动下,社会化大生产将乡村与城市分离开来,拓展了人类发展的新空间,城市越来越成为资本的集中地,农村也由此臣服于城市的统治。不止于城市,甚至使一切国家的生产和消费都成为世界性的了(马克思、恩格斯,1995)。这背后的关键是资本逻辑的运行,本质上是资本力量对世界地理空间的征服过程,从这个意义上说,资本逻辑也表现为空间逻辑(李秀玲、秦龙,2011)。马克思还阐述了空间在资本流通过程中的重要性,在《资本论》第二卷研究资本的流通过程时,他深入考察了经济运动的空间要素或空间条件在社会再生产过程各个环节或方面的地位、作用和影响(黄荣滋,1985)。

有批评者认为,马克思并未将空间纳入核心关注视角,比如在哈维看来,马克思充分意识到空间和位置的重要性,"但是空间位置的变化因被认为具有'不必要的复杂性',从而被排除在理论分析之外(Harvey D.,1985)"。

2. 列斐伏尔与哈维的空间理论

列斐伏尔继承了马克思的空间批判思想,他认为每一种特定的生产关系会生产出独特的空间。他觉察到了空间重要性的提升,他认为,空间在传统意义上是人们生产与生活的场所,但在当今世界空间具有商品特征并成为资本增值的手段,空间已经由生产、生活的场所转变为商品本身,"空间内的物的生产"已经不能满足资本增值的需要,于是资本转向了空间自身的生产(陈学明,2017)。这其中依然是资本逻辑发挥关键作用。列斐伏尔关注空间中的人的权利,他所期待的是拒绝资本主义差异化生产的都市,每个人都有进入都市的权利,都享有免于被驱逐的权利。

哈维与列斐伏尔在空间生产上的思想整体一致,认同空间蕴含的社会关系。他将空间划分为三种:绝对空间、相对空间和关系性空间。绝对空间就是牛顿物理学和笛卡尔"我思故我在"意义上的空间;相对空间是爱因斯坦相对论意义上的空间,对应的就是现代哲学对认识论的一种拷问;关系性空间对应的是量子力学(张一兵、大卫·哈维、杨乔喻,2017)。第三种空间即关系性空间被哈维认为是最重要的空间,应成为历史地理唯物主义范式的关键内核。哈维的空间关切包括很多方面,他认为新的空间与空间关系,在资本主义条件下被不断创造出来,空间、人口与资本的关系被重构,形成了不平衡的空间发展。

可见,在以列斐伏尔和哈维为代表的新马克思主义看来,空间是资本主义"物化"的当代表现,资本主义社会从"人的物化"走向"空间资本化",占有空间与生产空间成为资本主义延续的重要手段,"空间的资本化"与不平衡的地理发展是资本主义得以持续发展的新动力(陈学明,2017)。

3. 卡斯特的空间理论

卡斯特是当代空间研究无法绕过的重要学者,他的《网络社会的兴起》(1996)、《身份的权力》(1997)和《千年的终结》(1998)三部曲,构建了宏大又独具特色的网络时代政治经济学体系。卡斯特认识到以信息技术为核心的技术革命对社会发展具有重大影响,深刻改变了资本主义的发展。网络时代的到来,重塑了社会生活中的时空概念,为了表明空间观念由此发生的变化,他创造了两个具有重大理论价值的概念:流动空间(space offlows)、地点空间(space of places)。

信息技术实际上极大拓展了人类要素活动的空间,资本、技术等要素转变为虚拟形态并以流的形式在全球范围内无障碍即时流动,摆脱了长期以来地理阻隔等空间障碍对要素流动的束缚。由此,网络社会蓬勃崛起,这是无法阻挡的澎湃历史大势,在信息科技驱动下,网络重构和重组了人类社会的运行过程,功能实现也经由网络方式,网络逻辑超过其他逻辑成为主导性逻辑,引发经济社会的重大结构性变迁(曼纽尔·卡斯特,2000)。也就是说,网络时代催生了"流动空间"这一新的空间形式和空间过程,"流动空间"则可以定义为"通过流动而运作的共享时间之社会实践的物质组织(曼纽尔·卡斯特,2000)"。卡斯特把流动空间细分为三个层面:一是作为基础层面、提供技术支撑的电子通信网络;二是作为网络节点的各类终端、交换中心等,形成了流动空间的骨架;三是作为支配控制角色的技术—金融—管理精英们的组织。简而言之,卡斯特的流动空间是"一个以电子网络为基础,以特定城市为终端,以社会精英为主导的空间形式,它既没有清晰的中心与边缘,也没有固定的边界和形状,是一个随着节点的变化时而扩张时而收缩,一旦停止流动就无法存在的拓扑空间"(牛俊伟,2014)。

与流动空间相对应,地点空间则是物理边界明确的地域,蕴含着日常生活、自我身份认同等可经验感知的内容,是绝大部分人生存的空间。流动空间与地点空间并非截然相对,流动空间并不是漫无目的、毫无方向地漂流,一定会以特定的地点空间作为承载。区位、地点仍然具有重大意义,特别是并非所有要素都可以在虚拟空间流动,作为人的管理精英也会在部分地点空间形成集聚,操控要素的流动。也就是说,既然流动空间还是由活生生的人来启动、构想、决策和执行,人无法纳入虚拟空间,注定要在地点空间内具体活动,自然离不开也需要地点空间(陆扬,2009)。但毫无疑问,流动空间正逐步支配地点空间,这也是当代主导的空间逻辑,这种主导性日益深刻改变着地点空间的定位、功能、物理面貌和运行规则。从某种意义上而言,这也使地点空间成了流动空间的一个部分。

二、空间的维度

空间概念的复杂性决定了不能过多纠缠于其内涵,在研究过程中也不应不加注解和说明地简单化使用"空间"一词。事实上,空间概念的价值首要地体现为一种研究角度,表现为对单一的传统"时间"维度的补充,尤其是考虑到在较长历史周期内,宏观尺度的空间变化较为有限,而近代以来空间从全球到地方不同层次均出现重大重构并延续至今。事实上,空间作为新的研究视角,在近几十年内,深刻改变了经济学、社会学、政治学、城市学等众多学科,并赋予了学者和公众对自身与世界的新认知,而不同学科对空间概念运用则呈现出不同的角度。这一方面说明,空间概念的多元性和延展性,是一个巨大挖掘潜力的新范式,另一方面更表明,在具体研究中提前界定空间的维度,远比执着于内涵争论更有价值。事实上,对概念外延的广泛探讨和实践,未必是对空间真实内涵的偏离,反而在某种程度上更有利于深化对空间本源的理解,姑且可以将其视作"曲线救国"式的另辟蹊径。

本研究无意探究和罗列空间概念既有和潜在的维度。就本研究而言,对空间概念的运用主要从五个维度展开。

1. 物理维度

空间直观地表现为占据一定面积和体积的多维空间,或是自然,或是人造,如一块地、一间厂房、一个社区乃至一座城市与国家。这也是最一般意义上的空间维度,展现的是其物质一面,贴近于"空间中的生产"之"空间"意涵。核心要素包括:第一,区位。空间在平面和立体坐标系中的准确方位,体现的是"在何处";第二,结构。占地面积和体积的具体数值,以及人造空间的其他结构数据,体现的是"为何物";第三,质量。不管是自然还是人为营造空间,都有特定标准下的质量之别,比如朝向、温度乃至建筑质量等,体现的是"怎么样"。人总是在一定空间内活动,从这个意义上说,空间是绝对的,空间对人类具有极其重要的意义。

2. 要素维度

马克思意识到空间的要素属性,到列斐伏尔时期则明确指出从"空间内的生产"向"空间自身的生产"的转变,空间的要素属性日渐凸显,要素维度的本质是空间的生产性、增值性。要素属性意味着,一方面,空间是有价值的,可度量、可计价、可交易,而在特定区域比如城市中,由于空间的稀缺度不一,不同空间的价值必然形成价差;另一方面,空间要素与资本、人等要素的结合,将会催生更大的增值可能。显然,在市场经济条件下,围绕作为要素的空间会形成激烈的以占有和使用为目的的竞争。

3. 关系维度

新马克思主义流派的空间观各有侧重,但在空间蕴含着生产关系这一点上高度一致,也就是说,空间并非独立于纯粹。空间是重要的、具有增值性的,无疑空间如何配置就显得尤为关键,特别的空间结构必然映射着特定的生产关系和权力架构。一方面,空间即社会,既有的空间是当下社会关系的反映,是关系作用下的结果;另一方面,空间过程也即社会过程,空间并不是简单被动的结果,二者是交织甚至同构的,彼此影响、相互塑造。因此,对空间的分析要与对生产方式、资本循环、资本积累、资本危机等社会过程结合起来(吴宁,2008)。

4. 技术维度

空间具有可塑性,技术在空间塑造方面发挥着重要作用且愈发凸显,小到建房筑城,大庇天下寒士俱欢颜;大到航海技术进步推动地理大发现,让地球从原来遥不可及逐步变成了地球村。一方面,技术改造着空间其他维度,能够使空间质量和价值提升,甚至导致空间重组重构,也使得其中的关系和权力结构相应调整。另一方面,技术也创造出新的空间形态,如卡斯特所谓"流动空间"、老旧厂房改造创新创意空间。特别是信息技术催生的网络空间已对人类社会产生颠覆性影响,并正加速扩展,从人与人、人与物的连接延伸到物与物的万物互联,将重新定义从全球到个体各尺度的空间形态。

5. 历史维度

时间和空间是认识世界的两大视角。历史性地看空间,空间处于动态演化状态,空间特别是人为空间也有其生命周期,其自身质量、要素价格和蕴含关系,以及技术本身,均在时间刻度上呈现着不同的状态,发生着变化重组。比如,一个地段优越的居住社区,随着时间演变,建筑老化、质量受损,其不动产价格往往低于相同地段的新建社区,社区的老化易引起高收入人群的迁出和居民结构的复杂化,进而导致社区运作的结构和治理成效。也即,空间的物理维度、要素维度和关系维度具有可变性,技术维度存在创新迭代性,认识空间不能只唯当下,不见过去和未来,必须结合时间变化历史地理解空间。

事实上,在人类社会空间中,这五个维度并非截然分开,几乎没有一个空间仅有一个维度的意涵,相反这五个维度紧密交织在一起,只是在某个维度上侧重不同,并在彼此交互影响中决定着特定空间的主要面貌和特征。因此,空间究其本质是个复合体,更是个复杂体。

三、空间与城市

无论是从本源还是形态角度而言,城市都属于空间现象,人类向往城市是因为城市空间整体优于农村空间。人们对社会生活的偏好就足以内生形成一个城市中心集聚区,进而排除了人口均匀分布成为均衡的情况,事实也证明生活在市中心的人们是最容易与他人进行接触互动的(藤田昌九、雅克-弗朗斯瓦·蒂斯,2016)。

西方学术界对空间的研究由来已久,马克思的宏大理论体系中就蕴含着丰富的空间思想。20世纪70年代开始,一股学术理论"空间转向"的潮流蓬勃兴起,并渗透到不同学科。在这一过程中,"城市"成为最受瞩目的"空间"研究对象,无论是文化批判还是空间经济学,关注的核心都是城市。

事实上,空间与城市的深度结合早于所谓的城市研究"空间转向"潮流。除天然关注区位、城市的地理学外,约翰·冯·杜能1826年出版的《孤立国同农业和国民经济的关系》一书,引入地租和土地利用等空间要素分析,而城市经济学的学科起源也被认为来自书中关于城市的论述。1909年韦伯的《工业区位论》关于一般区位的系统理论,成为空间经济学的重要发端。

但"空间转向"显然具有更为深层的意义,"空间转向"实质上是"城市转向",城市化和空间的生产是交织在一起的(大卫·哈维,2006)。直观地看,城市化可以被简单地理解为人口逐渐向城镇、城市和大都市区集中的过程,而城市化的直接后果,是我们所到之处越来越多的土地被城市占用(安杰尔·什洛莫,2014)。但不仅于此,城市化作为一个空间生产过程,会以新的方式和逻辑将全球和地方、中心与边缘、城市同乡村等空间实体要素重新连接。

这一转变的宏观历史背景是城市日益成为世界范围内尤其是发达国家人口的主要生存空间。西方主要发达国家和地区从20世纪中叶起,城市化逐渐步入成熟和定型阶段,城市化水平基本达到60%以上。中国亦是如此。空间在中国学术界成为热词,空间相关研究成为研究焦点,背后的关键驱动因素之一,便是改革开放后中国开启了人类历史上最为壮观的城镇化进程,城市日益成为中国人生活的主导性空间,对中国社会问题的分析也由此离不开城市空间(陶东风,2017)。

四、经济全球化过程中的城市空间

全球化自古有之,并非新事物新现象。但晚近以来的全球化本身在持续发生重大变化。20世纪六七十年代启动的当代经济全球化进程,以人类历史上前所未有的广度和深度,影响着整个地球,深刻改变了世界,也在很大程度上重塑了现代城市。在哈维看来,全球化是资本主义空间生产的伴生物,现代资本在现实空间的实践,必然逐渐发展为世界架构;同时全球化与城市化的内涵也趋向一致,全球化是城市化的拓展,城市化则是全球化的浓缩,都意味着空间生产过程中不同尺度上的要素资源集聚化不均衡分布的态势,但在程度和范围上有所不同(大卫·哈维,2006)。

1. 全球化变迁与城市

从自然的角度看,在人类产生的历史周期内,作为人类生存、生产和生活的地球空间始终存在,未曾发生重大改变。人类对于自身活动空间的认识、拓展、占有、创造和改造的步伐也从未停止。历史地看,在全球地理整体被高山和海洋隔绝的局面下,人类以贸易为先导不断跨境交易。贸易一直以来是人类社会变革和发展的最大外部推动因素,跨境贸易线路串联起一座座城市,很多城市也因跨境贸易而生、而兴,也因贸易线路改变而衰。在这个过程中,城市一直扮演着货物流、资本流、信息流和劳动力流交汇枢纽的角色(格雷格·克拉克,2018),历史上著名的大都市几乎都位于特定跨境通道附近,这些大都市也或多或少具备跨国或外来文明因素。从这个意义上说,城市特别是大城市长久以来就受到全球化的影响,甚至也可以说,城市自古以来就支撑着国际间的交往。

表3.1　历史上十大贸易路线

主要时间	贸易路线	重要城市	创新之处	负面影响
公元前1000年至公元400年	地中海	亚历山大、安提阿、雅典、迦太基、君士坦丁堡、马赛、罗马、丹吉儿	造船、文字传播、字母、希腊哲学、罗马道路系统	征服与奴役
公元前400年至公元17世纪	丝绸之路	亚历山大、巴格达、巴格拉姆、君士坦丁堡、泰西封、大马士革、东莞、广州、杭州、赫拉特、喀布尔	贸易大篷车、纸张、火药、指南针、代数、医药、天文学、灌溉、印刷术、银行和铸币	黑死病、匈奴和蒙古入侵、宗教暴力

续 表

主要时间	贸易路线	重要城市	创新之处	负面影响
1050年—1500年	地中海	巴塞罗那、佛罗伦萨、热那亚、马赛、那不勒斯、比萨、威尼斯	金融创新、奢侈品传播、对海盗的长期打击	民主萌芽被王朝统治所扼杀
1250年—1550年	欧洲西北部（汉萨同盟）	安特卫普、布鲁日、汉堡、伦敦、吕贝克、诺夫哥罗德、里加、斯德哥尔摩	商业组织、造船、银行、行政组织	贸易垄断和限制
1500年—1750年	非洲沿岸和印度洋	科伦坡、达拉斯萨拉姆、里斯本、罗安达、孟买	制图、航海技术改进、博物馆学进步	奴隶制、殖民征服、垄断、内部分裂
1500年—1800年	大西洋三角贸易区	阿姆斯特丹、哈瓦那、金斯敦、里斯本、伦敦、马德里、拿骚、纽约、巴黎、里约热内卢、鹿特丹、萨尔瓦多、圣保罗	航海与造船技术的改进，重商主义、早期资本主义、启蒙思想的传播，产权、资本市场，电报,运河	奴隶制、政府和经济分隔、非洲的社会混乱、海盗猖獗
1600年—1800年	东南亚到拉丁美洲	曼谷、巴达维亚、加尔各答、广州、马六甲、墨西哥城、长崎、槟城、西贡、新加坡	丝绸与香料商路、白银、瓷器和茶叶	亚洲与欧洲之间差距的拉大、殖民化
1850年—1940年	泛太平洋地区	广州、洛杉矶、澳门、大阪、东京	白银出口、国家现代化	受契约压迫的劳工、美日关系紧张
1945年—20世纪70年代	北美与欧洲地区	芝加哥、底特律、汉堡、慕尼黑、多伦多	全球消费品、共享经济和监管体系、信息化物流	有限的经济专业化、城市无计划扩张、环境污染
20世纪80年代至今	亚太地区	班加罗尔、广州、香港、孟买、新加坡、上海、深圳、悉尼	生产和信息技术创新、基础设施建设、贫困减少	环境污染、资源破坏、农民进城

资料来源: 格雷格·克拉克:《全球城市简史》,于洋、陈静、焦永利译,北京: 中国人民大学出版社,2018年,第14—15页。

有学者据此认为全球化是一直存在的,全球化与城市发展之间的逻辑也是基本不变的,进而可以认为今天的全球化只是人类数千年跨境或跨文化交往的自然延续,城市在其间的作用和受到的影响也惯性持续到当下。

彼得·迪肯犀利地指出其中的差别,他将古代的跨境经济活动称为"国际化过程",当代世界经济图景为"全球化过程"。前者包含经济活动跨越国境的简单扩张,本质上它们反映了量的变化,导致更加宽广的经济活动地理格局;后者不仅仅包括经济活动跨越国境的地理扩张,而且更重要的是包含在国际上分散的经济活动的功能一体化,因此本质上它们反映了经济活动组织方式的质变(彼得·迪肯,2007)。斯蒂格利茨也持相似看法,他并不认为19世纪之前可以称为全球化,直到"大约150年前,通信以及交通运输成本的降低促使了全球化早期雏形的产生"(约瑟夫·E.斯蒂格利茨,2013)。

马克思在他的时代已经深刻意识到,资本逻辑必然驱动资本主义持续扩张,将全世界作为自身的市场。这一逻辑的现代演绎与深化,则是生产要素的国际流动,要素流动超越了商品流动,也主导了商品流动(张幼文,2009)。也就是说,经济全球化本质上是各类要素在全球范围内的优化配置,形成基于跨境地域协同的要素组合和价值链分工,某种意义上说是市场在全球资源配置中起决定性作用的体现。因此,经济全球化本身就是市场化在全球的空间扩张,已经并持续塑造着全球空间。在全球化已经成为统领空间生产实践的主导话语背景下,当代城市的空间实践无疑需要置于这样一种全球化的语境下来理解(吴宁,2008)。

2. 经济全球化对城市空间的塑造

在经济全球化过程中,对国际资本而言,城市变得越来越具有战略性(联合国人居署,2004)。这也驱动着资本与空间、空间与政治、空间与权力相互作用、相互塑造,城市空间的性质已经发生了根本性的变化

（任政，2018）。全球化对城市空间的影响主要体现在四大方面：

第一，要素资源加速向城市集聚。

信息技术特别是网络空间的兴起，让不少学者认为集聚的重要性必然下降，产业布局将趋于分散化；网络音视频和即时通信将取代面对面交流，空间临近不再是知识溢出效应的必要条件。但经济全球化的过程证伪了这种观点，正如在一国范围内资源总是不均匀分布，要素在全球空间内也呈现极化配置态势（张幼文、梁军，2007），尤其是城市成了要素集聚的关键空间。一方面，在世界尺度，价值链在全球范围内分工深化的同时，部分关键功能如管理、控制、协调等反而进一步集中在少数城市，形成了全球城市；另一方面，在国家尺度，城市作为经济社会发展的核心空间和要素活跃空间的地位得到极大强化，城市化在发展中经济体受经济全球化驱动而全面加速，劳动力快速涌向城市，在这些国家或地区城市成为海外技术、资本和管理等要素的首选空间。

从经济形态变迁角度看，与工业经济向知识经济和信息经济转变相伴随的，是城市重要性的持续提升而非相反。格莱泽（2012）考察硅谷和班加罗尔后发现：电子方式的交流并不会导致人们放弃面对面的接触，尽管作为信息科技"生产者"的IT产业最具条件开展远距离即时通信交流，但这一行业已经成为全球最著名的受益于地缘集中的范例，因为创意跨越走廊和街道要比跨越大陆和海洋更为容易。甚至而言，信息科技已经并持续重塑当今世界，让我们的世界变得更加富有创意、更加关系密切，最终变得更加城市化。事实上，与工业或农业相比，服务经济空间分布的非均衡性更强，服务业发展存在着明显的城市集聚倾向。城市能级与服务经济集聚度之间呈显著的正相关，这种马太效应之强，以至于核心城市周边的中小城市也能从中受益，成为一定规模服务经济的新兴承载空间（周振华，2013）。

第二，城市发展路径出现转变（徐建，2019）。

经济全球化型塑了当今世界，不管是否愿意、被动还是主动，全球化都难以阻挡,近年来出现的逆全球化现象从反面更加说明了全球化力量的强大。时至今日,全球化的脚步不可能停止。面对如此浩荡的历史大势,封闭与隔绝无疑是条绝路,开放则是必然的选择,开放也成为空间塑造、城市发展的关键路径。比如,通过空间重构、主动融入全球化,成就了中国部分中西部城市的发展奇迹。前溯十年,中国城市格局变动的一大亮点是成都与重庆的异军突起。这两个相距并不遥远、文化历史高度相关的城市,空间区位条件难言突出,资源禀赋也并非独一无二,腹地支撑极为薄弱,却独领风骚于中西部,甚至超越大部分东部发达城市。以成都为例,在GaWC 2017年的排名中连升4级至Beta-成为上升最快的城市;今年则上升至71位,再度跃升2级至Beta+。

究其发展逻辑,成都与重庆走出了一条"超越区位、连接全球"的跨越式发展之路,本质上是"一带一路"逻辑的体现。也即,成都与重庆于国家"一带一路"倡议正式提出之前,在西部创新践行了连接国际、发展自身的战略思路。比如,从机构载体来看,截至2018年中,世界500强企业落户成都的已达285家,其中境外企业有198家,境内企业87家;从航空枢纽来看,成都已开通国际(地区)航线109条,位列全国第四、中西部第一,各大洲连通直飞航点数均达到2个以上,成都航空口岸是中西部唯一、全国第4个出入境客流量突破500万的一类航空口岸;从产业来看,重庆笔电产业从无到有直至占世界产量的三分之一,行销全球;从运输通道看,重庆率先打通渝新欧通道,创新开启了中欧班列,近年来中新南向通道的开通更是将海上丝绸之路与新丝绸之路经济带衔接为一体。正是主动跳出开放洼地制约、广泛连接全球的发展新思维,以及打造产业平台、交通平台、政策平台和信息平台等融合互促的发展新方式,直接推动了城市能级和核心竞争力的提升,让成都和重庆先于中西部绝大部分城市把握了发展先机,也奠定了它们在"一带一路"倡议推动下加速发展、最终成为全球城市的宝贵基础。

成都和重庆的案例充分表明,在"一带一路"支撑下,中西部城市

完全有可能通过空间条件改善和重塑,实现城市在激烈竞争格局中的
"弯道超车"和"变道超车"。

第三,新型和特殊空间持续形成。

对于城市空间而言,经济全球化时代的开放必然要求空间的开放,
先进要素的进入必须有相应的空间承载,空间的种类将趋于丰富,形成
一些在封闭时代未曾有的新型和特殊空间。总体而言,主要有四大类
空间:

一是生产性空间。经济全球化催生出基于价值链分工的国际生
产网络,卷入全球化的国家和地区在打造开放型经济体过程中,除了开
放市场、放松管制、转变政府职能之外,往往还建立特殊的生产性空间,
以面向国际市场开展经济活动。自20世纪60年代初爱尔兰建立世界
上第一个以出口加工为主的自由贸易区——香农自贸区后,目前全世
界共有各类自贸区1 200多个。中国改革开放40年过程中,海关特殊
监管区发挥了重要作用,目前共有六种模式:保税区、出口加工区、保
税物流园区、跨境工业园区、保税港区、综合保税区。截至2018年底,
中国已批准设立140个海关特殊监管区域,其中,上海地区先后设立了
5类10个特殊监管区域,目前总验收面积38.786平方公里。在海关特
殊监管区长期实践的基础上,2013年9月,中国首个自贸试验区——中
国(上海)自由贸易试验区成立,标志着中国开始探索深度融入全球经
济运行体系。目前,全国共有12个自贸区,分布在东中西等不同区域。
这些生产性空间共同支撑起中国与全球的要素流动与经济连接,发挥
着重大而又独特的作用。

二是生活类空间。人是跨境流动要素的重要组成部分,人也是管
理和技术等要素的主要载体,经济全球化带来了活跃自然人跨境移动。
在一些大都市如上海,国际人口特别是特定国别人口达到一定规模后,
通常会主动或自发地集中居住,形成国际社区。以上海为例,在上海中
部形成一条自西向东的外国人集聚条状地带,包括中心城区和几大开

发区,以古北、碧云、联洋、滨江、张江等国际社区为典型;浦西的中心城区(主要有原静安区、原卢湾区、徐汇区和人民广场、新天地等区域)的老洋房和高端公寓也集聚了相当数量的境外人口(曹慧霆,2016)。

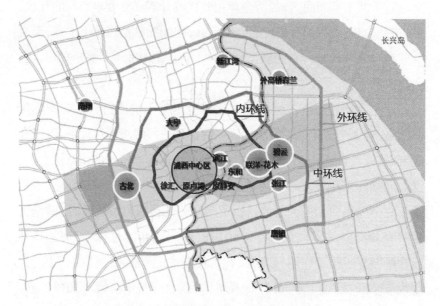

图3.3　上海国际社区空间布局现状示意图

资料来源:曹慧霆,《基于全球城市视角的上海国际社区发展研判》,《上海城市管理》,2016年6期,第71—75页

三是文化类空间。当代全球化以经济为先导,但也直接或间接增进了文化和文明交流,影响和塑造了城市新的文化发展空间。一方面,出现了一批主要面向国际人口的文化休闲空间。比如,闵行区虹桥镇的"老外街",全长仅480余米,占地约7 000平方米,却集中了14个国家的主题餐厅23家,因国际人口经常光顾,故名老外街,2002年开业至今已发展成为国家AAA级景区。新天地虽然改自上海传统的石库门建筑,但却成为在沪外国人酷爱的休闲放松空间。另一方面,境外文化休闲方式持续引进。例如,两岸交流解冻后,以上岛咖啡、克里斯汀、85℃等为代表的台湾新消费方式深刻影响了大陆的休闲文化空间塑

造；南非人高天成在中国打造了以裸心谷、裸心堡为代表的度假休闲空间,对莫干山民宿业发展起到了巨大的先导引领作用。

四是创新类空间。中国改革开放之初,在国际要素流动和重组中,是以自身的劳动力要素嫁接全球技术、资本、管理和品牌等高端要素,逐步融入全球经济运行体系,但在全球价值链分工中处于附加值较低的环节。随着中国劳动力要素的变化和发展阶段的演进,向微笑曲线两端和价值链上游环节攀升已成为必然选择,创新正成为发展的第一动力。在"大众创业、万众创新"的政策激励下,各类创新空间在国内风起云涌,创新工场等市场主体创办的众创空间和孵化器受到资本市场和科技部门的广泛关注。在此基础上,一些城市内部逐渐生成与城市高密度环境完美契合的创新街区。邓智团对此作了界定,认为创新街区是指在城市内部高新技术产业高度集聚的街区空间,强调两个层面的特质：创新企业高度集聚和城市化的生活环境(邓智团,2018)。

表3.2 创新街区与相关概念辨析

概念对比	创新街区	创新区	创新城区	高新技术园区	研究园区
区位	中心城区、城市滨水区(也可以是近郊及远郊)	中心城区、城市滨水区和近郊及远郊	城区概念,中心城区和近郊及远郊	城区、近郊和远郊	城区、近郊和远郊
空间范围	小于4平方千米	可大可小,不确定	空间范围较大	空间范围变化较大	空间范围变化较大
特质	高密度城市化区域、郊区及城市远郊的城市化区域;创新型企业集聚	创新功能主导的区域	创新功能突出的城区	以高新技术发展为主的园区;居住生活以及休闲娱乐功能较少	以研发为主的园区;居住生活以及休闲娱乐功能较少

资料来源：邓智团：《卓越城市 创新街区》,上海：上海社会科学出版社,2018年,第14页。

第四,内部空间进一步分化。

经济全球化推动要素跨境流动,并主要在不同国家的重要城市区域内落地、嫁接、生长、重组,将会首先引发经济空间演变并连带其他空间的变化,使得城市既有内部空间格局产生分化,背后的根源在于全球化与市场化的叠加,加剧了空间的稀缺性和竞争性。首要的,是会形成超越城市尺度的空间与面向本地的空间并存的格局。"全球—地方"的固有张力将对两个空间的平衡带来挑战,前者体现为CBD、CAZ,以及高端办公、消费、居住和休闲空间,无疑更具有强势力量,而后者往往处于防御和被侵蚀的不利境地。值得注意的是,参与塑造城市内部空间的并非仅有强势的跨国主体或要素,往往跨国要素集聚的空间,作为一个生态体系,也需要大量的中低端要素提供配套支撑,通常这些是外来人口特别是农民工群体。也就是说,在全球空间、本地空间之外,还会有基于本国外来人口的空间。三者之间是复杂而微妙的关系,这种关系并不总是体现为功能上的相互契合或互补,竞争、侵蚀、抵御等消极一面也始终存在。因而,在空间分化过程中维护平衡始终是一个重要命题。

五、在空间中理解全球城市的极化

对于空间认知的转变,构成了理解全球化背景下城市体系重构的前提(程遥、赵民,2015)。经济全球化加剧了全球要素资源配置的空间不均衡,形成了极化分布格局,客观上催生出全球城市,因此作为经济全球化"空间表达"的全球城市,也是经济全球化固有的极化特征的"空间表现"。严格来说,全球城市是极化的产物。

经济全球化与全球城市发展之间蕴含着一个深刻的内在矛盾。一方面,城市空间是有限且有行政边界的。比如,纽约市为789平方公里,东京都为2 188平方公里,香港面积仅为1 106平方公里,新加坡更只有718平方公里。而城市跨越行政边界发展需要付出巨大的协调成本,全球城市地方政府显然更倾向于在本行政区域内集聚要素资源,而非主动疏解。

但另一方面,随着全球经济的持续发展,全球城市的功能却在无限拓展。虽然很多要素存在于虚拟的流动空间,但要素的配置却不是自发自动的,需要其他要素操作比如人,也需要其他载体比如机构,而这些必然对地点空间提出要求。全球化进程长期而言不可逆转,那么全球要素流动的规模将会持续扩张,相应的需要全球城市承载的内容也在增加。抛开增量要素而言,即使对存量要素,全球城市之间,全球城市与潜在全球城市之间,也存在着激烈的争夺。毕竟没有一座全球城市愿意在竞争中落败。

这就不可避免地衍生出全球城市作为地方空间的有限性与功能的无限性之间的根本性矛盾。这个矛盾的核心在于空间,主要是地点空间,由此也决定了全球城市地点空间的价值性和稀缺性。这也反映出全球城市作为地点空间与流动空间交互作用下的产物,其地点空间内部的复杂演化程度,完全不亚于流动空间。在这一过程中,一些关于全球城市建设的公共政策(如城市规划、区域政策、产业布局政策等),直接决定了城市社会的空间结构和空间关系(郑国,2008),其结果往往是强化了这一矛盾性,原因在于这能够持续提高城市空间的价值。而全球城市内部广泛存在的功能、产业、收入、人口等结构性极化,也都与这一基于空间的张力有高度的逻辑关联,这些结构性极化部分是空间张力的原因,部分也成为其结果。比如,经济全球化往往在全球城市内部制造中心性和边缘性的空间格局,城市中心区在房地产、电信等领域接受了大量的投资,成为高端功能区域、高收入人群集聚区域;而城市低收入区和郊区往往处于资源极度匮乏状况,产业则以制造业为主,中心和边缘二元对立的空间格局中,清晰地展现了城市功能、产业、收入和人口趋于极化的过程和机理(联合国人居署,2004)。

因此,全球城市极化的核心体现在空间,空间也能够充分展现全球城市的极化。归根结底,全球城市建设的过程,也是全球城市内部空间变迁、空间重塑、空间修复和空间治理的过程。

第五节 小 结

本章主要探讨全球城市的内部结构特征,并尝试形成基于空间视角的全球城市分析框架。城市是分化发展的结果,城市发展过程也体现出鲜明的分化态势,既包括城市之间,也体现为城市内部的分化。分化是中性的客观存在,其程度的加剧则会形成极化。极化如同分化,也是常态的存在,甚至常常作为后发地区的经典发展战略而经常使用。对于中性的极化,主动开展"趋利避害"的控制显得尤为重要,从而在动态平衡中实现整体利益的提升。

全球城市作为特殊的城市,具有鲜明而独特的极化特征。全球城市的极化具有复杂的面向,是系统现象、结构现象、过程现象和个性化现象,并且主要体现为功能结构极化、产业结构极化、收入结构极化、人口结构极化和空间结构极化等五大方面。

全球城市极化的背后有着复杂的逻辑驱动。全球范围的海量规模要素,在特定的全球城市空间内基于市场逻辑的活跃运行,这本身就是极化的体现,而且是基底的、决定性的极化,客观上要求城市整体形成与之相适应的系统体系。这背后的内在机理体现为"定位—功能—结构—规模"联动链条,简单地说是"深、高、多、大"的交织演化。其中,定位是前提基础;定位决定功能,功能则是主因;定位与功能影响结构,结构发挥催化剂作用;深度融入的定位、高端的功能和多元的结构,必然离不开一定规模的支撑。该逻辑渗透到全球城市运行过程,催生了功能、产业、人口、收入和空间等诸多领域的结构性极化。

空间正成为理解全球城市的重要范式。空间是缺乏精确定义的概念,本质是个复合体和复杂体,也体现了这一范式的充分延展性,本研究主要聚焦空间的历史、技术、关系、要素和物理等五大维度。空间分析的最大特点在于对城市空间建构背后的关系揭示,能够解释城市运行的复杂机理。

城市本身就是空间现象,而全球化与城市化具有历史交织,特别是20世纪六七十年代以来的全球化,在性质上与历史上的全球化截然不同,当代全球化逐渐与城市化同构,对城市空间产生了深远影响,主要体现在:要素资源加速向城市集聚;城市发展路径出现转变;生产性、生活类、文化类和创新类的新型和特殊空间持续形成;内部空间进一步分化。

全球化对全球城市的影响尤为显著,全球城市本身就是经济全球化的"空间表达"。而在经济全球化与全球城市发展之间蕴含着一个深刻的内在矛盾,即全球城市作为地方空间的有限性与功能的无限性之间的根本性矛盾。这个矛盾的核心在于空间,而全球城市内部广泛存在的功能、产业、收入、人口等结构性极化,也都与这一基于空间的矛盾有高度的逻辑关联。因此,全球城市极化的核心体现在空间,空间也能够充分展现全球城市的极化。

第四章 多重逻辑主导下的上海大型居住社区生成

第一节　国家战略驱动下的上海全球城市建设

上海在全国发展大局中具有特殊的定位和地位。20世纪90年代以来,上海步入发展快车道,承载了大量的国家战略性使命。以"五个中心"为核心的战略重任,其关键指向是建设全球城市、代表国家参与全球竞争。"中央—地方"框架内的良性互动,实现了上海地方发展和国家使命履行的相得益彰,并形成了一系列模式特征体系,为上海迈向"卓越的全球城市"打下了坚实基础。国家战略直接驱动下的全球城市建设,成为上海不同于国外其他全球城市发展历程的亮点所在。

一、"中央—地方"框架下的上海全球城市定位

上海最新的城市总体规划——《上海市城市总体规划(2017—2035年)》,为这座城市提出了"卓越的全球城市"新目标。这个目标表述因为是第一次在上海规划文本中出现,容易引起一些误解。最大的误解是认为上海将向全球城市迈进,潜台词则是上海当前还不是全球城市。但事实上,从全球城市研究领域最具影响力的GaWC排名来看,上海早在排行榜推出的21世纪初,就已经位列全球城市排名体系最高的 α 一档,只是尚未达到 α++、α+的顶尖水平,可见,国际相关学术界早就将上海视为名副其实的全球城市。之所以出现上述误解,关键原因是全球城市作为概念术语进入中国学术界较晚,纳入政府语境也是近年来的事情。而"卓越的全球城市",简单地说,体现了上海百尺竿头更进一步,力图跻身纽约、伦敦、东京和巴黎等顶尖全球城市

行列的雄心(徐建,2018)。

　　基于此,进一步结合上海改革开放历程思考,显然上海在2000年GaWC榜单中位居全球城市之列,并非凭空出世,而是经历了长期的建设过程,这个过程就是改革开放,特别是20世纪90年代初以浦东开发开放为启动标志的跨越式发展征程。1992年党的十四大将"尽快把上海建设成为国际经济、金融、贸易中心之一,带动长江三角洲和整个长江流域地区经济新飞跃"正式写入了报告,作出了历史性宣示。巧合的是,浦东开发开放始于1990年4月18日,而萨森则于次年正式提出了"全球城市"概念,上海的大发展恰逢其时,历史性地把握住了全球机遇,在逐步嵌入全球体系的过程中实现了伟大的发展成就,也同时赋予和丰富了自身的全球视野、全球品质和全球功能(徐建,2018)。

表4.1　上海及中国其他主要城市在GaWC排名中的位次

2000年		2004年		2008年		2010年		2012年		2016年	
香港	α+	香港	α+	香港	α+	香港	α+	香港	α+	香港	α+
台北	α−	北京	α−	上海	α+	上海	α+	上海	α+	北京	α+
上海	α−	上海	α−	北京	α+	北京	α	北京	α+	上海	α+
北京	β+	台北	α−	台北	α−	台北	α−	台北	α−	台北	α−
广州	γ−	广州	γ−	广州	β−	广州	β	广州	β+	广州	α−
深圳	自足	澳门	自足	深圳	γ	深圳	β−	深圳	β−	深圳	β
		深圳	自足	成都	S	天津	HS	天津	γ−	成都	β−

资料来源: 作者根据GaWC部分年份排名汇总整理

　　上海改革开放40年的历程,特别是浦东开发开放后的跨越式发展,无论是发展取向、城市定位,还是产业重点,都体现了强烈的融入全球的国际化特征。由于上海处于东部沿海经济发展带和长江流域经济

发展带的交汇点,又是长三角城市群的中心城市,具有明显的依托经济
发达地区和延伸幅员广阔发展腹地的区位优势,所以在中国全面融入
经济全球化进程中成为连接国内国外两个市场和利用国内外两种资源
极其重要的战略高地(周振华,2018)。国家先后赋予上海的国际金融、
贸易、航运、经济和全球科创中心定位,本质上就是建设全球城市,"五
个中心"也构成了上海全球城市的骨干框架。更为重要的是,这些定
位并非上海自弹自唱自封,而是来自国家着眼全局的战略部署。1990
年初浦东开发开放之前,邓小平说:"比如抓上海,就算一个大措施。上
海是我们的王牌,把上海搞起来是一条捷径。"据此可见,建设全球城
市,是上海肩负的充满重大历史意义的战略使命。

从历史的角度看,国家从来都对城市规划决策有着重大影响,即使
在联邦制度下也是这样(彼得·纽曼、安迪·索恩利,2016)。回顾近代
以来的大国发展历程,当一个国家在开启属于自己的主导周期时,总是
有一个全球主义取向的综合性全球城市出现,正如伦敦之于英国,纽约
之于美国。因此上海全面迈向全球城市,背后一定是中国的崛起,换言
之,上海演化为全球城市,是中华民族实现伟大复兴的"城市表达"(徐
建,2018)。

因此,站在国家发展和民族复兴的高度看待上海改革开放后的城
市演变,可以发现,作为中国最大的经济中心和改革开放前沿,上海始
终在中央领导和国家战略框架下发展前行,改革开放特别是20世纪90
年代以来上海快速发展的背后,有着清晰且不变的国家逻辑。如果说
改革开放40年,上海最大的发展战略是什么?那无疑是国家战略。一
系列不同领域不同内容的国家战略,究其本质,主旨都是将上海打造成
为全球城市,增强全球资源配置能力,从而更好地服务于全国大局。国
家基于全球城市定位赋予的任务、给予的权限、设立的平台,等等,成为
上海发展的关键动力之一。纵观中国所有城市,没有任何一个如上海
这般承载着如此密集、如此重大的国家战略。作为单一制国家,国家逻

辑对城市定位和发展的意义更为独特与重要。这一逻辑的核心在于中央与地方的长期上下良性互动,在持续的正向循环中履行国家使命、加速地方的发展,是"中央—地方"框架的特殊演绎。

二、国家战略驱动下的上海全球城市建设历程

回顾中国改革开放40年历程,可以发现,在改革开放总体布局中,上海经历了齐步走、并排走、加速走到领先走的过程,但在中央战略格局中始终处于不可替代的关键位置。历数改革开放的战略哲学,包括以增量改革带动存量改革、以开放促改革、先局部试点后整体推进等,上海都是浓墨重彩的一笔,表现形式则体现为在不同历史时期持续承担国家重任,并在履行使命中实现了城市向全球城市的持续迈进,是名副其实的排头兵和先行者。

1. 20世纪80年代"改革后卫"的战略担当

党的十一届三中全会开启改革开放伟大征程之后,中央提出了建设"四个现代化"的重大战略,并要求上海成为"四个现代化"的开路先锋。上海作为中国最大的工业中心城市,按照中央部署推进改革,努力探索"改造、振兴"新路。但客观而言,当时改革开放总体布局中的先发和重点区域是特区、沿海、沿江和沿边(境)地区,上海并不在重心之列。

尽管如此,这并不意味着上海战略地位的下降,相反,却是上海在"全国一盘棋"中重要性的体现。因为改革固有的高风险性和不确定性,特别是大国改革稍有不慎则万劫不复,增量改革和渐进式改革成为明智而又必然的战略选择。在当时底子薄、经验缺的不利条件下搞增量改革,存量的战略性担当和基础性支撑是关键前提,上海就是改革初期全国大格局中的底线保障和战略后方,这也是国家战略的体现。

不处于改革开放前沿,但承担稳固全局的战略重任,上海作出了较大的牺牲,同时上海也在中央关怀下积极调整,探寻"改造、振兴"的

新路子。1984年,宋平和马洪率领上海经济发展调查组来上海进行调查研究,并与上海方面共同形成了提交国务院的汇报材料。1985年2月,国务院批转了《关于上海经济发展战略的汇报提纲》,正式明确"改造、振兴上海不仅是上海市的大事,也是关系我国四个现代化建设的大事……力争到本世纪末把上海建设成为开放型、多功能、产业结构合理、科学技术先进、具有高度文明的社会主义现代化城市"。这是新中国成立以后上海城市发展定位和战略的关键性转折,上海在国家战略框架内从单一的工业中心逐步转型为多功能的中心城市,为20世纪90年代开启的腾飞奠定了极其重要的基础。

2.20世纪90年代以浦东开发开放为代表的突围和跨越

20世纪90年代,是上海站在全国改革开放最前沿、发展动力空前充沛、实现跨越式大发展的重要阶段,这一阶段上海承载的国家战略主要体现为两大方面:

第一,浦东开发开放。

20世纪90年代初,中国面临极其复杂严峻的国际环境,苏联解体、东欧剧变,长达数十年的冷战结束,西方重新制裁和封锁中国。在改革开放前行还是倒退的重大历史关头,中央坚定对外开放的战略意志,并决定打浦东开发的王牌。1990年4月18日,孕育多年的浦东开发开放正式启动。邓小平强调:"要抓紧浦东开发,不要动摇,一直到建成。"浦东开发开放向世界展示了中国继续打开大门、坚定融入世界、走改革开放之路的决心,也彻底改变了上海在国家改革开放格局中的战略位置,从"后卫"前推至"前锋"。高举浦东开发开放旗帜,"开发浦东、振兴上海、服务全国、面向世界",不仅从根本上拓展了上海的发展空间,打造了新的强大增长极,更重要的是形成了国际国内两个扇面联动格局,成为上海深化改革开放、建设市场体系、构建开放型经济体制、塑造城市功能、提升城市能级的关键抓手和依托。由此,上海的发展面貌焕然一新,城市腾飞的动力澎湃充沛。

第二，"四个中心" 建设。

党的十四大指出，"以上海浦东开发开放为龙头，进一步开放长江沿岸城市，尽快把上海建成国际经济、金融、贸易中心之一"，《上海市国民经济和社会发展 "九五" 计划与2010年远景目标纲要》明确："到2010年，为把上海建成国际经济、金融、贸易中心之一奠定基础。" 1996年，国务院明确上海国际航运中心建设战略。至此，上海以 "四个中心" 为骨架的城市功能体系开始形成，"四个中心" 定位赋予了上海中长期发展的目标内涵，获得全市上下广泛的认同，并成为上海至今年一以贯之的战略指引。2009年，国务院发布《关于推进上海加快发展现代服务业和先进制造业建设国际金融中心和国际航运中心的意见》，《上海市国民经济和社会发展第十三个五年规划纲要》提出："到2020年，基本建成国际经济、金融、贸易、航运中心。"

3. 新世纪前十年的改革开放快速推进

随着中国于2001年12月正式加入WTO，中国开启了全面融入全球经济体系的新历史阶段。在开放扩大的倒逼下，改革攻坚的任务也日益加重。上海继续发挥引领作用，为全国深化改革和扩大开放探索新路径。

第一，综改配套改革。

2005年，在浦东和上海两个层面的积极主动争取下，国务院批准浦东开展综合配套改革试点，不给优惠政策，但赋予 "先行先试" 权利，着力转变政府职能，着力转变经济运行方式，着力改变二元经济与社会结构。通过三年为一轮、持续至今的多轮综合配套改革，整体实现了改革与发展两大主题的结合，为推动全国改革起了重要示范作用。

第二，申、筹、举办上海世博会。

上海市自20世纪80年代起即谋划举办世界博览会，并在中央支持下最终于2002年12月4日申办成功。中国2010年上海世界博览会首次以城市为主题，共有190个国家、56个国际组织参展、7 308万人次参观,整体达到世博会历史巅峰水平。世博会是上海在新世纪第一个十年内最重要的"城市大事件"。城市"大事件"往往指那些对整座城市或单个国家产生重大社会和经济影响的事件,具有稀缺性、长远性、全局性、战略性的特征,通常是城市发展的重大引擎和重要契机,具有基础设施建设、投资拉动、城市品牌营销、产业转型升级等多重效应,这也是奥运会、世界杯、世博会等申办竞争激烈的原因所在。上海世博会加速了城市基础设施建设的步伐,催生了一大批枢纽型、功能性和网络化的基础设施;推动城市经济高速增长,加速转型升级进程;全面提升城市美誉度,国内外知名度大幅提高;带动城市滨水核心区的开发和建设,为城市长期发展提供了重大功能性空间;"海纳百川、追求卓越、开明睿智、大气谦和"的城市精神进一步凝练和彰显。在世博会的有力带动下,上海在全国范围内率先开启"创新驱动、转型发展"进程。

4. 十八大以来的改革深化和开放扩大

党的十八大以来,中国进入全面深化改革的新阶段,深水区的改革是啃硬骨头。同时,新一轮科技革命加速孕育、全球化面临重大变化。新的形势,既要求上海发挥开路先锋、示范引领、突破攻坚的作用,也为上海发展注入了新的动力。

第一,自贸试验区。

2013年9月,中国(上海)自由贸易试验区正式设立,并先后经历了两轮扩区,从最初28.78平方公里的保税区,扩展到后来的陆家嘴、张江、金桥、世博等区域。浦东聚焦制度创新这个核心,围绕投资、贸易、金融创新和事中事后监管等领域广泛展开改革探索,取得了一系列重要成果。五年来,在自贸试验区带动下,外商投资负面清单已经从190条压减到45条,超过98%的外商投资企业通过备案方式设立;国际贸易"单一窗口"服务逾27万家企业,为企业年节约20亿元成本,自由贸易账户数量逾7万。自贸区以约五十分之一的占地面积,为上海全市贡献了约四分之一的GDP(地区生产总值)和约40%的外贸进出口总额。更重要的是,自贸区推动上海继续位于开放最前沿,率先融入全球经济运行体系,加速建成媲美"国际最高标准、最好水平"的全球城市。

第二,全球科创中心。

2014年,习近平总书记在上海视察期间,要求上海加速向具有全球影响力的科技创新中心进军,科创中心成为上海功能体系中的第五个中心。科技是第一生产力,对经济社会发展全局具有日益显著的关键作用,科技创新的全球竞争也日趋激烈。上海已明确,到2020年,形成具有全球影响力的科技创新中心基本框架。

第三,进口博览会。

在中国步入高质量发展、消费成为经济增长关键动力的历史新阶段,在世界处于单边主义和逆全球化抬头、多边投资贸易体系受阻的重大关头,中央作出了在上海举办国际进口博览会的战略部署,充分展现了中国以开放拥抱世界的胸怀、以合作支持多边主义的决心,以及以进口推动世界分享中国机遇的诚意,这是在国际宏观形势阴晴未定、走向不明关键时刻的大国担当。首届进博会吸引172个国家、地区和国际组织参会,来自五大洲的3 600多家企业参展,世界500强和行业龙头企业逾200家,各类境内外采购商超过40万。进博会是新世纪第二个十年内上海最重要的"城市大事件",虽然仅是第一届,但其筹办和举办过程已经对上海的发展产生了积极效应。虹桥商务区周边面貌焕然一新,道路交通等设施全面升级更新,众多公司争先恐后落户虹桥地区,虹桥作为长三角CBD的地位卓然显现;进博会赋予上海新的投资贸易平台,显著提升上海在全球网络中的节点位置;城市产业体系进一步优化,业态和模式得以丰富;城市品牌和形象得到显著提升与传播;城市管理、市民素质也持续改善。

第四,三项新的任务。

在出席进博会并视察上海期间,习近平总书记正式宣布,增设上海自由贸易试验区新片区、在上海证券交易所设立科创板并试点注册制、实施长江三角洲区域一体化发展国家战略。这三项重大任务具有内在关联，自贸区新片区属于面向国际扇面的对外开放，长三角一体化是面向国内扇面的对内开放，而科创板的设立则是顺应开放深化、高质量发展的新动力培育。这三项任务集中布局于上海，无疑是上海建设卓越的全球城市的重大助力，有利于上海全球城市核心功能的完善和空间格局的拓展。

三、上海履行国家战略、建设全球城市的主要模式特征

上海在承担中央交办重大任务、推动全球城市建设的长期历程中，形成了富有上海特色的"国家驱动型"全球城市建设的模式体系，包含目标、方法论、类型、路径和实践等方面，蕴含着丰富的理论内涵和实践价值（徐建，2019）。

1. 战略使命目标上体现为带动全局与促进上海发展相结合

中国改革开放的历程内在蕴含着部分与整体、点与面的独特价值观，局部服从于整体，在一盘棋格局中实现局部的发展，以点的累积推动面的改进，上海作为一个直辖市承担国家战略的过程便是生动体现。作为1978年上缴财政收入占全国比重达八分之一、工业产值占全国六分之一的经济中心，上海在20世纪80年代国家改革起步探索时期发挥了重要的保存量、保底线的战略担当作用，以局部牺牲确保了改革开放的整体推进。同时，在20世纪90年代开始的近30年内，上海成为改革开放"模范生"，坚决服从和服务于国家战略需要，在履行国家战略过程中一系列先行先试而成的制度创新，复制、推广到全国后有力促进了相关领域的全局改革发展（徐建，2019）。比如上海自贸试验区国际贸易"单一窗口"、证照分离改革等探索，在全国推广实施，而上海也率先享受到制度创新的红利，率先释放了发展潜能，获得和巩固了先发优势，赢得了更广阔的发展空间，并在城市综合实力上长期保持前列位置。尽管并非简单出于利益动机，但正因为局部和点上不畏代价、力求

成功的积极探索,最终都形成了局部与整体、点与面的共同进步,从而构成了两者间的正向循环。在民族复兴进程中涌现出以上海为代表的众多典范区域,成为国家实力的展示窗口和持续发展的战略支撑。

2. 战略使命方法论上体现为扩大开放与深化改革相结合(徐建,2019)

改革和开放是过去中国40年发展历程不可分割的两翼,成为当代中国发展哲学的精髓,开放促进改革、改革支撑开放的良性互动在上海承载国家战略过程中尤为明显。作为上海改革开放腾飞起点的浦东开发开放最鲜明的特征是"开放",正如邓小平所说,"浦东开发开放,是面向太平洋、面对欧美、面对全世界的"。通过开放引领,广泛引入境外资金、领先理念、新兴技术、现代管理、国际惯例等,促使市场因子蓬勃生长,进而冲击传统计划体制,倒逼改革进程,加速上海发展,推动社会主义市场经济体制的确立和完善。随着中国加入WTO,中国的大门进一步敞开,经济运行逐步深度融入全球循环体系,带来新的政府管理、市场理念等方面的不适应,特别是专项、单一式改革效应快速衰减,于是上海自我加压、主动申请不要优惠政策的浦东综合配套改革试点。开放在倒逼改革的同时,还发挥着制度创新引入和扩散、功能和动能培育、全球连接和交流等多元综合效应,有力支持着改革推进。而改革的诉求、重点和方向也形塑和引导着开放(徐建,2019),避免了为开放而开放的盲人摸象和自娱自乐,确保两者总体上保持协调的步骤推进。比如,进博会的举办固然有应对时局的考虑,但不能否认的是,供给侧结构性改革和高质量发展需要外来优质商品和服务的倒逼刺激,发挥市场鲶鱼效应。

3. 战略使命类型上体现为平台综合型和任务专项型相结合

中国改革开放是前无古人的全方位深刻革命,体现为涵盖经济、政治、文化、社会以及生态文明建设在内的总体布局,因而需要地方先行探索和试验的战略领域极为广泛、内涵极其丰富、形式极为多样。对上海而言,40多年来承担的国家战略类型具有突出的多样化特点,可以概括为平台综合型与任务专项型的融合。比如,浦东开发开放属于典型的综合性跨领域战略任务(徐建,2019),是特定区域的经济社会长期变迁,其使命和内容也更为多元。再如,上海自贸试验区作为制度创新的重要平台,直接涉及投资、贸易、金融、事中事后监管等多个领域,探索出的卓有成效的改革举措和制度创新无疑对浦东乃至上海的改革开放事业是近水楼台的巨大促进。中央交给上海的新"三项任务"中的自贸区新片区、长三角一体化也属此类。而世博会和进博会则是单一的专项任务,对城市发展形成了强烈的"大事件"效应;设立科创板并实行注册制任务涉及领域也相对较少。需要指出的是,即使是任务专项型战略使命,释放的效应也往往是综合的,如进博会对供给品质改善、贸易功能提升、城市管理改进等都具有重要意义。平台综合型与任务专项型在价值层面没有高低,适应于不同的改革意图,两者体现了统筹推进与单项突破、系统集成与专项攻坚的有机结合。对上海发展而言,承载战略的多元对城市发展的促进则更加全面深刻,赋予了城市多样化、针对性强的动力源体系。

4. 战略使命路径上体现为矢志不移与迭代升级相结合(徐建,2019)

中国改革开放的大方向是明确的,关键在于建立社会主义市场经济体制,走开放发展道路,融入全球经济运行体系,最终实现中华民族的伟大复兴。清晰的愿景指向落实到现实的战略层面,则呈现出不同历史时期的内在一致性,但并不意味着改革能够一蹴而就,特别是环境的动态性、认识的渐进性和触动利益的敏感性,都注定了改革本身是一个过程。这样的战略清醒与定力、久久为功的毅力,是中国改革开放取得伟大成就、上海实现使命履行与自身发展双丰收的内在原因。从长周期来看,20世纪90年代后的发展逻辑始终围绕正确处理政府与市场关系、坚持利用国内国外两种资源和两个市场(徐建,

2019），无论是浦东开发开放还是自贸试验区建设皆如此，并未有大的反复和倒车，一直引领着全国的改革开放进程。结果的成功离不开节奏的把控，这贯穿于上海推进国家战略的全过程，如自贸试验区从2013年9月设立至今，从小到大、从易到难，先后经历了三轮方案，负面清单也持续缩减，实施、总结、评估、深化、再实施，避免了一步到位的休克式推进带来的大起大落风险，确保了制度创新的接受度、平稳度和可操作性，也给城市发展释放了长久稳固、健康持续的正向效应（徐建，2019）。

5. 战略使命实践上体现为国家规定动作与地方自主创新相结合（徐建，2019）

改革开放大方向的确定性和国家战略意志的刚性，要求上海不能偏离中央决策部署和战略使命的精神要求。上海承载国家战略，绝不是"甲方"与"乙方"的单纯委托关系，而是作为国家整体的有机组成部分履行义务，本质上属于"中央—地方"框架内的"命令—服从"关系。并且，国家赋予上海的使命任务，初衷往往是试点之后向更大范围推广，因此必须确保基本的范式规定和可复制、可推广价值。但上海在实践中并未机械被动和僵化固守，而是坚持上位方案精神实质前提下的因时因地制宜，体现强烈的灵活性和创新性，以确保"使命必达"。比如在浦东开发开放过程中，创造性地形成了"资金空转、土地实转"的开发模式，巧妙绕过了资金缺乏对开发进程的阻碍。除此之外，上海的自主创新还体现在将本地发展战略和改革举措与国家战略相对接，推动国家战略深度融入区域发展实践，释放国家战略的更大效应。比如，为了配合浦东综合配套改革试点，上海市人大专门通过《关于促进和保障浦东综合配套改革试点工作的决定》，明确"在坚持国家法制统一原则和本市地方性法规基本原则的前提下，市人民政府和浦东新区人民政府可以就浦东新区综合配套改革制定相关文件在浦东新区先行先试，并报市人民代表大会常务委员会备案"，在一定程度上解决了浦东没有地方立法权的制约。

第二节 全球城市建设过程中的住房保障

　　住房既涉及产业,也关系到民生,任何城市都无法回避住房问题。全球城市是当代城市发展的引领,无论是体现以人为本,还是维系城市竞争力,都必须实现住房领域的善治。从时间维度上看,上海全球城市建设全面启动早于住房保障体系建设,因此上海的住房保障体系深度融入全球城市建设进程,是全球城市建设的有机组成部分。

一、"四位一体"住房保障体系

　　1998年7月,中国正式启动城镇住房制度改革,住房市场化进程由此全面开启。一个完整的住房供应体系应包括以政府供给为主、公益性的基本住房保障,和以市场供给为主、竞争性的商品房市场。上海住房保障因供给主体相对单一、供应对象较为弱势、供给欠账累积较多,成为建设全球城市过程中长期而重要的难题。通过20余年的努力,上海已整体形成包括廉租住房、公共租赁住房、共有产权保障房、征收安置住房"四位一体"的住房保障体系,有力支撑了全球城市的建设。

　　对于廉租住房,在供应范围上,廉租住房对符合条件的申请家庭实行"应保尽保",根据全市经济社会发展情况不断适时放宽收入和财产标准,并按家庭人数分档调整;在房源筹措上,采取市和区共同筹集的方式对廉租实物配租房源进行筹措。对于共有产权保障住房,在准入标准上,已先后6次放宽准入标准,根据居民住房支付(消费)能力的变化,建立共有产权保障住房准入标准的动态调整机制;在运作模式上,实行"共有产权"运作模式;在房型结构上,以中小套型住房为主;在房源分布上,以城郊外围地段为主。对于公共租赁住房,在制度供应上,公共租赁住房面向在沪稳定就业且住房困难的常住人口供应,不限本市户籍,准入标准不设收入线,满足不同层次住房困难家庭和单身人士的租赁需求;"只租不售",并实行有限期租赁;户型设计以40~50平方米成套小户型住宅为主,进行装修并配置必要的家具、家用电器后出租,实现承租人"拎包入住",租赁价格按略低于市场租金水平确定(李银雪、江海苗,2018),鼓励用人单位采取发放租赁补贴、集体租赁公共租赁住房等方式减轻职工住房负担;采取"政府支持、企业运作"的管理模式(李银雪、江海苗,2018)。对于征收安置住房,在规划建设上,充分发挥市区两级的积极性,确保征收安置房的建设和供应力度;在房源定价上,实行开发保本微利加两次定价;在房源供应上,实行搭桥供应(赵义怀,2018)。

二、体系概况

针对每一类型的保障性住房,上海均出台了相应的政策,明确规定了对象、准入标准和保障方式。根据经济社会发展情况和保障性住房建设进度,政策的人群覆盖面呈逐步扩大的趋势,有力确保了城市发展成果惠及更多市民。

表4.2　上海"四位一体"住房保障体系概况

类型	对象	准入标准(单位:元)	方式
廉租房	低收入住房困难家庭	3人以上:年可支配收入≤12万;1人及2人:上浮10%执行	实物配租或租金补贴
共有产权房	中低收入住房困难家庭	人均年可支配收入≤7.2万;人均财产≤18万;人均建筑面积≤15平方米;满25周岁女性或28周岁男性可单身申请	产权分配、低价出售

类型	对　象	准入标准（单位：元）	方　式
公共租赁房	"夹心层"住房困难家庭、阶段性住房困难家庭	人均住房建筑面积 ≤ 15 平方米，未享受其他保障性住房政策；本市户籍：与单位签订一年及以上劳动合同；外地户籍：持本市居住证达二年以上、在沪连续缴纳社保达一年以上	低价租赁
动迁安置房	重大工程、旧区改造涉及安置家庭	——	房屋置换或现金补贴

资料来源：根据上海相关政策整理

第三节　极化的居住空间：大型居住社区的形成

保障房政策的落实，需要一定的载体形式。进入 21 世纪后，伴随着住房保障体系的建设和城市更新的推进，上海开始集中兴建保障性住房。经过十年左右的探索，上海对保障性住房的性质认识和规划理念都进一步深化，从最初的"大型居住基地"，逐步发展为"大型居住社区"，成为当前和未来较长时期内上海住房保障的主要形式，也是保障性住房的集聚空间。

一、大型居住社区的建设过程

1. 大型居住基地

1998 年中国城镇住房制度改革全面启动之时，上海还普遍面临房屋紧缺、住房困难的局面。这就意味着,上海从2000年起开始的危旧房屋大规模改造,以及补偿方式从"补砖头"向"补人头"的转变,直接催生出迫切的保障性配套住房供应问题。

2002年10月7日,上海启动建设"100万平方米重大工程配套商品房",以满足城市更新的住宅保障之需。上海市政府明确,配套商品房建设遵循"政府引导、企业运作"原则,政府出台优惠政策并限定建设标准,面向城市旧区改造和重大市政工程项目的动迁居民定向供应。2003年,"100万平方米重大工程配套商品房"被列入当年上海市政府12件实事之一;同年,市政府决定,2003年至2005年连续3年,每年建设300万平方米中低价商品住房,房价控制在每平方米3 500元以下。2004年,配套商品房建设和上市速度明显加快,全年规划新开工面积650万平方米。

2005年,为了适应旧区改造对动迁安置房的巨大需求,上述保障性住房建设计划进一步扩大为"两个一千万"工程,即全年新开工配套商品房1 000万平方米、中低价普通商品房1 000万平方米(王鹏,2007)。同时,上海进一步优化保障性住房的建设机制,着力推行"以区为主、市区联手"新机制,强化区县政府在保障性住房建设中的责任主体地位;发挥国有企业在保障性住房建设中的主力军作用,实行"大集团对口大基地"机制,保障房建设的各环节都全面提速。

2. 大型居住社区

2002年开始的以动迁安置房为主的保障房建设,可以称为"大型居住基地"。在此基础上,2009年,上海又提出"研究在郊区建设交通方便、配套良好、价格较低、面向中等收入阶层的大型住宅小区的可能性",标志着上海新一轮集中性保障住房建设正式启动,名称也从"基地"升级为"社区"。同年上半年,第一批大型居住社区选址工作明确8个社区,涉及6个郊区县,主要包括"两个一千万"土地出让范围内的宝山顾村、嘉定江桥、松江泗泾、闵行浦江、浦东周康航、浦东曹路等六大基地,以及青浦徐泾东站、嘉定云翔两大中低价位普通商品房基地。用地和建设规划如下:建设用地约29平方公里(住宅用地12平方公里),住宅建筑面积1 936万平方米。其中,首批六大保障性住房基地建设用地面积约19.33平方公里(居住用地面积约10.77平方公里),规划居住人口约52万人。

2009年6月24日,上海市首批大型居住社区基地中的第一个项目,江桥基地(绿地·新江桥城)项目正式启动。

2009年下半年,上海重点依托郊区新城和现有大基地,结合轨道交通站点,又确定了23个大型居住社区,分布在9个区县,主要包括:宝山罗店、嘉定城北站、嘉定云翔拓展、嘉定黄渡、青浦华新拓展、青浦城一站、青浦城四站、松江佘山北、松江泗泾南拓展、松江南部站、松江叶榭、金山亭林、金山北站、奉贤南桥、闵行浦江拓展、闵行旗忠、闵行梅陇、浦东航头新选址、浦东川沙、浦东惠南民乐、浦东铁路惠南站、浦东南汇城(临港)、崇明长兴岛。用地和建设规划如下:建设用地约105平方公里(住宅用地约40平方公里),住宅建筑面积约8 000万平方米。2010年,上海又开展了第二轮大型居住社区的规划选址工作。

3. 从"建房"到"建社区"

总体而言,前一个时期上海保障性住房建设的主要矛盾,集中体现为住房需求激增与住房供给不足之间的巨大失衡。这背后是"入世"后和世博筹办期内,上海大规模的基础设施建设和生产性功能打造,以及中心城区城市更新的全面铺开,共同导致了动拆迁体量急剧膨胀,住房保障需求激增。

与此同时,上海的住房市场化进程刚刚启动,普通商品房市场正处于起步阶段,社会的总体住房状况趋紧,难以用政府补贴租金的方式依托住房存量市场解决住房保障问题。从形势上看,应急的色彩非常突出,在初期阶段体现得尤为明显,显然是来不及做基于供需测算的中长期系统建设规划,这才有年度计划的不断调整和持续加码。因此,这一时期保障性住房建设的核心只能是全力以赴"建房",而且必须选择规模化集中式的建设方式,以全面压缩周期、提高效率、节省成本。

21世纪前十年是改革开放后上海住房市场化进程最快的十年,在住房市场主体持续涌现和激烈竞争之下,上海整体住房状况得到极大缓解。同时,大规模的城市建设进入后期,动拆迁量有所减少,保障性住房的供给压力,相较于前期稍有缓解。同时经过几年的实践,单纯建房的弊端也有所暴露。通过精确测算和全面研究,上海对保障性住房建设展开系统性、中长期的战略规划。这直接推动了"大型居住社区"概念的成型和地位的明确。保障性住房建设的思路也开始逐步由"建房"向"建社区"转变。2009年正式出台的《上海市大型居住社区规划设计导则》深刻提出了大型居住社区的"城市社区"定位,标志着在保障性住房性质和定位的认知与思考方面,上海逐步迈向新的高度。

二、大型居住社区的规模

1. 单体规模

从社区单体规模看,根据《上海市大型居住社区规划设计导则》,大型居住社区用地规模约为5平方公里,人口规模约10万人。与普通商品房社区相比,大型居住社区无论是占地面积还是人口容量,都远远超过。事实上,大型居住社区的面积和人口指标均相当于上海大部分街道的水平,比如浦东东明街道面积为5.95平方公里,常住人口12万左右;中心城区的南京西路街道仅为1.6平方公里,常住人口不到4万。

显然,大型居住社区并非简单意义上的住宅小区的概念,而是以居住功能为主的区域。如此大尺度的区域如果单是居住功能的话,显然存在功能失衡的风险。基于此,《上海市大型居住社区规划设计导则》提出,大型居住社区是以居住功能为主体、生活与就业适当平衡、功能基本完善的城市社区。

2. 远景规模

截至2018年底，上海共有38个市属保障性住房大型居住社区基地已启动建设。近期内，上海还将在闵行梅陇、浦东南汇城、青浦新城四站等地区规划新建大型居住社区。预计全部47个基地建成后，总共占地面积约150平方公里，可容纳人口340万人左右（范佳来，2018）。单就这两个指标而言，完全可以媲美国内一般地级市的城区空间规模。考虑到大型居住社区保障对象基本以户籍人口为主，若以2017年底上海户籍常住人口1 446万来计，大型居住社区承载比例高达23.5%；若以常住人口2 418万来计，则为14.1%。也即，从规划角度看，近四分之一的上海户籍人口、近一成五的全市常住人口将生活于大型居住社区。

从更长周期看，根据《上海市城市总体规划（2017—2035年）》，到2035年，上海全市将新增保障性住房约100万套。这些保障性住房的主要形式也将是大型居住社区。尽管难以精确测算，但可以肯定的是，由于存量与增量的叠加效应，届时大型居住社区承载全市户籍和常住人口的比例将会大幅度提高。

三、大型居住社区的空间分布

1. 宏观布局

上海作为平原地区，城市空间拓展基本不存在特定方向的地理阻碍，具有各个方向布局的天然优势。大型居住社区规划之初，考虑到潜在入住对象主要是中心城区低收入住房困难群体，因此第一轮和第二轮选址主要在靠近中心城区的东、南、西、北四个方向展开。这一布局原则在后续选址中基本维持不变。

这一分散化四向布局原则具有三方面优势：

一是增加选择空间。中心城区所有区在任一方向往城市外缘延伸，都有大型居住社区基地，使得无论是政府还是居民，保障性住房的区位选择范围都因此而扩大，客观上能提高就近安排的概率。

图4.1 上海前两批大型居住社区选址状况

资料来源：上海市规划与自然资源局网站

　　二是减少过度集聚。保障性住房在特定区域的过度集聚，对当地普通住宅市场必然有所冲击，也对区域人口结构带来不利影响，更会透支地方政府的潜在发展空间，加剧后续管理的压力。同时，减少人口在某一方向的集中，也能减轻建成后从郊区到市中心的高峰通勤压力。

　　三是加快建设进度。郊区不同区多点开花，可以发挥不同承建企业和不同项目属地区的积极性，形成你争我赶的建功竞赛氛围，推动建设进度和质量得以优化，减少住房保障群体的轮候时间。

表4.3　第一、二批大型居住社区与中心城距离分析表

序号	基地	与市中心距离（km）	所属区域	序号	基地	与市中心距离（km）	所属区域
1	闵行梅陇	15	近郊区（16个）（人口116万）	17	松江泗泾南拓展	27	远郊区（15个）（人口166万）
2	青浦徐泾东路站	16		18	松江泗泾拓展	27	
3	嘉定江桥拓展	16		19	松江佘山北	27	
4	宝山顾村拓展	17		20	崇明长兴岛	28	
5	嘉定云翔	19		21	嘉定城北站	29	
6	闵行浦江（鲁汇）	20		22	青浦城一站	32	
7	浦东曹路拓展	20		23	浦东惠南民乐路	32	
8	嘉定云翔拓展	20		24	奉贤南桥	32	
9	浦东周康航拓展	21		25	松江南部站	34	
10	宝山罗店	22		26	松江叶榭	36	
11	浦东川沙	23		27	浦东铁路惠南站	36	
12	青浦华新拓展	23		28	金山亭林	37	
13	嘉定黄渡	23		29	青浦城四站	40	
14	闵行浦江拓展	23		30	金山北站	53	
15	浦东航头新选址	24		31	浦东南汇城	54	
16	闵行旗忠	25					

资料来源：《上海市大型居住社区外围配套建设"十三五"规划》。

2. 微观选址

《上海市大型居住社区规划设计导则》对大型居住社区项目具体选址做出了安排:"纳入新城、新市镇的发展范围,充分依托现有居住空间,考虑未来就业安排,符合上海城市总体规划以及上海市市域1986城镇体系规划的战略发展要求……应与轨道交通站点、高速公路布局以及其他公共交通设施配套相结合。"

《上海市城市总体规划(2017—2035年)》则明确:"保障性住房重点结合就业中心、轨道交通站点、公共活动中心等布局建设……轨道交通场站上盖开发优先安排租赁住房。"

这两个文件对具体项目选址的要求,核心在于避免大型居住社区"孤立化"和"偏僻化",鼓励"就近安排"和"在地融入",体现了一定的前瞻性和应有的人本关怀。这也是上海保障性住房从"大型居住基地"到"大型居住社区"迭代升级的关键内涵。

第四节　大型居住社区背后的多重逻辑

居住空间是全球城市的特殊空间,上海大型居住社区直接形成于全球城市建设过程之中,必然受不同于普通城市的逻辑影响。全球城市内在的极化特征、城市运行的一般规律、市场化的推进、居民改善居住的愿望,等等,共同构成复杂的逻辑体系,直接或间接地催生出大型居住社区这一独特的空间形式。

一、全球城市居住的特殊性

城市空间是人类社会经济活动在空间的投影和映射。城市空间是复合的概念,在其整体空间内包含着生产空间、生活空间、居住空间、交往空间、休闲空间等诸多亚空间。居住空间是其中重要而敏感的一个特殊空间。

从全球城市发展历程来看,居住是全球城市普遍面临的问题。在住房发展过程中,全球城市体现出的特征主要包括:住房需求普遍较为旺盛;住房租赁率高、自有率低;房价水平普遍高于全国平均水平,呈上涨趋势;住房平均面积一般低于全国平均水平;郊区化特征明显(上海市房地产科学研究院,2012)。比如,伦敦1991年和2001年的住房自有率分别为57%、58%,而同期英国平均水平为66%、69%(屠启宇等,2007);纽约存量住房中租赁住房占64.2%,该比例是美国全国平均水平的两倍(刘志峰,2007);1998年东京都所有住宅的户均面积约为60平方米,而日本整个国家的户均面积为92平方米,两者的户均面积差值达30平方米以上;在东京都市圈内住宅用地供应总数中,离东京城市中心区50公里以上的用地比例,从1985年达到10.7%猛增到1990年的45.7%(严荣,2012)。

以纽约、伦敦和东京为代表的全球城市住房案例充分表明,全球城市在住房方面具有两重性:一面是基于城市本质属性的住房状况,居者有其屋,保障和优化城市人口的居住权;另一面则是基于全球城市内在逻辑的住房特征,其核心是空间高度稀缺性和竞争性前提下的住房空间特殊格局。也就是说,全球城市居住空间的动态变化并非只遵循单一逻辑。正如有研究所认为的,在城市空间不能无限扩张的约束条件下,全球城市必须处理好旧城改造、新城建设和住房保障三者之间的关系(上海市房地产科学研究院,2012)。

第三章的研究显示,全球城市有限性与无限性之间的矛盾,决定了城市地域空间的价值性和稀缺性。本质上,这也是地点空间重要性的体现,反映了全球城市作为地点空间与流动空间交互作用下的产物,其内部地点空间的复杂演化。这一矛盾运动决定了空间的持续置换与升级;决定了生产性空间与非生产性空间的平衡始终是重要课题。决定了空间价值必须充分挖掘,空间利用和空间功能必然复合化。

二、在"中心—边缘"极化中理解大型居住社区

正如全球范围内要素资源配置的不均衡性造就了极化空间——全球城市,全球城市内部空间在资源承载上也是不均衡的,空间价值也绝非均等。全球城市空间的有限性既体现在城市全域空间内,更体现在价值最高的少部分空间内。对于绝大部分城市来说,中心城区都是价值高地。国外全球城市规划的经验显示,尽管信息时代人口与产业空间布局具有更大的选择余地,但大公司总部、金融、信息、广告、咨询和保险等仍向中心集聚(陈秉钊,2011、2017)。

中心城区的独特和高阶价值在全球城市表现得尤为明显。在全球城市内部,价值链区段的空间分布遵循规模经济规律和商务成本约束,同类区段在生产网络空间扩散过程中倾向于空间集聚(李健,2011)。研发、管理、协调、营销等价值链高端环节,以及金融、保险、广告、咨询等生产性服务业往往在全球城市中心区域集聚,显示出跨国公司总部和高端生产性服务业具有天然的亲中心性,这些机构和企业也有能力承担更高的商务成本,同时也进一步推高了中心城区整体成本,使得价值链中的制造组装等环节持续迁往城市外缘。从而在全球城市空间范围内,形成了基于价值链的空间布局。概言之,全球城市的中心区域是世界城市网络地方化的空间载体,这里集中展现了世界城市网络的运转过程,也是全球城市核心功能的"生产基地"。

因此,中心城区是全球城市内部的高端极化空间,其地理面积和空间容量往往不大的客观现实,功能和要素资源持续叠加的长期趋势,以及空间潜在对象来自于全世界范围的竞争格局,更是加剧了这类空间的稀缺性和特殊性。这种稀缺性在提升空间价值的同时,也相应抬高了进驻成本,使得只有支付能力最强、能级最高的机构和组织才能进入。这些空间因而也成为全球城市的功能标签和形象代言,最核心的空间与最高端的功能彼此匹配、交相融合,比如曼哈顿之于纽约,金融

城之于伦敦，曼哈顿和金融城之于金融功能。"稀缺—竞争—成本"逻辑链条的自然推演，便是"挤出"效应，使得缺乏支付能力的主体，包括各类组织和个体，主动或被动地搬离。显然，理解全球城市的空间极化，离不开对中心城区的把握和剖析，中心城区是一把秘钥。

就某个具体城市而言，中心城区可能一直是城市的中心，但中心城区的空间承载内容必然会有更替，正所谓"旧瓶装新酒"，这个过程则是经济发展和产业变迁等宏观背景的变化，伴随的是旧的社会经济组织的衰落和消亡，以及新的组织类型和企业载体的出现。而近代以来才出现的跨国公司总部和高端生产性服务业，也并非自成立或设立就一定选址于中心城区，而是在中心城区的空间新建、置换、重组和迭代中逐步迁入和高度集聚。正如萨森所观察到的，在由生产者服务业和金融业主导的城市中，豪华办公楼与住房的复合体、大型的建筑项目以及占用市内土地，这些地方先前都是一些中低收入的人们居住和一些中等收益公司办公所在地（丝奇雅·萨森，2005）。具体到上海，新中国成立后长期形成的中心城区居住过载化显然不适应全球城市建设要求。住房锁定人口，人口和住房大量集中在主城区，客观上使得主城区的生活和生产空间布局失衡，直接导致宝贵的城市中心区域在产业功能、休闲功能布局方面捉襟见肘，制约了城市整体价值的抬升和长远可持续发展。

显然，中心城区的空间并非静态，而是一个动态过程。对于全球城市而言，中心城区的过程性体现为越来越高端、趋于极化，但同时其客观存在的挤出效应，必然在城市其他地方生产出空间价值相对较低的边缘空间，从而形成与高端极化空间相对应的低端极化空间。从哲学角度看，"中心"无法在"边缘"缺失的情况下成立，"中心"与"边缘"是一对矛盾共同体。

事实上，上海大型居住社区的居民绝大多数来源于中心城区的客观实际，也表明了这一群体是中心城区空间变迁的一部分。显而易见，对大型居住社区空间逻辑的认识无法偏离中心城区。只有在"中心城区——边缘城区"的矛盾运动中,才能窥见大局形成的背后逻辑,而矛盾的主要方面则是中心城区。因此,理解大型居住社区,必须将中心城区置于思考链条的关键一环;大型居住社区形成的逻辑起点,也必然在中心城区。

三、"五性"逻辑与大型居住社区的形成

20世纪90年代以来启动的上海全球城市建设过程,深刻重塑了城市空间。作为特殊的极化居住空间,大型居住社区的形成逻辑是否异于其他全球城市的居住空间逻辑呢?保障房社区几乎遍布全国所有城市,那么背后的生产逻辑是一致的吗?如果不是,那么需要追问的是,是什么力量和逻辑决定了上海保障房集中社区这一空间的生产呢?

许多学者把市场化逻辑,或者说地方政府和市场力量的共同主导视作当代中国城市空间演化的核心逻辑。城市社会学的经典观点认为,从根本上讲,极化的居住空间格局是由城市社会分化所形成的,这种分化是在工业化、现代化和城市化的背景下产生的,包括人们的社会地位、经济收入、生活方式、消费类型以及居住条件等方面的分化,其在城市地域空间上最直接的体现是居住区的地域分异(艾大宾、王力,2001)。

显然,上海作为全球城市,其内部地点空间演变,有着不同于普通城市的复杂逻辑,并且也不能直接套用纽约、伦敦和东京等城市的住房逻辑。中国全球城市建设过程中的宏观环境、涉及主体、价值取向更为多元。只有理解了不同主体和不同行动逻辑之间的复杂互动,才能真正把握上海城市空间演化的逻辑体系。总体而言,保障房集中社区的空间生产蕴含着国家战略的刚性、全球取向的开放性、地方政府的主导性、市场配置的竞争性、美好生活的向往性。

1. 国家意志的刚性

作为单一制国家,在"中央——地方"框架中,国家处于整体决策体系的顶端,无论哪一级地方行政区域,都必须在中央精神指引下和上位

政策、法规和规划范围内谋划发展,国家意志具有不容置疑的刚性特征。这也是中国特有的"全国一盘棋"大局观和部分与整体关系观的反映,构成了上海与纽约、伦敦和东京等城市的最大区别之一。在本研究所讨论的居住空间领域,国家意志主要体现在三方面:

一是对地方的总体定位。省级行政区域必须置于全国发展格局中思考,中央一般通过明确全国主体功能区、批复规划、发布区域性发展指导或实施意见、中央主要领导指示等多种方式,管理和指导地方发展战略的制定与实施,促进不同区域之间的战略协同和功能互补,确保国家作为整体的发展成效。定位、规划和任何发展战略,都必须通过空间化实现,一方面,在发展全局中的作用设定,很大程度上决定着地域发展前景,事实上也赋予了区域空间作为整体的特定价值;另一方面,也塑造了区域空间结构和演化方向。作为空间组成一部分的居住空间,其价值估值、区位布局、总量结构同样受到重要影响。

二是以人为本的执政理念。执政党的价值理念既是重要的宣传内容,更体现在具体的大政方针中。中国共产党将"全心全意为人民服务"作为党的根本宗旨,就决定了以人民为中心的发展取向,同时,"安居乐业"的传统追求、联合国"人权公约"关于政府提供穷人"适足居住权"的当代普世价值,这些都要求执政党和政府将住房列入执政兴国的重大议程。

三是对房地产市场的宏观管理与调控。在1998年中国全面进入住房商品化阶段后,房地产市场的发展伴随着中央的密切关注和多轮调控。研究显示(张晓辉、陈洪,2018),1998年到2018年,20年间的房地产调控历程大体上划分为3次正向调控、3次负向调控,其中正向调控周期合计约8年,负向调控周期合计约12年;政府调控手段越来越多样化,从开始的调节首付比例、贷款利率、营业税免征期限等,逐渐新增购房资格限制、限售年限等,并且调控力度会随着房价上涨幅度的大小而有所强弱;调控思路也从过去的"一刀切"逐渐转变为"因城施策",同时更加注重构建房地产市场平稳健康发展的长效机制。

　　对于上海而言，更为重要的是国家对上海的特殊定位。本章第一节已论证了上海改革开放以来特别是20世纪90年代以来的发展成就，是在承载中央赋予上海的国家战略过程中实现的，这一历程本质上就是向全球城市迈进。上海建设全球城市过程中第一个具有重大意义的综合性总体规划，是2001年5月国务院正式批复并原则同意的《上海市城市总体规划(1999年–2020年)》(后续简称"2020规划")。"2020规划"从定位到功能再到空间布局，都作了逻辑严密、体系完整的规定，鲜明体现了国家战略驱动下的全球城市建设对城市空间的重大塑造作用。在整个"2020规划"文本中，中心城区占据了特殊而关键的地位。

　　关于定位和功能，"2020规划"文本明确："上海是我国重要的经济中心和航运中心，国家历史文化名城，并将逐步建成社会主义现代化国际大都市，到2020年，把上海初步建成国际经济、金融、贸易、航运中心之一，基本确立上海国际经济中心城市的地位，发挥上海国际国内两个扇面辐射转换的纽带作用。"

　　在"四个中心"定位下，"2020规划"对城市空间布局做了专门设计，其中重点是中心城区。"2020规划"对中心城区的定义是"外环线以内地区，是上海政治、经济、文化中心"。关于中心城区功能，"2020规划"明确："基本形成与国际经济中心城市相匹配的城市功能布局……完善中心城的综合功能……在完善中心城综合功能的基础上，进一步增强中央商务区的功能，要坚持'多心、开敞'的布局结构，要建设好人民广场等市级公共活动中心和徐家汇等四个市级公共活动副中心。"功能需要产业体现，"2020规划"则要求："合理规划产业布局和用地布局。在内环线以内要以发展第三产业为主，按照《总体规划》的要求继续调整、完善内外环线之间的工业布局，以发展高科技、高附加值、无污染的工业为重点；在外环线以外地区，要结合新城、中心镇的建设，集中建设一批市级工业区，形成若干制造业中心。"为了实现功能要求，"2020规划"提出："控制中心城人口和用地规模，有序引导中心城的人口和产业向郊区疏解……统筹安排中心城的旧城改造工作，控制建设容量，保持特色风貌，改善基础设施条件。"

对于中心城区，"2020规划"进一步设计了人口容量："到2005年，中心城实际居住人口要控制在815万人以内，建设用地控制在507平方公里以内；到2020年，中心城实际居住人口要控制在800万人以内、建设用地控制在600平方公里以内。"

"2020规划"对中心城区细致而全面的设计，清晰体现出中央政府聚焦上海中心城区打造，进而带动和促进全球城市建设的逻辑思路。中心城区牵一发而动全身的特殊地位，决定了国家意志主导下的中心城区新定位与新功能安排，将从根本上重塑上海的整体空间格局。

2017年12月15日国务院批复的《上海市城市总体规划（2017—2035年）》（后续简称"2035规划"），则是全面渗透着"全球城市"理论的城市综合性战略性规划。

"2035规划"直接明确了上海"卓越的全球城市"新定位："上海是我国的直辖市之一，长江三角洲世界级城市群的核心城市，国际经济、金融、贸易、航运、科技创新中心和文化大都市，国家历史文化名城，并将建设成为卓越的全球城市、具有世界影响力的社会主义现代化国际大都市。"

在这一致力于比较纽约、伦敦和东京的定位基础上，"2035规划"前瞻性地运用了"全球城市功能"术语，指向的是只能由全球城市承载的全球资源配置功能。基于全球城市功能，"2035规划"提出将"主城区"空间，作为全球城市功能的核心承载区域。"主城区包括中心城、主城片区，以及高桥镇和高东镇紧邻中心城的地区，范围面积约1 161平方公里，规划常住人口规模约1 400万人。中心城：为外环线以内区域，范围面积约664平方公里，规划常住人口规模约1 100万人。强化上海全球城市功能能级，推进城市有机更新，增加公共空间和公共绿地，提升公共服务水平、地区就业水平和城市空间品质。主城片区：规划虹桥、川沙、宝山、闵行等4个主城片区，范围面积约466平方公里，规划常住人口规模约300万人。主城片区与中心城共同发挥全球城市功能作用,以强化生态安全、促进组团发展为空间优化的基本导向,围绕轨道交通枢纽促进空间紧凑发展,完善公共服务设施。"

表4.4　上海市域公共活动中心体系

层级体系	地域类型		主要职能	备　注
	主城区	郊区		
第 一 级(城市主中心)	城市主中心(中央活动区)	—	全球城市功能的核心承载区,包括金融、商务、商业、文化、休闲、旅游等功能的高度融合,既链接全球网络又服务整个市域	以外滩—陆家嘴地区为核心,进一步集聚国际金融、贸易、航运和总部商务等全球城市功能。重点打造世博—前滩—徐汇滨江地区的文化功能核心区,引领创新、创意、文化等全球城市功能集聚。促进黄浦江、苏州河沿线用地转型,打通滨江、滨河公共空间通道,彰显世界级滨水区品质和活力
第 二 级(城市副中心)	主城副中心	新城中心	面向所在区域的公共活动中心,同时承担面向市域或国际的特定职能	
		核心镇中心		
第 三 级(地区中心)	地区中心	新市镇中心	面向所在地区的公共活动中心	
		新城地区中心		
第 四 级(社区中心)	社区中心	社区中心	面向所在社区的公共活动中心	

资料来源:上海市城市总体规划(2017—2035年)文本

"2035规划"表明，上海在长期的全球城市建设实践中，已经深刻把握了全球城市特有的"功能—空间"逻辑，即"全球城市功能—中心城区"规划设计，并得到了中央层面认可，成为上海未来较长时期内重要的空间演变原则。

2. 全球取向的开放性（徐建，2019）

开放是上海的先天基因和最大优势。上海自开埠伊始即呈现出全方位开放格局，来自境内外的人口和产业大规模集聚，迅速从普通沿海县城崛起为"东方巴黎"。改革开放特别是浦东开发开放以后，上海又站在中国对外开放的第一线，"五个中心"建设有力推动着上海持续面向国际、融入全球。开放倒逼改革，开放也是改革，开放逻辑已成为上海城市发展的核心逻辑之一，这一逻辑始终牵引着上海面向国际国内两个扇面发挥集聚和辐射作用。

比如，进入21世纪后，上海先后经历的世博会与进博会两个"城市大事件"，就鲜明体现和极大强化了上海作为全球城市的开放性。世博会天然具备开放的精神内涵，展示对不同文明的尊重和欣赏，上海世博会在筹办过程中，甚至向未建交国敞开怀抱。进博会筹备之时，世界正面临多边贸易体制受到挑战、全球化进程遭遇阻碍的关键时刻，在上海这一中国开放的窗口举办进博会，本身就是向世界宣示中国对外开放无止境、中国将继续高举投资贸易自由化和便利化的大旗。这些开放属性强烈的国际性"大事件"，深刻塑造和强化了上海本身的开放品格。全球城市没有封闭建成，也没有封闭运行的。在世界城市网络中，全球城市保持着最大的开放性，也唯其开放，才能确保全球资源配置核心功能的释放。因此，开放逻辑成就了今日的上海，并将继续形塑和决定未来作为卓越全球城市的上海。

对上海而言，开放性是理念，更是实践中对全球各类要素最大限度的吸纳，直接体现为机构载体的集聚种类和规模。通常而言，全球城市在全世界范围内对跨国公司总部和生产性服务业企业有着最强的吸引力，也往往集聚着最多的高能级机构载体，建设中的全球城市更是呈现机构载体持续增加的态势。这一集聚在空间层面往往位于全球城市的中心城区。研究显示，与长三角范围内的其他核心城市南京、杭州、苏州和无锡相比，上海在高能级机构的集聚上有着遥遥领先的优势。

表4.5 长三角地区GaWC 175[1]分支机构数量表（2010年）（单位：个）

	金融	会计	广告	法律	咨询	合计
上海市区	77	33	29	16	22	177
南京市区	11	12	5	0	2	30
杭州市区	13	8	0	0	3	24
苏州市区	5	4	0	0	2	11
无锡市区	4	1	0	0	1	6
宁波市区	1	3	0	0	1	5

资料来源：李涛：《经济全球化进程中长三角地区的城市体系演化》，北京：中国建筑工业出版社，2018年，第57页。

表4.6 财富500强不同类别企业在长三角主要城市分布情况

空间单元	公司分支数量（个）								
	2000			2006			2010		
	生产性服务业	技术密集型制造业	资本密集型制造业	生产性服务业	技术密集型制造业	资本密集型制造业	生产性服务业	技术密集型制造业	资本密集型制造业
上海市区	23	58	188	56	101	353	77	114	386

---

1 GaWC基于萨森的理论逻辑，聚焦跨国高级生产者服务业的全球布局，包括会计、金融、广告、法律、管理咨询等五个大类行业共计175家公司，根据每个城市集聚具体公司的数量进行城市排名。

续　表

空间单元	公司分支数量（个）								
	2000			2006			2010		
	生产性服务业	技术密集型制造业	资本密集型制造业	生产性服务业	技术密集型制造业	资本密集型制造业	生产性服务业	技术密集型制造业	资本密集型制造业
苏州市区	0	11	29	1	17	65	5	18	67
杭州市区	1	6	11	4	10	22	13	11	25
南京市区	1	7	11	6	9	26	11	9	30

资料来源：李涛：《经济全球化进程中长三角地区的城市体系演化》，北京：中国建筑工业出版社，2018年，第163—177页。

　　从跨国公司总部的角度看，截至2018年底，上海累计吸引跨国公司地区总部670家、外资研发中心441家，成为跨国公司地区总部、研发中心最为集聚的中国内地城市（徐晶卉，2019）。

　　显然，上海不断深化开放催生的全球范围内机构载体以及伴生的人员要素持续集聚，助推着上海中心城区的繁荣，也让上海中心城区的价值度量标准上升为全球尺度。

　　3. 地方政府的主导性

　　中国改革开放取得的伟大成就与地方政府强烈的经济发展冲动、区域间激烈的发展竞争密不可分。政府在地方经济社会发展中起着不可或缺的重要作用，中国地方政府由于能够直接或间接影响要素资源配置，作用显得更为独特而显著。其中关键因素之一是城市土地国有、农村土地集体所有的宏观制度安排，加上自1988年起实施的以土地批租为主要形式的城市土地有偿使用制度,这些制度设计使得地方政府在城市空间营造具有巨大的调控空间。就大型居住社区的生成而言,地方政府施政的三个方面与之直接有关:一是中心城区功能打造;二是城区旧区改造或城市更新;三是住房保障体系建设。

在21世纪前十年,中国盛行"城市经营"风潮,地方政府通过旧区改造、新区建设、标志性建筑打造等多种方式,全面抬高城市空间价值,并着力打造高价值、稀缺性空间,从而实现城市增值和政府增收。这种方式利弊兼具也毁誉参半,很重要的一大缺陷是不少能级不高的城市,高价值空间最终几乎都是高端居住空间,缺乏生产性功能导入。而对于建设中的全球城市上海而言,在国家批准的城市发展战略规划下,地方政府空间营造的取向更为多元,且必须坚持中心城区功能为主的定位不能动摇。在这一过程中,规划是政府方略和意图的集中体现,上海市自身制定并实施的《国民经济和社会发展五年规划纲要》,充分展现了地方政府在城市空间方面的积极主动作为。

"十一五""十二五""十三五"连续三个"五年规划",均对中心城区做出了明确而连贯的定位,即"十一五"规划中所说,"中心城区是体现上海繁荣繁华内涵与历史文脉特色的地区,要着力完善国际大都市的现代服务功能",本质上是在中心城区全力打造全球城市高能级的集聚、辐射功能。相应的举措则是建设商务楼宇,设立服务业集聚区,吸引跨国机构入驻,等等。与此同时,则是持续开展旧区改造,实施动拆迁,并加快构建住房保障体系,建设以大型居住社区为核心的保障房集中社区。这些作为贯穿于所列举的三个五年规划,事实上自20世纪90年代初便已开始,并因为政府对土地的有力掌控而更为高效和持续。正如李克强总理所指出的:"一个城市如果人居环境差,还会影响市容市貌,影响投资与发展环境,影响城市长远发展……通过实施保障性安居工程特别是推进棚户区改造,既解决了贫困人口集中成片居住的问题,促进了社会结构优化,又改善了城市环境和形象,吸引各类生产要素集聚,有利于实现产业再造和经济转型,起到'建设改造一片、带动提升一方'的作用(李克强,2011)。"

需要指出的是,在全球城市建设的不同阶段,地方政府的主导性存在着侧重点动态变化,初期可能以空间的生产性、功能性为主,着力打造城市发展极核,随着发展阶段的跃升和城市实力的累积,更加强调空间的公正性和正义性,推动不同群体公平分享空间成果(胡毅、张京祥,2015)。

4. 市场配置的竞争性

1998年7月3日公布的《国务院关于进一步深化城镇住房制度改革加快住房建设的通知》(国发[1998]23号),城镇住房制度改革正式启动,标志着中国房地产全面走向市场化。按照前述通知,深化城镇住房制度改革的指导思想是:"稳步推进住房商品化、社会化,逐步建立适应社会主义市场经济体制和我国国情的城镇住房新制度;加快住房建设,促使住宅业成为新的经济增长点,不断满足城镇日益增长的住房需求。"由此,市场化逻辑迅速成为中国居住空间的主导性逻辑,这一主导性体现在:

一是市场化主体即房地产企业成为住房产品供应的主要力量,即使是承担住房保障任务的国企,也必须按市场规则运行经济效益核算。广阔的中国市场涌入不计其数的房地产上下游企业,表面上看终端产品是住房,但原材料并非建筑材料,而是土地也即空间才是最核心的生产资料,也是竞争的真正源头。客观而言,大量经济主体的市场竞争形成了推动中国城市化进程的强大而持久的内驱力(倪鹏飞,2018)。

二是城市内外空间价值显性化和差别化,不同城市之间、城市内部不同空间开始能够进行价值刻度,中心城市、中心城区的价值趋于高端化、增值化,成为市场争夺的热点。各种一线、新一线城市的划分层出不穷,无论如何,全球城市定位的城市无疑处于价值体系的最高阶。

三是资本成为居住空间分配的决定性因素,资本迅速向建成环境扩张,强化了资本对空间的支配权(吴缚龙,2006),不同收入阶层按照资产积累水平在城市不同空间区位分化与集聚,产生程度不一的空间分异。

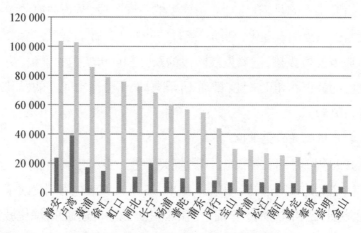

图4.2 2006与2016年上海辖区内房价情况

资料来源:中商情报网,《上海各区10年前后房价大对比》http://www.askci.com/news/dxf/20160729/14374348169.shtml,2016年7月29日。

　　四是重塑城市空间结构,特别是在大城市的中心区域,产业需求、办公需求、消费需求、商务交往需求等会催生出相应的空间供给,使得城市中心空间结构多元化,需求竞争激烈化。上海作为全球城市,围绕中心城区长期开展的全球城市功能建设,催生了巨量的办公建筑,成为

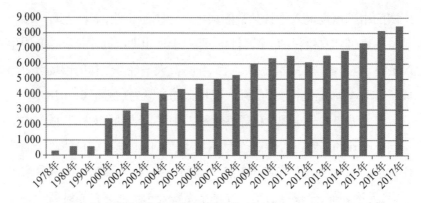

图4.3 上海办公建筑面积变化情况(单位:万平方米)

资料来源:作者根据历年《上海统计年鉴》整理。

中心城区空间结构的支配性要素。

市场在资源配置中起决定性作用,离不开政府更好发挥作用,"看不见的手"和"看得见的手"协同,才能最大限度发挥市场竞争优势,消除市场逻辑的客观负效应。居住领域的特殊性决定了政府适度干预的必要性,任由资本主导,很可能造成人的居住权利受到侵害。因此,越是提高住房领域的市场化程度,越是要加快构建合理的住房保障体系。

5. 美好生活的向往性

安居乐业是人的基本诉求,居住关系到每个人、每个家庭的切身利益。"城市,让生活更美好",城市最终的发展也必须体现为人的福利提升和全面进步,全球城市更应该是以人为本理念的实践标杆,因此,住房必然成为上海建设全球城市过程中的重要议题。而上海的现实则是,在20世纪90年代全球城市建设起步时,居住是城市发展的最大短板之一。从空间角度看,住房难题在中心城区最为集中,形势也最为严峻。

一是住房基础差。改革开放前的1978年,上海城镇居民人均住房面积仅为4.5平方米,为全国倒数第一,历史欠账令人触目惊心,与城市地位定位和发展目标严重不符。考虑到当时上海1 104万的庞大人口规模,房屋建设的压力更显巨大。广大市民对住房建设、居住环境改善的诉求极为强烈,居住长期是上海最重要的民生议题和难题。特别是大量弱势群体购买力不足,无法通过市场化交易实现住房面积扩大,只能依赖政府的保障住房供应。

二是人口增长快。20世纪90年代城市发展初期的大规模投资建设,必然伴随着人口数量快速增加,且以机械增长为主,社会住房需求会相应迅猛扩大。而且增长的人口中包括高收入和低收入群体以及国际人口,种类多样,对住房类型的要求也不一样,客观上需要一个健康可持续的住房供应体系。

　　三是人口分布畸形。居住在很大程度上决定了人口分布。与住房条件极度紧张伴生的是上海人口高度集聚于城区范围。统计显示，1990年，中心城区、边缘城区、近郊区、远郊区和全市¹的人口规模分别为278.02万、399.56万、307.01万、349.6万和1 334.19万，而人口密度则分别为53 922人/平方公里、16 797人/平方公里、1 736人/平方公里、816人/平方公里和2 104人/平方公里(上海市政协人口资源环境委员会等，2002)。人口的空间分布严重不均衡，给住房改善带来更大难度，也导致公共服务体系难以适配。

　　在全球城市建设驱动的中心城区功能重塑和解决中心城区居住难题之间，客观上存在着重大矛盾，合乎逻辑的选择必然是跳出中心城区开辟新居住空间。同时，这个过程也并非机械的，资产水平和支付能力产生了重要的筛选和分流作用。较为富裕的市民在动拆迁过程中往往选择货币化补偿，购置地段和环境较好的新房屋；而实力不足的市民则选择实物补偿，倚赖政府在城市边缘大规模兴建的大型保障房社区。

四、多重逻辑的运作本质

　　中国的全球城市空间的演化，是城市空间演化一般逻辑下的特殊案例，既不同于纽约、伦敦和东京等国外全球城市，也迥异于国内的普通城市，更不可与改革开放前的计划经济时代同日而语。上海城市居住空间演化逻辑内涵着以国家意志的刚性、全球取向的开放性、地方政府的主导性、市场配置的竞争性、美好生活的向往性等"五性"为核心的多元要素。

1　中心城区，包括黄浦、静安、卢湾、虹口4个区，全区全部或大部分位于内环线以内的地区；边缘城区，包括徐汇、长宁、普陀、闸北、杨浦5个区，全区全部或大部分位于内外环线之间的地区；近郊区，包括浦东、闵行、宝山、嘉定4个区；远郊区，包括松江、金山、青浦、南汇、奉贤5个区和崇明县。此划分由资料引用对象所作，在此未根据上海行政区划变动进行调整，以示尊重。

　　"五性"逻辑并非单独运作,而是呈现为交织互动的高度关联结构,该结构包含四个关系框架,即:"中央—地方""全球—地方""政府—市场""政府—市民",共同生产出"大型居住社区"这一特殊空间。

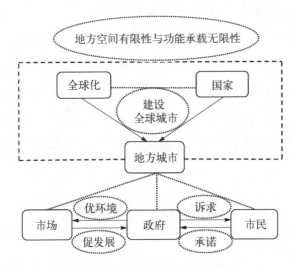

图4.4　大型居住社区形成的逻辑结构

资料来源:作者自行制作

　　显然,大型居住社区在上海的形成,并不是单纯的地方性事件,而是宏观与微观共同催生的。

　　宏观时空背景的核心是全球化时代的到来,深刻改变了国家发展的传统模式,中国作为大国的复兴必然要以全面融入全球经济运行体系为前提,客观上需要一个或数个中国城市代表国家参与全球竞争,成长为全球城市并掌握全球资源配置能力;而要素资源在全球的流动也需要以全球城市为栖息地,要素进入中国市场的最佳落脚点是上海。因而,上海的全球城市建设已超越单纯的城市个体发展冲动,上升为全球化时代国家发展大局下的战略使命。正是基于这一宏观背景和要求,地方空间有限性与全球城市功能承载无限性之间的矛盾,成为上海空间演变的主要矛盾,而中心城区则是主要矛盾的主要方面,处于空间竞争的核心。这就是"全球—地方"与"中央—地方"的交互运作过程。

　　微观层面运作的核心是地方空间内的政府、市场和市民三大主体互动。地方政府在规划制定和土地把控上的天然优势地位,当仁不让地成为城市空间的主导。三大主体的互动中,市民,此处特指中心城区弱势群体,由于财富不足,与天然逐利的市场之间严重不对等,被排斥于普通商品房市场之外。这是市场化条件下城市空间演变的重要矛盾。政府成为调控的关键力量,其价值取向并非逆市场化,行动策略并非打破空间的价值序列,而是以公共财政支出的形式构建新的居住空间。这就是"政府—市场"与"政府—市民"的交互运作过程。

　　于是,具有上海特点的保障性住房空间——大型居住社区生成了。

第五节　小　结

　　保障房社区的普遍存在,反而让研究者忽视其背后的形成机理,或者想当然地认为是共同的原因主导了不同城市保障房社区空间的生成。本章力图从全球城市总体特征和空间特性的角度阐述上海大型居住社区产生的内在机理,说明其既不同于国外同类全球城市,也迥异于国内普通城市,从而为后续大型居住社区针对性治理模式的探索奠定基础。

　　上海是中国一座具有特殊作用的城市,始终在国家战略指引下发展。以浦东开发开放为起点标志的上海跨越式发展,本质上是中央在扩大开放、加速融入全球历史背景下对上海新定位的体现,事实上开启了上海建设全球城市的征程,到21世纪初时,上海已初步成为公认的全球城市。百尺竿头更进一步,上海正在此基础上,向比肩纽约、伦敦和东京等"卓越的全球城市"迈进。

　　居住是全球城市普遍面临的特殊议题,中心城区往往是全球城市居住问题的焦点区域。保障性住房体系建设贯穿于上海全球城市建设过程,已基本形成包括廉租住房、公共租赁住房、共有产权保障房、征收安置住房在内的"四位一体"住房保障体系,有力支撑了全球城市建设。经过21世纪初开始的"大型居住基地"的探索,最终迭代升级成大型居住社区模式,内涵也从"建房"转变为"建社区"。大型居住社区已成为当前和未来较长时期内上海住房保障体系最主要的物质载体和空间形态,数十个大型居住社区成规模、成体系地分布于上海城市外缘区域。

中心城区也是理解包括居住空间在内的全球城市空间格局演变的关键所在。全球范围内的要素和载体高度集聚于全球城市特别是中心城区的态势,凸显了全球城市固有的地方空间有限性与功能承载无限性之间的矛盾,赋予了全球城市中心城区空间高端化、功能复合化和竞争白热化的极化特征,决定了中心城区空间置换和重构的必然性,客观上会挤出支付能力不足的市民。

上海作为特定的全球城市,受全球城市空间演变共性规律影响的同时,也有自身的个性化逻辑体系。上海居住空间变迁受"五性"多重逻辑驱动,包括国家意志的刚性、全球取向的开放性、地方政府的主导性、市场配置的竞争性,以及美好生活的向往性。这些逻辑本质上是交织互动的高度关联结构,蕴含着"全球—地方""中央—地方""政府—市场""政府—市民"等多个框架过程,共同形塑着上海的城市空间格局,催生出大型居住社区这一特殊的居住空间。

第五章　上海大型居住社区的问题与成因

第一节　分析大型居住社区问题的视角

　　大型居住社区是上海应对大规模住房保障需求的创新探索,尽管国外有教训和经验可参考,但国内缺乏可资借鉴的案例,因此对上海而言属于新生事物,且是具有重大战略和长远意义的新举措。新生事物总是伴生着争议,对于大型居住社区暴露出来的问题,持什么样的视角看待和理解就显得尤为重要,这关乎对大型居住社区本身正当性和可行性的判断,也直接影响着问题解决手段的选择。

一、过程视角

　　过程视角本质上是时间视角,背后的预设在于大型居住社区作为人居空间,具有自身的生命周期。从规划到建设再到运行,自一片空白到楼宇矗立、人来人往,往往需要数年之久。任何新生事物都要经历磨合期即问题的多发和解决过程,才能逐渐步入正常轨道,大型居住社区概莫能外。正如曹路大型居住社区中虹家园符永华夫妇在入住一年内所感受到的变化(陈烁,2016):"刚搬过来时小区外面马路还没通,是荒地,不能走路。现在好了,树也种好了,小区在附近还开了个小门,到菜场也方便些了。"过程视角意味着要区分在大型居住社区初期发生的问题,是属于根深蒂固的无法解决的问题,还是磨合过程中自然产生但会逐步解决的问题;也意味着要及时而正确地解决产生的问题,不能因迁延不决而影响社区的发育成熟甚至最终走向。

二、战略视角

所有住宅社区都有可能走向衰败，但没有任何政府机构或学者因此否定人类居住于特定社区的模式。大型居住社区也是如此，可能会有部分在生命周期的不同阶段出现问题甚至沦为问题社区，但不能就此简单否定作为一种战略或重大政策的大型居住社区。对于大型居住社区这样一种重大举措，必须要从战略视角审视。这就意味着要正确区分大型居住社区出现的问题是部分社区的个性化问题，还是共通性问题；是局部枝节性问题，还是战略方向错误导致的整体性问题。

三、比较视角

从性质来看，居住社区有市场化的普通商品房社区与非市场化的保障性住房社区之分。在此基础上，同质比较和异质比较的维度，共同构成了定位大型居住社区的坐标系。与国外发达国家的大型保障房社区进行同质比较，可以把握大型居住社区内含的中国特色与上海特质，尤其是能体现其中特殊的国情优势。与普通商品房社区开展异质比较，则表明大型居住社区不能简单套用普通商品房社区的标准，特别要避免以是否像普通商品房般运行作为大型居住社区成熟与否、成功与否的标尺。这意味着必须深刻认识大型居住社区的特殊性，形成符合自身特点与实际的评价体系。

第二节 "四大社会特征"初步显现

对上海已入住大型居住社区的调研显示，当前上海大型居住社区具有四大典型特征。

一、入住率低，人户分离现象突出

由于种种原因，一些通过货币化补偿方式购买大型居住社区住房的市民并未真正入住大型居住社区。即使已入住的，大多也不愿迁入户口。例如，上海某区一个规划规模逾五万的大型居住社区建成后三年内，真正迁居的保障对象仅为53.8%，户口未相应迁入居民占已入住总人数的89.1%。

二、居民构成单一化，弱势群体集聚

调查显示，已启用大型居住区导入人口的特征突出表现为：老年人多，中青年少；下岗失业人员多，在业人口少；特殊人群多，精英群体少。例如松江区某大型居住社区内老年人的比例高达60%，嘉定区某社区也达到50%。此外，残疾人、精神病人和两劳释放人员、吸毒人员等特殊和弱势群体在大型居住社区中也占相当比例。以宝山区某社区为例，截至2013年底入住人口为2 937人，除了1 057名外来人员，其余1 880人中老年人有542人，占28.8%；失业人员182人，占10%；残疾人、精神病人41人，占2.1%；零就业家庭户有55户、低保户21户、特困户44户，共占7.5%。

三、房屋出租多，外来人口比例高

部分并未入住大型居住社区的购房市民，转而将房子出租以谋取收益，而承租的往往是附近的来沪务工人员，大型居住社区因此很容易成为外来人口的重要集聚地，例如上述宝山某社区，外来人口已经占入住居民总量的36%，给社区治理带来较大挑战。

四、居民服务需求强烈，社区治理困境浮现

弱势群体集聚的现实决定了入住居民在养老、就业、医疗、社会保

障等公共服务方面有更强烈的需求,对创新社会治理有更迫切的期待。但同时,这些入住居民对新居住地却又缺乏认同感和归属感,社区参与的意识相对较弱,社会治理的难度较大,突出表现在部分社区居民因以前住私房没有缴物业费习惯,或者心存怨气而故意拒缴,使得大型居住社区出现较大比例的物业费欠缴现象。直接后果是物业管理公司不堪重负,被迫全面压缩成本,管理与服务总体处于维持局面。大量优质的品牌物业管理企业也因此对保障性的大型居住社区望而却步。由于综合管理不到位,不少社区崭新的公共环境屡遭破坏,未得到及时制止和惩处,"破窗效应"已有苗头。

第三节 磨合期的主要问题

大型居住社区是一项惠民利民的民生工程,也是上海全球城市建设的重要支撑。本研究通过田野调查、案例分析,并结合问卷调查[1],发现大型居住社区工程本身受到了高度赞誉,高达八成的入住居民表示支持。但是调查的另一结果却出人意料:满意新社区生活的居民仅占38.8%,另有逾40%的被访者认为生活水平特别是便利度不如过去。

一、"民心工程"应真正"深入人心"

八成项目满意度与不到四成的生活满意度,鲜明的数据对比表明:大型居住社区项目尽管属于住房保障领域,但背后涉及的实际上是整个社会保障体系;尽管形式上表现为住房建设,但本质上是生活空间的整体迁移。"民心工程"要真正"深入民心",还需要在细节完善和系

---

1 问卷调查面向大型居住社区居民展开,样本量为400份,调查过程系与上海工程技术大学团队协同进行。

统推进上付出更多的努力。

二、规划阶段存在的问题

部分规划科学性不高,可行性不强,给后续项目的落地和建设带来负面影响。

1.部分规划选址存在偏差

最早选址的大型居住社区主要集中在外环周边,绝大部分位于外环外,特别是有个别选址较为严重地脱离附近的成熟区域,未整体融入规划中的城市分中心和郊区重点发展区域,事实上失去了借力发展、组团发展的可能,存在形成低水平自我循环“孤岛”的风险。

2.部分规划偏离实际

一些规划内容由于缺乏足够严谨细致的实地勘察,与实际空间状况相矛盾,导致无法落地。比如,有规划中的配套学校实际位于正常运行中的医院内,也有学校因为四周分别是快速主干道、河道、高压线和窄马路,而找不到校门设置方位;而一些医院的选址则面临周围污染源包围,或者区位通达性较差,不利于附近居民便捷就医;更有甚者,个别大型居住社区的道路规划红线位于河面。

一些大型居住社区还出现跨行政边界规划,即一个项目整体位于不同行政区域。可以分为两种情形:其一是同一区内跨镇域边界,由于大型居住社区主要是市区两级分工,区一级是重要主体,因此协调难度相对较小。其二是跨区与区之间的边界,典型如浦航新城基地,整体由浦东新区航头镇和闵行区浦江镇相关区域构成,横跨浦东和闵行两区。这就难免出现浦东社区的公建配套规划位于闵行区界的怪象,带来了跨区的复杂协调,直接后果便是项目建设进度失衡,配套与住宅严重失调,长远来看还会引发就医就学不便等问题。

3.部分公建配套规划过于模糊

在市级公建配套相关标准出台之前,普遍存在配套规划缺乏明确规范的问题,导致就低不就高乃至拖延不建的情形出现。一方面,大型居住社区公建配套属于整体打包规划,客观上极易出现部分领域的公建配套规划缺乏具体参数支撑,如电信等设施的单体面积如何确定。由于缺乏市级层面的统一标准,导致区级层面审批困难,直接制约项目推进。另一方面,出于成本和提高容积率考虑,或由于测算不严谨,少部分公建配套规划存在指标缩水情况,不止一个区反映社区停车位、道路、商业设施、垃圾处理等公建配套设施的规划面积,与实际掌握的居民需求存在落差,可能导致日后资源紧张。

值得注意的是,直接关系居民日常生活、公益性显著的菜场,却被按照商业用地性质采取市场招拍挂方式出让,导致土地成本大幅增加,既推高了菜价,又因增加属地镇支出而影响了菜场建设进度。

4. 审批环节存在卡壳制约

审批是从规划到落地的重要环节,但自大型居住社区战略出台后的较长时期内,审批阶段不时出现环节不畅问题。比如,在大型居住社区道路配套方面,原规定是市区两级各承担50%,但市级承担的50%土地指标的审批操作流程还缺乏细化。再如,为大型居住社区腾地而配套开展的本地农民动迁房建设审批周期较长,往往出现动迁更早的本地农民迁入保障性住房的时间,迟于更晚动迁的大型居住社区居民,引发本地群众的不满。此外,上海土地空间有限,大型居住社区的连片土地要求需要"退二进三"等政策支撑,但曾经较长时间内"退二进三"相关政策流于原则性规定,缺乏操作性规定,影响了部分大型居住社区落地。

调研中也发现,公建配套部门反映,造成配套建设开工较慢的重要原因是专项工程建设项目审批手续较之住宅本身更为复杂,各部门专项建设标准也有落差,协调耗时过久,直接影响建设周期。

三、建设阶段存在的问题

建设阶段存在的问题主要是治理和协调两大方面。

1.建筑质量问题时有发生

建筑质量问题是导致居民不满意的原因之一。大型居住社区项目的首要目标是改善中低阶层居民的住房条件,但调研中发现,由于成本约束和工期紧张,在快速施工条件下,建设、监督、验收环节压缩,容易带来一定的质量隐患,部分大型居住社区在局部建筑质量方面存在一定问题。即使在交付使用初期,随着入住人口和居住时间的增加,一些问题持续暴露,导致部分居民住得"窝心"。数据显示,对建筑质量表示满意的居民仅占40.8%。这些问题主要表现为墙壁渗水、外墙脱落和隔音较差,与施工质量和建筑标准有直接或间接关系。

值得注意的是,除了直接影响生活居住的建筑质量问题外,部分受访居民反映房屋建筑标准低于市场化的普通商品房,担心使用年限不够长、后期维修支出增加。

2.住宅与配套协调推进难

以住宅为重点的推进策略,一定程度上影响了配套建设,而住宅完工便急于交付使用,导致配套显得较为滞后。以松江佘北大型居住社区为例,由于2012年开始曾停工两年,于是后续一、二期同时推进,使得配套建设用地被征用为住宅建设临时用地,影响了道路、绿化等设施的步骤协调。

四、运行初期存在的问题

大型居住社区运行初期是导入居民适应新居住空间、构建新的生活系统的过程,客观上也是问题高发期。

1.配套总体滞后成为引发居民不满的最主要问题

公建配套与住房相比看似事小,却关系到人的衣食住行和安居乐业,是从建筑到社区转化的核心。但大型居住社区运行初期却普遍存在公建配套不同步、不到位、不标准,公共服务设施供给量缺质次的困境,成为居民最主要的不满来源。超过八成(84.8%)的入住居民表示当初搬迁时承诺的配套设施未能到位,给居民日常生活造成极大的困扰,因而感觉生活很不便利的入住居民高达57.7%。

在公共服务方面,矛盾主要集中于:就医(60.8%)、交通(54.5%)、买菜(47.3%)、银行(46.8%)、日常购物(41%),特别是日常就医、跨区及最后一公里交通成为居民呼声最为强烈的事项;在基础设施方面,配套标准远低于普通商品房小区,问题突出表现为:移动信号基站缺失导致手机信号较弱,停车位较少导致乱停车,路灯数量不足影响夜间出行,环卫设施、公厕、探头等普遍不足甚至缺失。

2. 物业管理较差是导致居民不满意的重要诱因

物业管理事关大型居住社区的物质环境和基本秩序,但在运行之后普遍陷入难以维持的困境,居民也怨声载道,近五成(47.5%)的被访居民表示很不满意。物业管理不善直接导致在大型居住社区出现垃圾乱扔(50%)、防盗门破损(42%)、群租(35.6%)、居改非破墙开店(34.6%)、毁绿占绿(32%)、饲养家禽(28.4%)、乱贴乱画(27.7%)、占道堆放物品(26.9%)、卫生无人打扫(25.9%)等乱象。面对这些乱象,76%的居民反映物业不作为,不积极整治,几乎没有管理成效。

据分析,物业管理单位的最大苦衷在于经费入不敷出,一方面,物业收费标准长期较低,而上海最低工资标准逐年提升,导致经营成本持续走高;另一方面,居民缴纳率较低,近20%的居民表示自己未缴纳过物业管理费,而来自物业公司的数据则显示更高。作为市场主体的物业公司在无利可图甚至严重亏损的情况下,倾向于消极维持的局面,有的则选择退出,甚至曾发生在无人接手的情况下连夜消失的案例。物业公司根本无法提供优质、可持续的物业管理服务。由此,一些大型居住社区已出现较为严重的违法搭建、居改非等势头,严重影响小区环境,如不及时遏制,可能会泛滥为顽疾。

3. 社区治理应对压力较大

大型居住社区在建成运行后的一段时期内,普遍采取了镇管社区的治理模式,在镇级层面设有社区党委和社管办(社区办),具体负责大型居住社区的社区建设和社会管理工作。作为一种制度创新,镇管社区模式在应对人口大量导入的同时,自身还存在资源、机制等方面的不足,直接影响了大型居住社区治理。高达41.1%的入住居民对社区的整体管理表示不满意,特别是对居委会工作不满的比例达到45.7%。

第一,社会治理的人手较为欠缺。

大型居住社区所在地的管理力量还是按镇的建制配备,一些条线甚至仍基于户籍人口数量配置,并未随着常住人口的急剧增加进行相应的增编扩容,呈现“小马拉大车”的尴尬局面,管理压力与日俱增。与街居体制的部门预算相比,镇作为一级地方政府的财力水平主要取决于地方经济发展状况,于是镇既要谋经济发展,又要做好“公共服务、公共管理、公共安全”等“三公”工作。千头万绪兼顾难,镇投入社会治理的力量难免比不过街道,作为社区管理直接力量的镇社区办,人员更是缺乏,仅能满足社区日常运行的最低需求。比如,按照现有居委会设置标准,大型居住社区建成后,基本都需要几十个居委会。且不论经费,光合格的居委干部和工作人员从何而来,就着实困扰基层政府。

第二,社会治理的财政资源较为匮乏。

镇级政府的财政压力表现在“收支”两个层面,一方面大型居住社区的管理成本极高,另一方面资金补贴严重不足。从支出层面看,首先,市政管理费用高。在大型居住社区内,由于涉及市政设施管辖权移送的问题,有些河道、环卫、道路由镇政府管理,但是还存在一些市政设施处于“无人管”的状态。如嘉定江桥镇每年支付的市政管理费用就高达1 080万元左右。其次,社区治理成本高。包括社区管理、社区服务以及低保救助等社会保障,随着大量低收入阶层的导入,这一费用将会逐步攀升。例如闵行区浦江镇大型居住社区完全建成后,预计需要成立近百个居委会(邵珍,2011),按照每个居委会最基本的开门费用100万元计算,仅此一项就需上亿资金,还不包括成立后的日常运行支出。再次,代付费用高。很多规划的新建公建设施,例如学校、医院、菜场等,本来应该由开发商或者区政府负责支付费用,但往往由于各种原因,由镇政府承担筹建费用,加大了镇政府的财政压力。最后,物业管理补贴高。由于大型居住社区内以保障性住房为主,物业收费标准相对较低,再加上物业费收缴困难,导致物业公司难以为继,只能靠镇政府提供补贴维持。

从收入层面看,市一级所下拨的一次性补贴,远不能满足实际之需。当前及未来一段时间,大型居住社区的管理费用仍主要由镇级政府自身财力承担,将逐渐不堪重负。如泗泾镇之前年人均财政支出为两万多元,人口导入以后,人均支出摊薄至七千元,地方政府陷入"人来得越多,钱亏得越多"的恶性循环。

第三,社会治理能力欠缺明显。

大型居住社区所在镇的镇区尽管都有商品房社区,居委会工作也长期开展,但客观而言,这些城镇居民大部分是镇域农民就地城镇化而来。因此与主城区街居体制下的基层治理相比较,无论是能力还是经验,镇一级政府都普遍欠缺。首先,针对非农人口的基层社区治理的专业素质尚未养成,更谈不上专业人才,急需从农村思维转型为城市思维。其次,大型居住社区规模之大、人口之众,在专业化治理能力之上又提出了规模化治理能力的新要求,更加剧和放大了素质不足的困境。最后,弱势与亚群体本身的外部需求高依赖性与需求的特殊性,导致服务供给难度增大。

第四,居民自治存在一定瓶颈。

居民自治是优化社会管理的重要内容和途径,目前大型居住社区居民自治还存在意识、机制、设施和经费等方面的瓶颈,表现为:社区居民参与社区建设的积极性仍较低,没有认识到自我服务自我管理的重要意义;在镇管社区模式下,粗放型的管理使得社区居委会承担了过多的行政职能,重管理轻服务;工作经费不足,社区开展服务、设计活动缺乏充足资源保障,经常是有心无力;大型居住社区居民以弱势群体为主,在社区中选拔骨干难度相对较大。

五、后续潜在的问题

除了规划前期和运行初期的问题外,随着时间推延,大型居住社区仍有一些潜在问题值得重视。

1.居民心态偏差

从心理学角度看,心态问题在低收入阶层和社会亚群体身上表现得较为突出。一是对于大型居住社区居民而言,在剧烈的经济社会大变迁中,自身普遍是失落者,"大上海"中心城区市民的身份有时反而成为维系心理平衡的不多支撑之一。从城区迁往郊区,难免会形成心理落差,直接影响其身份认同和心理平衡。一个有意思的现象是,部分受访的大型居住社区居民将到中心城区称为"到上海",凸显了背后的地域认同差异。二是历史情绪延续,特别是动拆迁居民,由于补偿等历史遗留问题,持续不断上访,成为"老访户"。三是被剥夺心理明显,部分居民认为自身是利益受损者,被剥夺感强烈,因而拒绝承担义务,不肯缴纳物业管理费,并经常向居委、镇党委和政府提出各类不合理要求。由于居民心态的偏差,导致行为上的偏激,社区参与的意识也相对较为淡薄,社区共同体短期内难以真正建立。

2.就业难

大型居住社区以低收入阶层为主,就业主要集中在技能要求不高的传统服务业和制造业领域,岗位维系能力和再就业能力普遍不高,属于就业脆弱群体。这一群体就业的突出特点之一是就业半径相对较小,多会就近求职。随着大型居住社区带来的远距离迁居,无形中就业需求也在属地镇内或周边高度汇聚。

一方面,居民就业需求持续膨胀。基本上每个大型居住社区所在镇都要承载数万乃至数十万左右的导入人口,而按闵行区浦航社区统计推算,约86%的导入人口处于劳动就业年龄段,这意味着每个大型居住社区远期起码有十万以上的就业岗位需求。即便部分导入人口在中心城区或其他地方就业,但绝大多数仍必须就近解决。这就势必带来潜在的就业困难。

另一方面,则是居民就业能力相对较差。部分大型居住社区调查显示,约80%导入居民收入低于上海上年度平均工资水平,现状中无业、失业或灵活就业人口占比较高。以闵行区浦江镇某大型居住社区为例,现入住居民41 011人,其中登记失业群体规模达1 864人、残疾群体425人、犯罪前科177人、享受低保人口420人、精神病人72人。这属于典型的文化素质和劳动技能相对较低群体,更增加了岗位匹配的难度,与上海郊区产业加速转型升级,就业要求逐渐提高的大背景格格不入。

就业问题不解决,将会进一步滋生多个隐患。首先,影响当地社会稳定。如果因入住大型居住社区而失去工作,那么必然对大型居住社区产生不满,降低对政府的信任度,影响社区稳定。其次,加剧公共财政负担。工资性收入是低收入阶层的主要收入来源,失去就业机会将有很大概率变成福利依赖群体,增加社会保障压力。最后,带来社区治理压力。失业增加意味着贫困比例提高,逐渐形成贫困文化和氛围,客观上会使得大型居住社区滑向"问题社区",影响社区乃至周边区域的可持续发展。

3. 远期配套支撑隐忧

大型居住社区总体仍在建设过程之中,为了支持大型居住社区运作和属地镇可持续发展,上海市在市级层面进行了倾斜性的资源配置,包括高等级医院、轨道交通布局等。但考虑到远景规划人口规模,现有的资源能级与数量,尚无法完全满足,甚至连现状人口需求满足都有缺口。而目前各地的焦点仍主要是当下的补缺式配套建设,对未来还缺乏前瞻性考虑。从规划到建设再到交付运行,重大基础性配套设施需要较长的周期,必须提前加以储备。

第四节　问题产生的原因分析

大型居住社区在建设和运行过程中暴露出来的问题,本质上是新居住空间打造过程中的不同步、不协调、不系统,并不能简单归结到大型居住社区模式本身,并以此否定该模式。客观而言,如此重大和长远的战略性项目,无法一蹴而就、一日功成,必然体现为持续改进和完善的过程。其中前瞻探索之新、涉及主体之多、利益调整之大、统筹协调之难、基层承接之重,任何一个因素都是潜在的问题源。因此,有必要立足过程、战略和比较视角,全面、深入分析上述问题产生的原因,以期成为未来政策调整之基。

一、新生事物的试验探索性使然

尽管在新中国成立早期,上海大量建设了工人新村等具有保障性质的住房,但在计划经济体制下,这些住房对象实际上是社会就业主体,而且产城融合度较高。大型居住社区作为市场化条件下面向低收入阶层的新型住房保障载体,与工人新村等社区形态截然不同,属于新历史条件下的创新之举。

没有前例可循的新生事物,其发展过程必然是持续试错、问题高发。其问题出现的曲线,大致呈现为生命周期初期和晚期较高、中期较少的"U"形。大型居住社区整体上处于初期阶段,问题高发属于客观现象。

这一阶段需要解决的核心任务是从建设工程向社会工程转变,实现居民个体生活系统重构和社区运行秩序成型,主要包括:综合配套的完善、治理体制的构建。事实上大型居住社区当前爆发的主要问题基本都属这两类,规划和建设的问题更多是以历史遗留难题的形式出现,并加剧了配套和治理问题。

二、社区人口的特殊性使然

人口是决定社区特征和社区运行状况的基本结构要素之一。大型居住社区人口要素的独特性,客观上带来了社区治理的巨大挑战,这种挑战并非简单量的叠加,而是对治理提出了规模化、专业化和长期化的复杂要求。可以从三个维度理解:

首先是构成维度,即人口的群体特征。从经济社会地位角度看,大型居住社区以低收入阶层为主,部分甚至处于最低生活保障范围;从就业情况看,无业比例高、就业脆弱性强;从年龄角度看,中老年占比大,老龄化程度高;从健康状况看,残疾比例高于一般社区,精神障碍者也值得注意;从身份属性看,犯罪前科等亚群体人数偏多。

其次是规模维度。大型居住社区尽管仍在建设之中,但几个主要基地的规划导入人口规模,以及镇域原有常住人口加上导入人口后的总规模,都是数十万级别,远超普通一镇甚至接近普通一区。

最后是素质维度。此处所指素质并非价值层面的高低或好坏评判,而是根据居民自治对居民能力与意愿的要求所进行的分析。大型居住社区正总体面临从陌生社区向生活共同体的逐步转变,但由于居民短期内存在的迁居郊外的抵触情绪,加之不少居民此前未曾经历住宅小区生活的实际,以及客观存在的学历低、能力不足的现象,这些因素共同作用,使得大型居住社区初期的治理较一般社区而言更难。

三、导入与建设的批次阶段性使然

大型居住社区确定选址,完成规划设计后,具体建设往往分批推进,全部完工周期长达数年。这就带来人需求的完整性与商业配套对人气的依赖性之间的矛盾。这一特征直接影响了公共资源的配置:

一是初期小区入住率低,配套滞后,形成恶性循环。由于地处偏远,公建配套缺乏,导致不少购房者特别是中青年群体,空置或者出租房屋,转而在市区租房居住,因而入住率普遍较低,人气始终不足,导致超市、银行、餐饮企业,甚至国有大型商业集团都望而却步,而商业等配套不足反过来又进一步阻碍了人群集聚,极易形成恶性循环。

二是部分资源规划配置失调。分批导入的特点导致社区整体需求结构难以明确,而阶段性需求往往与最终需求的不一致,也使得公建配套规划难以满足初期入住群体的期待,需求对接错位又放大了配套不完善的矛盾。比如,初期各项条件不完善使得中青年人口实际入住不多,对就业和就学没有需求的老年群体占比较高,凸显出医疗、养老、休闲活动等设施数量的不足,部分社区内老年人进社区活动室都需要长时间排队。

实践中也发现,部分大型居住社区区位条件较好,周边发展基础扎实,人口导入也更为迅速,比如浦东新区三林镇,其综合配套的成熟周期明显较短;而同属浦东的曹路和航头镇人口导入较慢、批次多,因而配套步伐相对迟缓。

四、跨部门协同的复杂性使然

大型居住社区涉及主体众多,利益倾向并不一致,并且建设大型居住社区对所有主体来说都是从未经历过的新探索,这些反映在具体行动上则表现为沟通协调的高难度。考虑到大型居住社区属地区镇总体处于利益受损格局,缺乏项目推进的内在动力和积极性,但又处于多元关系网络中的枢纽地位,使得协同协调的整体效率较低。

从纵向角度看,市区两级之间,尽管有市级政策文件明确分工,但原则性规定过多,超出文件范围的事项不少,导致只能在具体实践通过博弈方式磨合。责任划分、审批进度、资金拨付、后续管理等成为争执的焦点。比如市级按照面积补贴基层政府的转移支付款,往往要拖延到第二年才下拨,事实上影响了社区商业回购等配套进度。

从横向角度看,主要涉及相关市辖区之间的协作关系,工程建设方与委托方、使用方之间的契约关系。目前来看，由于缺乏协同经验或利益点不一致，在早期建设进程中，沟通交流、协调协同的成本一直较高，始终在磨合中摸索。比如，关于未来入住居民信息的及时传递和动态更新，以及入住时间规划和公建配套准备的协调，甚至相关资金的拨付节奏，等等。

镇管社区模式运行也涉及部门间协调。但在镇管社区出现后的数年内，全市层面并未形成统一的规范性意见和操作办法，不利于进一步增进共识，特别是组织架构、层级关系、事权财权划分、分类指导、资源配置等方面的模糊规定，给基层具体执行单位带来了一定困惑。在开展工作时缺乏政策文件依据，往往是一事一议，反复协调，消耗大量精力，行政效率低下，也不能理直气壮地争取政策扶持和各类资源，给工作开展带来障碍。

五、基层政府适应的时间性使然

在整个纵向行政体系内，镇一级处于财力和权力的最低等级。大型居住社区对于属地镇级政府而言，是突变式、迅猛型、被动化的城市化进程，必然引发诸多不适应，需要较长的时间周期才能逐步消化、步入正轨。

从体量角度看，以航头镇为例，航头镇规划大型居住社区面积达5.03平方公里，人口规模为15万，而大型居住社区在建设选址之时该镇户籍人口5万多、外来人口6万多，总计也仅12万不到。大型居住社区项目意味着该镇常住人口数年内将翻倍，常态化的经济发展速度下，起码十年以上才能实现如此规模的扩张。

从经费角度看，显然与人口迅速膨胀相比，镇级财力实际上并未增长，因为这些新增人口并非经济社会发展的自然结果。相反，镇级财力因土地空间被透支、支撑大型居住社区运行，而受到极大侵蚀。比如，大型居住社区的经营性物业需要镇级政府回购，但其体量过于庞大，镇级财力短期无法支撑。短期内,地方政府可能会陷入"人来得越多,钱亏得越多"的恶性循环,自身负担持续加重。

从能力角度看,镇级政府擅长农民和村庄管理,从"农民管理"转向"市民管理",且是超大体量的市民管理,将长期面临干部队伍素质和队伍数量不匹配的制约。同时,镇级政府应对规模庞大的弱势群体管理,更是力不从心。

第五节　小　结

任何事物都或多或少存在问题。目前大部分研究都是基于大型居住社区所暴露的问题,并结合欧美发达国家失败案例,从而对大型居住社区做出否定性判断。对于大型居住社区这样的新生事物,本章旨在论述应该持什么样的视角审视其存在的问题,以及问题的具体表现和成因。本研究提出不能浅层化理解问题,应持过程、战略和比较相结合的综合性视角,才能形成更全面和客观的结论。

通过研究发现,大型居住社区在运行初期普遍出现四大社会特征:入住率低,人户分离现象突出;居民构成单一化,弱势群体集聚;房屋出租多,外来人口比例高;居民服务需求强烈,社区治理困境浮现。与这些特征直接关联的是大型居住社区存在的诸多问题。从规划阶段看,包括:部分规划选址存在偏差,部分规划偏离实际,部分公建配套规划过于模糊,审批环节存在卡壳制约。从建设阶段看,包括:建筑质量问题时有发生,住宅与配套协调推进难。从运行初期看,包括:配套总体滞后,物业管理较差,社区治理应对压力较大。从后续阶段看,包括:居民心态偏差,就业难,远期配套支撑隐忧。

本研究对这些问题产生的根源做了深入分析,发现这些问题并不能简单归结到大型居住社区模式本身,并以此否定该模式。客观而言,

如此重大和长远的战略性项目,无法一蹴而就、一日功成,必然体现为
持续改进和完善的过程。其中前瞻探索之新、涉及主体之多、利益调整
之大、统筹协调之难、基层承接之重,任何一个因素都是潜在的问题源。
出现问题并不可怕,关键在于后续应对是否得当,是否在问题解决的过
程中不断迈向预设的战略目标。这也是过程、战略和比较视角的核心
价值所在。

第六章　国外大型保障房社区的治理

第一节　典型国家的住房保障模式

保障性住房[1]社区直接脱胎于住房保障政策,是特定国家住房保障政策的"空间表达",因此理解宏观层面的住房保障体系是深入剖析大型保障房社区的前提。不同国家之间的住房保障政策各有特色,本研究主要以美国、英国和新加坡的住房保障模式为案例研究对象。

一、美国住房保障模式

住房保障是现代社会保障体系的关键构成要素。按福利国家类型来看,美国属于典型的"自由主义"福利国家,居支配地位的是经济调查式的社会救助、少量的普救式转移支付或作用有限的社会保险计划(考斯塔·艾斯平-安德森,2003)。在推崇个人奋斗和市场机制的传统之下,美国的住房保障体现出鲜明的市场化取向。

1.体系结构

对于美国联邦层面的住房保障体系构成,学者有不同的划分方法。有学者认为是三部分:一是实物形式的保障性住房建设;二是货币化补贴形式的房屋租金补助;三是为家庭购买住房提供贴息贷款、担保和利息抵扣等金融和税收支持(施建刚、李婕,2018)。也有学者

1　在不同国家或不同时期,对保障性住房有各异的称呼,包括社会住宅、公共住宅、可负担住宅、可支付住宅,以及新加坡的组屋或公共组屋,等等。但其本质特征都是一致的,即主要依托公共支出建设、主要面向低收入家庭供给的住房。本研究中交叉使用这些名词,但具体所指没有内在差异。

认为包括四部分：联邦政府直接投资的公共住房、联邦政府扶持下的私有租赁住房、税收补贴下的低收入住房，以及租房券（姚玲珍、刘霞、王芳，2017）。事实上，如果换一个划分维度，从住房保障的供需两端着手，可以更清晰地展示出美国联邦政府住房保障思路的演变。公共住房建设属于典型的补供方，而租赁和购房补贴则是补需方思路的体现。同时也可以发现，供给端更多是住房实物保障，需求端侧重于货币化保障。

2. 补供方的发展历程

1937年通过的美国《住房法案》，标志着联邦政府正式大规模介入住房保障，该法案规定："各州、市政府可以购买公共住宅用地，建设费用则由联邦政府支付，由各地的公共住宅局（PHAs）拥有这些住宅并负责运营管理。"主要形式是联邦政府资助地方政府建造公共住房，符合条件的低收入群体只需向地方管理机构支付远低于市场价格的房租。

1949年的《住房方案》总体上延续了这一精神，更为重要的是，该方案提出了城市更新计划。联邦政府支持地方城市更新管理机构拆除贫民窟等破旧建筑，平整土地出售，部分用于建设公共住房。

20世纪50至70年代，美国迎来二战结束后的黄金发展时代，婴儿潮出现，对住房的需求进一步迫切。经测算，1969年-1978年期间，美国住房需求量为2 600万套。为了更好地推进公共住房建造，美国政府开始积极引入市场主体即私营开发商参与，并制定了公共住房开发商享受低于正常市场水平的贷款利率政策，从而降低建成房屋的租金水平（宋博通，2002）。

随着时间推移，新建公共住房数量和比例均逐渐下降，从20世纪70年代初的近七成，逐步降低到80年代初的不到二成，并从1983年里根政府时期开始停止大规模新建公共住房，而到20世纪90年代则开始拆除部分早期条件恶劣的公共住房（宋博通，2002）。

据统计，美国联邦政府直接投资的公共住房存量规模在1994年达到顶峰,为1 409 455套。时至今日,集中建设保障性住房这一模式以及大量的房屋实物在美国已基本走进历史,既因为成片建设导致的贫困集聚进而社区衰败,也因为当时应急建设和成本约束之下的质量标准欠佳(姚玲珍、刘霞、王芳,2017)。

3. 补需方的发展历程

在20世纪70年代中期,美国全社会住房供给已较为充裕,住房短缺状况得到很大缓解。伴随着保障性住房建设过程中的低效和保障性住房社区的问题多发,美国对住房保障方式的认识开始深化,逐步转向直接补助低收入家庭,通过专门的住房补贴提高其住房支付能力。补需方政策包括两大方面:

第一,支持家庭租房。

尼克松政府时期曾中止新建公共住房,1974年美国制定《住宅和社会发展法》,其中第8条款为低收入者租金帮助计划(存量住房计划),也称为"租金证明计划"(the Certificate Program)。这一计划和后续的"租金优惠券计划",构成了21世纪前美国补需方政策的主体。

租金证明计划指的是,美国住宅和城市发展部(HUD)对住房质量等级和租金限额进行规定,地方住房管理机构则限定选择区位;而符合条件的低收入家庭从地方住房管理机构获取租金证明,在上述两个约束范围内选择租赁住房;地方机构协助低收入家庭开展谈判,并按市场租金额度,直接支付总租金给房主,低收入家庭所需承担部分则不超过自身收入的30%。

租金券计划(Voucher Program)则不同,它是向所有符合资格的低收入家庭发放租金优惠券,额度为市场租金减去低收入家庭收入30%的差额,租户持券自由选择所有居所。在选择时,优惠券额度并未全部使用完时,允许低收入家庭保留至下次继续使用;如果优惠券额度不能覆盖租金,不足的部分需要低收入家庭自行承担。

1998年开始,随着"住房选择券计划"(Housing Choice Voucher

Program)的出台,上述两个计划正式终结(施建刚、李婕,2018)。住房选择券则是在租金证明计划和租金券计划长期实践的基础上,融合其优势而成。

租房券的资金使用效率远高于新建公共住房,也避免了弱势群体的集中化,但在实践中也出现了租房券在部分地区的集中使用导致的短期租金普遍上扬等问题。

表6.1 2009年美国住房选择券持有者居住住房情况

收入(美元)	占比(%)	家庭规模(人)	占比(%)	住房(间卧室)	占比(%)
0	4	1	35	无卧室	2
1～5 000	10	2	22	1	24
5 001～10 000	32	3	19	2	36
10 001～15 000	24	4	13	3	30
15 001～20 000	14	>5	11	4	6
20 001～25 000	7	—	—	>5	1
>25 000	9	—	—	—	—

资料来源:阿列克斯·施瓦兹:《美国住房政策》,陈立中译,北京:中国社会科学出版社,2012年。

第二,支持家庭购房。

税收减免是美国受益面最广的住房政策,2008年,大概有120万户低收入家庭居住在公共住宅中,但1.55亿购房者受益于住房抵押贷款免缴联邦个人所得税;联邦政府用于住房的直接资金不到402亿美元,而对住房抵押贷款利息减免和其他针对有房户的税收减免则超过了1 710亿美元(王佳文,2015)。同时,随着住房抵押贷款二级市场的发展,21世纪初美国推出"美国梦首期付款计划",该保障房制度惠及人群扩展到部分中产阶级,进一步提升了住房公平(姚玲珍、刘霞、王芳,2017)。

二、英国住房保障模式

英国是工业革命的发源地,工业化和城市化的迅猛推进,直接导致居住成为重要的社会关切。英国官方对低收入群体住房的关注,最早可以追溯到1832年的《乔利拉法案》,这是英国第一部住宅问题的法案,最早提出政府应补贴贫困家庭以解决住房困难(杨晚香,2010)。英国也成为世界上第一个进行住房市场干预的国家。1896年英国在伦敦近郊建成了第一个可供5 700人居住的经济适用房住宅区。

1. 1980年前的住房保障

尽管英国是世界上最早关注低收入家庭住房问题的国家,但大规模建设公共住房则直到二战之后才开始。一方面是二战导致的巨大破坏,住房需要全面重建。据统计,战争造成英国超过45万套住房损毁丧失居住功能,300万套遭受程度不一的破坏(陈珊,2016)。

另一方面是英国的福利国家转型,认为居住是重要的社会权利,人人都有权利享有高质量的住宅。在此期间,地方政府是公共住房的供给主体,地方政府有借贷、建设、更新的决策空间,并能得到中央政府的大规模补贴,以弥补成本和可支付租金之间的差额,也能按其所愿分配资产(上海市房地产科学研究院,2012)。

据统计,1971年,政府兴建公共住房占住宅总量高达三分之一(杨滔、黄芳,2008),而从20世纪40年代中期至70年代末,英国官方总计建造保障性住房逾500万套,并廉价供应给住房困难家庭租住,为解决"住房难"瓶颈提供了关键支撑(姚玲珍、刘霞、王芳,2017)。

2. 1980年之后的住房保障

1979年撒切尔政府上台是英国住房保障的重要分水岭,关键在于经济哲学的转向。撒切尔推崇的新自由主义,反对政府过高过泛的福利支出,积极推动私有化政策。1980年,英国制定《购买权法》,鼓励租户以优惠价格购买公共住房产权,住房私有化全面推行。该法中的"购买权"条款规定,凡是公共住房承租户,在住满两年后就有权折价购买其居住的公共住宅,优惠价起点是房屋市场价的30%,视居住期限决定折扣幅度,居住期限越长折扣越大,最高可达房屋市场价的70%。

政府的角色也发生变化。1980年后政府逐步退出公共住房建设,转而依靠市场力量或非盈利组织住房协会(Housing Associations)解决低收入家庭住房供应。同时,政府开始成为"推动者"和规则的管理者,政府通常根据当地房价的中值(或四分位数)与当地个人收入的中值(或四分位数)的比值来定义可负担性(Affordability),一般建议高于4的地区提供可负担住宅(杨滔、黄芳,2008)。多元主体供应公共住房一直是英国的重要特色,在政府退出后,住房协会逐渐替代政府成为公共住房的供应主体。截至2006年8月,住房协会所有的公共住宅量占英国全国公共住宅总量的三分之一左右。协会有政府支持和监督、政府税收优惠和资金补贴,且运作较为透明公正、效率较高,因此在吸纳社会投资方面比政府机构更有优势(汪建强,2008)。

在新自由主义学说主导下,中央政府也开始从对地方政府公共住房项目的补贴,转向对需保障的低收入家庭给予直接租金补贴。但随着低收入家庭对产权偏好的上升,英国政府通过金融手段促进共有产权住房发展,形成了传统共有产权、市场化共有产权、浮动共有产权以及贷款式共有产权等多种共有产权模式。

三、新加坡住房保障模式

新加坡住房保障模式的最大亮点是组屋,最大特点是政府以绝对主导地位建设保障性住房,并有偿提供给绝大部分国民。通过近半个世纪的"居者有其屋"计划,目前组屋存量超过100万套,87%的国民居住其中,新加坡保障性住房的全国覆盖率令人瞩目,地位居世界第

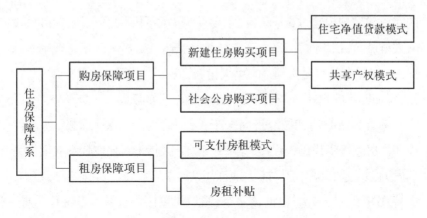

图6.1　现阶段英国住房保障方式构成

资料来源：姚玲珍、刘霞、王芳：《中国特色城镇住房保障体系研究》，北京：经济科学出版社，2017年，第33页。

一。组屋已成为新加坡住房体系的绝对主体，而纯市场化的私人住房始终处于新加坡房地产市场的补充地位。组屋在其居住价值基础上，作为社区还发挥着凝聚力打造、经济发展助力，以及国家稳定支撑等多重独特作用，成为新加坡的重要标识（李显龙，2010）。通过新加坡成立以来的长期探索，新加坡已成功构建一整套系统高效的保障性住房运转模式，主要包括：以国家主导、专门机构统筹实施为主的规划开发机制；以低息建设贷款、中央公积金和财政补贴为支撑的资金支持机制；以低价购买、政府收储为核心的土地供应机制；以社区改造、早期组屋综合环境整治为重点的住房更新机制（洪亮平、姚杨洋，2013）。

1. 发展历程

1959年，新加坡获得自治；1965年，新加坡脱离马来西亚联邦，正式独立建国。早在建国之前，新加坡面临着经济落后、住房短缺的困境，普通居民的居住条件恶劣，近40%的家庭住在贫民窟或棚户区。在此背景下，1960年新加坡成立法定机构——建屋发展局（HDB），颁布《住宅发展法》，专事组屋规划、建设和管理工作，以解决普遍存在的住房短缺问题。新加坡组屋建设以五年计划的形式展开，在第一个五年内完成建房规模超过5万套,但主要以"只租不售"的形式面向最低收入人群供给,初步改善了住房严重短缺状况。1964年,时任总理李光耀提出"居者有其屋是关键"的重大论断,正式拉开了"居者有其屋"计划,新加坡组屋也转向"租售并举,以售为主"的阶段。

考虑到彼时新加坡经济尚未正式起飞、国民购买力欠缺,组屋建设和住房改善步伐仍较缓慢,第一个五年计划后,新加坡政府从供求两端发力:一是1966年颁布《土地征用法令》,赋予政府强制征地权力,支持HDB组屋建设。根据该法令,政府可以因为公共利益征用土地,且价格一旦确定,即不受市场波动影响且任何人不能操纵和改变价格。这一法令彻底扫除组屋建设的土地供应障碍,目前新加坡政府及其下属机构掌握着全国超过90%的土地。二是1968年修改中央公积金制度[1],支持低收入会员公积金买房(夏磊、任泽平,2018)。前者解决了在寸土寸金的新加坡非常宝贵的土地供给难题,后者结合分期付款方式、依托金融手段有效增强了国民购买能力。

供需两端的重大举措有力促进了新加坡组屋建设和销售进程,在有效满足最低收入阶层住房需求的基础上,开始向两大方向拓展。一方面,扩大住房保障范围,从1974年开始将中等收入阶层纳入组屋计划,推动全国住房自有率在20世纪80年代初猛增至近六成,也使得组屋成为新加坡住房市场的绝对主导。另一方面,持续提升组屋的品质,组屋的结构从初期的一房和二房为主,逐步拓展到四房和五房的大户型结构,大户型从20世纪90年代开始成为组屋的主流,也为不同规模和偏好的家庭提供了更多选择,1985年前后开始新建组屋基本不再有

---

[1] 中央公积金制度(CPF)的核心是通过立法强制个人储蓄,由雇主和雇员分别根据雇员工资收入的一定比例按月缴纳。该体系建立于1955年,初衷是作为退休储蓄工具。"居者有其屋"计划推动其成为住房储蓄工具。中央公积金制度不仅是购房的金融手段,政府还将公积金储备以贷款和补贴等形式用于建屋发展局的组屋建设,有利于解决大规模的建设带来的资金短缺,加速组屋供给。所以,中央公积金制度在组屋供需两端都发挥了重要作用。

一房和二房等构型。截至2017年底,一、二房式合计占比仅为7.4%,三房式22.8%,四、五房式(含EC等)占比高达70.0%(夏磊、任泽平,2018)。从某种意义上说,新加坡组屋既不是廉价品,也不是豪华奢侈品,而是"必需品"(施建刚、李婕,2018)。这一必需品也并非固定不变,恰恰相反,依托每十年一次的全国概念规划等载体,组屋处于持续更新和升级状态,动态满足市民的需求。但总体而言,新加坡组屋具有非常高水准的建筑品质和良好的全生命周期维护,与欧美其他发达国家公共住宅的低标准、中低质量和欠维护形成强烈对比。

在可出售的组屋之外,对于最贫困的群体,新加坡还保留一房、二房为主的廉租组屋,仅收取象征性租金。

表6.2 新加坡住房保障历程

阶 段	时 间	特 点	建 设 举 措
第一阶段	1960—1970	屋荒严重	1964年推行"居者有其屋"计划 逐渐形成高密度住屋
第二阶段	1971—1990	大量建设	新建大量住房并新建市镇 建设模式和标准逐渐确定
第三阶段	1991—2000	扩展阶段	增加服务设施 旧屋更新计划施行
第四阶段	2001—	品质提升	符合国家社会、政治、经济的改变 花园中的城市

资料来源:魏维:《打造"梦想家园"——新加坡公共住屋发展和市镇规划》,中国青年规划师联盟,http://www.sohu.com/a/195164163_654535,2017年9月28日。

2. 组屋社区概况

新加坡城市空间由中央商务区、区域中心、新市镇、邻里中心等构成,新市镇(New Town)是其中具有枢纽意义的社区空间,全国共有23个新市镇(规划25个)。8～10组组屋组成一个邻里中心,4～5个邻里中心组成一个新市镇，通常每个新市镇规划组屋6万套左右，规划人口约10万，服务半径2～3公里，是典型的大型保障房社区。组屋选址一般位于便于市民出行的公交或地铁站点附近，新市镇中心都通过地铁、专线巴士等公共交通系统与城市中心相连，一般距离市区在10～15公里之间，形成银河系式的城市布局。研究显示，新加坡任何空间位置的组屋在当前交通状况下，与城市中心的通勤耗时基本都在一个小时之内，而其中高达85%以上的组屋居民从最近的地铁站点到达城市中心的用时最多仅为35分钟，显然，公共交通的发达和合理设计使得距离因素在组屋选择中权重并不高(张祚、朱介鸣、李江风，2010)。

新市镇建设遵循"毗邻原则"，拥有齐全的生活配套，包括交通、学校、菜场、公园、宗教、俱乐部、购物中心等各类基础设施和休闲娱乐设施，是一个独立的、步行范围内的生活社区空间。

根据最新规划，到2040年，新加坡将实现"20分钟市镇、45分钟城市"，让高峰时段90%的"走、骑、搭"路程均能在45分钟内完成，90%的国民能在20分钟内到达最靠近的邻里中心。

第二节　大型保障房社区治理普遍困扰发达国家

大型保障房社区起源于率先迈入工业社会、开启城市化进程的西方国家，时至今日，发达国家已迈过住房整体紧缺的历史阶段，大型保障房社区也完成了其历史使命。但回顾过去，这一大规模集中保障的办法在特定时期极大缓解了社会住房矛盾，但也出现了众多严重问题。因此，大型保障房社区模式总体上已被西方发达国家所否定。这些国家现有的住房实物保障，已全面推行城市整体空间内的分散化布局策略。

一、大型保障房社区问题丛生

严格来说,政府集中兴建保障性住房,面向住房困难的低收入群体供应的做法,来自于工业化和城市化的双重推动,因此最早诞生在工业革命发源地英国,其后随着其他国家相继步入现代化进程而在欧美更大范围出现,并在较长时期内占据主流地位(陈剑,2018)。

第二次世界大战后,由于战争破坏,住房严重短缺,欧洲主要国家政府纷纷介入住房市场,为低收入群体建造了大量的公共住房,如1945—1976年期间,英国平均每年建造14.3万套公租房(郑翔,2007)。在建设规划上,这些国家普遍采用了在一定地域空间内,特别是在城市中远郊区集中建设的模式,这种模式具有较强的集约性,能够以较低的成本和较快的速度在短期内满足巨量的住房保障需求,在政策推出之初赢得了社会的广泛赞誉。

随着时间的推移,自20世纪80年代开始,这些昔日的保障房集中区域普遍出现了住房破旧、商业凋零、就业缺乏、犯罪率高等衰败景象,成为各类社会病集中显现的"贫民窟",20世纪90年代美国的统计显示,当时经济上最萧条的城市邻里中90%是保障性住房工程(李和平、章征涛,2011)。这些"贫民窟"遍布欧洲大陆和美国的众多城市,成为严重威胁社会稳定的火药桶,是令多国政府头疼的难题。最为典型的例子是法国巴黎,20世纪六七十年代,法国政府为了缓和巴黎城区的住房压力,在郊区及周边省份兴建了大批保障性住房。在这里,高人口密度,高移民数量,高失业率——18岁至25岁青年人的失业率甚至高达40%,数倍于巴黎城区,这些地区也逐渐成为贫困、犯罪、吸毒、被遗忘者与被损害者的代名词,成为社会隔离的真实写照。2005年10月即在巴黎北郊的保障房集中区域,爆发了震惊世界的巴黎骚乱,造成了重大的经济社会损失,巴黎郊区的一名市长说:"我们正在为30多年来由公共住房诱发的社会、地域、种族隔离付出代价。"

综合来看,大型保障房社区问题高发、治理难有着共性的因素,主要体现在五大方面:区位不佳、弱势人群高度集聚、关键资源缺失、管理乏力、"贫民窟文化"。整体思考这五大因素,实际上反映了问题型大型保障房社区固有的三大矛盾,即建设与管理失衡、硬环境与软环境失衡、需求与资源失衡。

二、原因之一:区位不佳

正如房地产市场盛行唯地段论,区位始终是居住的关键,好的区位往往意味着优质便利的综合配套。欧洲早期的保障房集中社区由于地处郊外,较为偏远,无法接受中心城区的资源辐射,只能在空白的基础上重构新的体系,往往形成缺乏足够数量和质量配套设施的局面。比如,与中心城区连接的快速通勤系统、便利优质的日常购物环境、银行等基本金融服务设施,以及体系健全的学校等,导致入住居民生活极其不便,考虑到大型保障房社区居民多数来自配套条件最好的中心城区,这种反差更显强烈,引发普遍怨气。自发地就地配套逐渐萌发,刺激非法食品加工、黑车等非正规经济的兴起和泛滥,给社区管理带来隐患,并使得社区一步步滑向"低水平自我循环的孤岛"。也就是说,保障房对象居住空间的重构,使其从原有生活空间和社会空间中被抽离,而能力不足、配套不齐客观上阻断了与原有空间体系的日常联系,同时新居住空间即大型保障房社区附近也未能及时形成新的、媲美过去的完整生活体系。

大型保障房社区周边配套匮乏的普遍存在,究其根本,是城市空间价值序列作用的结果,大型保障房社区作为公共支出项目,显然只能远离区位条件好但土地成本高的区域。除此之外,一方面,对居住空间和生活空间、社会空间的关系认知不够,在规划理念上偏重住房设计,没有切实围绕居民的日常生活构建规划体系,形成了"精致的房屋"与

"残缺的生活"并存的局面;另一方面,在设施引入上倚重市场调节,由于信奉市场至上,政府缺乏主动引导或多形式支持市场资源布局保障房集中社区的意识,认为随着人口的增加和需求的产生,自然能够吸引到足够的市场资源。

但值得注意的是,区位并不是绝对的,也并非简单以市区和郊区进行二元划分。英国公共住房的区位规划既包括郊区,也有市区。而美国20世纪60年代的公共住房基本都是修建于中心城区、CBD外缘,但同样造成了许多外部负效应,成为引发中产阶级逃离市中心、导致大都市郊区化的重要原因(陈剑,2018;袁媛、许学强,2007)。由于公共住房导致的低收入群体在中心城区集聚,中产阶级整体迁离,从而也带动商业等配套的萧条和降级,使得原本优质的区位也大幅减值,成为主流人群避之不及的空间。

三、原因之二:弱势人群高度集聚

政府保障性住房的供应对象主要以中低收入群体为主,建设保障房集中社区也意味着城市面上的弱势群体在点上空间的集聚,使得大型保障房社区的人口结构高度纯化。不仅如此,欧美国家的实践显示,保障房集中社区往往会经历人口置换的过程,即由于不满社区环境,部分最初的本地保障房购买或承租者选择了迁离,空置的房屋随之逐渐为外国低端移民、吸毒、卖淫、地下经济从业者等社会亚群体所占据,成为各类弱势群体的集聚区。比如,法国的保障房集中社区沦为阿尔及利亚等北非移民和难民的主要居所,美国的保障房被大量无业黑人所占据。保障房社区人口从"弱势化"集聚到"问题化"置换,本质上是社区质量的螺旋式下降过程,也是破窗效应在居住空间上的体现。

社会发展的规律表明,同质化人群的高度集聚不利于形成多元健康的社区生态,特别是弱势群体的过度集中,不仅无助于自身境遇的改善,更会带来巨大且长远的经济社会风险。集聚规模越大,风险也越剧烈,具体表现为:一是住房保障政策走样。部分对象不愿入住或转租,造成保障房资源浪费,政策目标实现度大打折扣,住房保障压力仍然存在。二是入住群体陷入困境。弱势人群属于低技能的就业脆弱群体,社会吸纳能力本就相对有限,点上的集聚必然加剧岗位供给矛盾,缺乏足够就业岗位,造成家庭或个体长期陷于贫困,难以自拔。三是拖累周边区域发展。经验显示,国外的弱势群体往往是福利依赖者,这类人群的大量集聚,将使属地政府不堪重负,并影响周边区域开发。四是影响社会和谐稳定。居住空间转化为问题空间,将在城市周边生成众多问题社区,"问题围城",使得社会冲突的概率倍增,加剧社会各阶层的空间隔离。

四、原因之三:关键资源缺失

实践表明,如果缺乏及时、强有力的扶持,弱势群体将陷入福利依赖不能自拔,并往往导致贫困的"代际传递"。其中,就业和教育资源最为关键。充分、稳定的就业是保证弱势群体自立自强、改善自身和家庭境遇的主要途径,而优质的教育则是弱势群体后代避免贫困循环的必然需要。

但在欧美国家,近几十年来,随着产业升级,以中低端制造业为主的劳动密集型产业已基本流向发展中国家,现代服务业的岗位则远非中低收入群体所能胜任,商业等生活性服务业也远在中心城区,导致保障房集中社区的失业率一直高企。格莱泽(2012)认为,城市贫民窟的严重问题在于这些居民往往过于脱离大城市的经济中心。在教育方面,由于国外优质教育资源多数是收费高昂的私立学校,普通公立学校的教育质量难以与之竞争,因而保障房集中社区的青少年很难通过教育改变命运。就业与教育息息相关,教育是提升技能和就业竞争力的关键,充分和体面的就业能增加收入,激励对教育的更多投入,从而形成正向循环。反之则长期沦于社会分层底端,难以实现社会流动,进而进行地理流动(搬离保障性住房)。

五、原因之四：管理乏力

毫无疑问,大型保障房社区更需要管理。但长期以来,欧美等国保障房集中社区的管理延续了居民自治的传统模式,忽视了保障房社区与普通商品房社区的区别,没有构建有针对性的社区管理模式。在组织架构、资源供给、政策扶持等方面,都缺乏政府强有力的支持,导致保障房集中社区的管理,包括物业管理和社会管理,从一开始就处于薄弱乃至空白状态。可以说,被排斥的群体居住区都被政府正式的管理所遗弃(联合国人居署,2004)。这一失误直接催生了社区内外的乱象丛生,同时,这也与保障房居民支付能力较差有关,社区公共支出因而长期不足,无法雇佣足够人手或设备开展持续性的社区管理。

一方面,社区环境日益破败,垃圾乱丢、公共设施破损却得不到及时清理修理,导致各类不文明和破坏行为进一步加剧,住房加速破旧,房屋资产也随之贬值。考虑到二战后很多保障性住房都是在“多、快、好、省”思路指导下建设的,以迅速缓解住房紧缺问题,但普遍存在建设标准比较低的问题,布局不合理、面积小、舒适度欠佳(邹林芳,2013)。

另一方面,由于房屋空置、租金低廉,周边各类吸毒、卖淫、地下经济从业者等社会亚群体在此逐渐集聚,引发各类违法违规行为密集增加,远远超出社区管理力量的控制范围,社区正常秩序趋于失控,甚至出现黑社会和帮派势力主导社区管理的极端案例,带来社区活力的消退和资源供给水平的恶化。

六、原因之五："贫民窟文化"

群体、配套和资源都是外在和可见的,研究者发现,难以治理的大型保障房社区往往弥漫着“贫民窟文化”。这种文化的本质是“贫困文化",是弱势群体自我封闭和外部歧视交杂而生的产物,本质上是对无法改变命运、难以向上流动的绝望,"当穷人意识到他们根本就不可能按照主流社会的价值和目标去获得成功时,这种绝望和无助之情势必油然而生(威廉·朱利叶斯·威尔逊,2007)"。

这种文化体现在人的层面,是个体的不思进取、消极怠日,抗拒个人付出和参与社会生活,自我隔离于外界,往往伴随着行为的失范;体现在社区层面,则是社区氛围毫无生气、冷漠寂静,公共空间和社区生活缺失,通常来说物质环境也缺乏珍惜与维护。这种文化首先生成于个体层面,并随着弱势群体的高度集聚而演变为社区层面更大范围的"贫民窟文化",具有广泛而深远的负面效应。贫民窟文化对儿童和青少年成长的危害尤为严重,心理和性格的缺陷往往能影响其一生,成为导致大型保障房社区衰败长期被锁定的人口学原因。贫民窟文化具有双重性,既是大型保障房社区需要治理的对象,也是治理的障碍,比物质环境和资源条件的改善更难。

第三节　国外大型保障房社区衰败的机理分析

大型保障房社区治理难,这已为国外保障房建设先行国家的实践普遍证明。上文已充分论证,治理难的因素很多,主要有区位、人口、管理、资源和文化等方面,表现为配套难、弱势群体集聚、管理乏力、关键资源缺失和特殊的贫民窟文化等具体内容。可以说,大型保障房社区的运转状况,是区位、人口、资源、管理和文化等因素共同作用的结果,特别是在区位和人口结构这两个既定的约束条件下,资源供给、管理水平、文化面貌将是决定保障房集中社区运转的三大主要因素。

一、大型保障房社区衰败是一个系统过程

区位、人口、管理、资源和文化等五大因素的交织互动，构成了大型保障房社区运行的过程性框架。而从大型保障房社区运行的过程看，大部分都难以克服上述困难，在建成交付后或长或短的时间内，逐渐趋向于衰败，这些社区也会被大众舆论贴上"边缘群体、边缘文化、边缘社区"的标签且难以改观，法国前总统希拉克称之为"共和国失陷的领土"，许多大型保障房社区作为一个空间整体而最终失败。不仅如此，国外有学者甚至认为，如操之不慎，集中兴建保障性住房的模式不仅无法成为弱势群体新生活的起点，反而极有可能成为导致"贫困集中"和弱势群体"再贫困化"的关键诱因。

仔细观察不同大型保障房社区衰败案例，可以发现，尽管情况各异，但以上述五个因素为基点，大致可以提炼出三个逻辑相连的阶段性子过程，共同构成了大型保障房社区衰败的系统性过程：筛选—衰退—锁定。三个过程并非孤立发展，而是与大型保障房社区的日常实践紧密相连，本质上是"建设与管理、硬环境与软环境、需求与资源"三大矛盾的失衡式运行。

二、筛选过程

在前面的章节中已经论证，大型保障房社区的起点在中心城区，大部分保障对象来自于中心城区。事实上，大型居住社区居民群体的形成，经历了中心城区空间重构的人群筛选。支付能力较强的不会被纳入保障体系，剩下的资产储备不足的群体只能选择保障性住房。其实对很多保障性住房对象而言，往往本身已经长期依赖于政府救助或福利生存，住房只是增加了一种而已。这是正式入住前的第一次筛选。

在远离中心城区原居住地、成为大型保障房社区居民之后，面对大概率出现的缺乏就业、教育、医疗、交通等生存和发展资源，或者资源供

给水平较差的情况,与预期差别过大,很快便因为子女就学或维系就业等种种缘由,一部分支付能力并不是最差的群体会选择租出或退出房屋,转而在中心城区租住。这也形成了一次筛选,于是真正导入保障房集中社区的则为社会中最为贫弱的群体。这次筛选的结果是推高社区房屋空置率,影响社区人气和消费规模的形成,进一步恶化了市场化配套落地的步伐。另一个结果是,租金低廉的空置房屋吸引了非保障性住房体系覆盖范围的人群,比如外国移民、从事非法活动的社会亚群体等,从而恶化了社区的环境,极大增加了治理难度。

三、衰退过程

区位不佳、弱势群体集聚,客观上会增加社区治理难度,但并不必然导致社区衰败。而是否转向衰败并趋于恶化,强有力的干预必不可少。干预包含两个至关重要的因素:资源和管理。两者任缺其一,都无法阻止大型保障房社区的长远衰退,但缺资源或管理甚至两者都不足,却是实践中的常态。缺乏管理的资源注入,往往催生寻租行为和恶性争夺,考虑到这类社区的资源并非持续性、常态化投入,而被恶化的氛围则会蔓延,使得社区有效治理更难以达成。同时,缺乏资源支撑的管理,治标不治本,不能解决保障对象的根本性需求,即使社区保持有序,也是低水平脆弱式平衡,很容易因资源匮乏而打破。

事实上,政府缺位是大型保障房社区资源和管理问题的重要根源。沉疴还需猛药,单凭社会捐赠、社会组织介入、居民自治,社区状况很难有实质性改观。大型保障房社区的真空状态,使得这类社区的空置房屋逐渐积聚周边各类吸毒、卖淫、地下经济从业者等社会亚群体,导致越轨和犯罪行为丛生,从而使得"问题社区""贫民窟"的标签从潜在可能性加速变为现实。一旦在公众舆论中形成刻板印象或者标签化,将进一步使得主流社会远离这些空间,普通商业和优质服务望而却步,政府则管理难免懈怠、流于形式,社区活力持续消退,社区环境持续衰败,整个大型保障房社区呈现出不可遏制的衰退局面。

同时,值得注意的是,在衰退过程中,往往会出现一些重大事件或代表性事件,如群体性事件、骚乱等。这些事件是深层次问题的集中爆发,也是难得的介入契机。一些问题社区得到高层重视并开启治理转型就源自对稍纵即逝时机的把握。但更多的情况则是,很多地方并未敏锐意识到干预的重要性,于是这些事件反而成为局面下滑的催化剂,社区自此步入不可逆转的衰退轨道。

四、锁定过程

区位不佳带来的配套缺乏,事实上提高了大型保障房社区居民的生活成本,就业和教育等关键资源的不足,使得长远改善向上流动的可能性趋于渺茫。加上同质弱势群体的过度集聚,对资源和管理的压力更大,一些资源条件不好、管理不力的大型保障房社区开始衰退。而随着部分大事件蕴含的介入契机价值被忽视,大型保障房社区彻底螺旋式下坠,锁定"衰败"。

这个过程的典型表现是贫民窟文化形成并彻底笼罩大型保障房社区空间。文化成型非一日之功,其对社区整体的负面效应深入每个环节且难以消除。结果是大型保障房社区的居民和公众舆论在社区性质上取得共识:贫民窟。一旦被锁定为"贫民窟",早期导入的部分普通群体和相对优质资源被迫全面撤离这一区域,又进一步推动各类问题群体的集聚和消极氛围的强化。由此,大型保障房社区空间成为城市整体空间内品质最低端、问题最严重要素资源的承载空间。这个空间必然为社会主流观念所彻底排斥,沦为城市发展的"塌陷区"和"流放地",加剧社会阶层间的分化与隔离。

一般的公共政策根本无法将被锁定的大型保障房社区改造为普通社区,国外很多国家的策略是,借奥运会或世界杯等盛会的契机推倒重建,实现人口和功能的全面置换。但如果不真正重视大型保障房社区的治理,重建也只是新一轮"筛选—衰退—锁定"的周而复始。

第四节 国外大型保障房社区的治理探索 ——以新加坡为例

大型保障房社区的治理是一道国际性难题,成功者寥寥。国际实践显示,失效的社会管理,而不是住房本身,是导致大型保障房社区街区衰败、社区混乱的主要原因。作为以保障性住房体系为主的城市国家,新加坡在组屋治理上积累了丰富的经验,并取得了令人瞩目的成效,成为大型保障房社区治理的成功典范。

一、作为全球典范的新加坡组屋治理

新加坡在大型保障房社区治理上的成功,既具有国家层面的价值,也因新加坡是公认的全球城市,从而也对其他全球城市类似空间的治理提供了宝贵的参考。而从个体层面看,组屋的建设和治理让这个国家的绝大部分国民,都能在高度全球化的城市空间中找到适合自己并属于自己的空间位置(张祚、朱介鸣、李江风,2010)。

新加坡以新市镇为核心的组屋区具有大型保障房社区的典型特征,如与上海的大型居住社区相比较为例,可以发现两者:一是性质相同。均以"公"的房屋为主,都是以政府为主导推动形成。二是功能相近。都是重要的人口集聚区,规划设计有较为完善的公建配套设施。三是规模相似。新加坡以新市镇为组屋区基本单元,占地均为数平方公里,人口都是十万至数十万等级。四是起点相仿。都是全新的社区,面临社区建设和社区发育的任务。加之新加坡和

中国都是一党执政的国情,更使得新加坡的经验具有较强的借鉴意义。

从新加坡《联合早报》(2019)的报道中,可以一窥最新一代组屋的面貌:

比达达利首批预购组屋的350间Alkaff Vista单位预计今年(2019)六七月竣工,买家预计7月起能陆续领取新居钥匙。随着数个比达达利住宅项目近几年内陆续完工,建屋发展局计划于本月为占地10公顷的比达达利公园发展工程招标,工程预计2022年起分阶段建成。根据2013年8月公布的比达达利发展总蓝图,比达达利这片占地约93公顷、相当于大巴窑面积五分之一的地段,可建约1.1万个住宅单位,其中九成是组屋,其余是私宅。

比达达利区的设计理念为"闹市中的宁静绿洲"。建屋局2015年11月推出的Alkaff Vista是比达达利区首批预购组屋。当局至今已在比达达利区推出七个预购项目。建屋局公布比达达利公园发展规划时说,园内将建有长约六公里的步道,包括让居民近距离感受镶红绿啄木鸟鸣声和观赏优越斑粉蝶飞舞的500公尺林间步道。园内也设有草坪和儿童玩乐空间。园内的阿卡夫湖也具储水功能,以减少和放缓大雨天流入公共沟渠的地面雨水量,减低淹水风险。

二、新加坡组屋治理的主要做法

新加坡为了达到促进种族和谐,增进社会凝聚力的社区管理目标,构建了健全的社区管理组织体系,畅通的民意沟通渠道。在新加坡,社区具有特殊的定位和功能,它既是住宅空间,更是维系国家认同、强化执政地位、增进民族团结的基础性平台。因此,社区培育一直被视作新加坡社会治理的重中之重。新加坡社区治理的组织核心是"一体两翼",即以人民行动党为核心一体,政府创造条件提供服务及社会组织与居民自治组织积极协同为两翼。

表6.3　20世纪80年代至90年代初新加坡主要社区培育政策

时　间	政　策　举　措
1982年	推出大家庭计划(Multi-Tier Family Scheme),为多代大家庭优先提供更大户型的住宅
1988年	将公共住宅日常管理、维护和社区内容建设的工作由建屋发展局转移到各个新市镇和社区相关的职能部门,克服集中化统一管理导致的居民和管理部门之间的"距离"
1989年	提出种族团结政策,以国家法律形式确保多种族和谐共处。"硬件"和"软件"两方面的举措有力促使新建成社区在比较短的时间内形成社区感
1991年	将原本由建屋发展局设计部门承担的组屋设计开放,使私人建筑师可以参与,以实现组屋的多样性

资料来源:洪亮平、姚杨洋:《可持续性公共住房制度构建——新加坡公共组屋制度的发展及演进》,仇保兴等主编:《第十届中国城市住宅研讨会:可持续城市发展与保障性住房建设》,北京:中国建筑工业出版社,2013年,第113—117页。

1. 执政党和政府主导社区治理

与西方国家的社区治理模式显著区别的是,新加坡执政党人民行动党和政府发挥了领导核心作用,构建了上下贯通、运转协调、健全有序的社区服务与管理体系。

一是在中央层面,隶属于社会发展、青年及体育部的法定机构——人民协会,是专门的社区治理职能部门,也是全国最高的社区治理的总机构和基层社区组织的主管机构。人民协会正如其名称,旨在实现国民的团结与凝聚,确保政府施策与民众需求的完美对接。协会主要由三个部分构成,分别是公民咨询委员会、民众联络所,以及居民委员会。人民协会并非独立或孤立运行,而是与执政体系高度融合,直接受执政党人民行动党领导。这点从人事角度观察尤为明显,协会董事会主席都是由新加坡总理亲自担任,三个所辖机构负责人往往由所属选区的国会议员担任或者由其推荐人选,而非民选或直选。

此外,社会发展、青年及体育部还下辖社区发展理事会和新市镇理事会两个机构。社区发展理事会总计有5个,在性质上是社团类组织,专事社区内部公共服务的开展,属于"软服务"治理。新市镇理事会则是社团法人,新加坡不同区域共计16个,承担组屋社区内外建筑和环境营造与维护,管理各类社区的公建配套设施,属于"硬环境"打造。

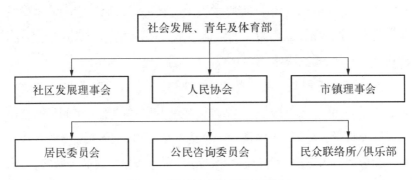

图6.2　新加坡社区治理基本框架图

资料来源: 作者根据资料整理。

二是在社区基层层面有支部。选区是人民行动党的基本运作单元,因此支部建在选区,由党员中的议员负责。支部一般设在社区内不起眼的地方,如组屋的底楼。支部日常工作主要是协助议员开展好每周一次的议员接待日活动。议员忠诚于选区选民,为选区利益服务,从而获取居民真正支持。为此,议员必须走访选民,甚至上门听取意见,掌握民情;在此基础上为选区发展出谋划策、排忧解难,提供资源支撑。值得注意的是,支部不仅是党在基层的触角,还加挂"人民行动党社区基金会"的牌子,立足非营利性定位开展慈善实体化运作,将服务群众从口号宣示变成具体行动,也因此更能得到居民拥护。服务内容主要包括:幼儿教育(每个组屋区都有一所行动党的幼儿园,收费低于市场标准)、公共福利和住房补贴等公益事业。这些举措一方面推动了社区治理,增进了社区福利,另一方面也构建了党和群众密切联系、顺畅沟通的渠道。

2.基层社区组织积极发挥主要作用

人民协会下属的三大机构共同构成了新加坡组屋社区治理的"三驾马车"格局。三者瞄准基层社区治理的主要领域和环节进行差异化定位,各司其职又协调作业,很好实现了治理的合力。

作为执政党和政府在基层社区的最高机构,公民咨询委员会一般每个选区设置一个,成员以志愿者为主。其功能类似于中国的基层党建联建和社区共治,区内主要的实体负责人和各利益相关方参与其中,起到上传下达、重大决策、资源整合,以及监督执行等作用。

民众联络所和俱乐部属于"两块牌子,一套人马",是民众参与社区公共活动,获取各类服务,营造社区生活共同体的主要空间。联络所设置标准科学,每个新市镇都有一个或两个分布,大致覆盖5万规模居民。为了适应人口流动并鼓励跨区交流,实行全新加坡通卡制度,一卡在手,全国畅通。联络所由社区内各类正式或非正式的群团组织构成,下设执行委员会,分别是乐龄、妇女、青年、马来活动和印族活动等五个,活动内容围绕文化、教育、娱乐、体育及社交等展开,有效实现了新加坡主要特征群体、重点需求领域的整体覆盖。

居委会是组屋社区内最微观的组织,每个居委会覆盖的住房规模在一万五至两万之间,全新加坡共计600个不到。居委会发挥的功能与中国居委会类似,承担居民自治之责。但同时居委会也是党政系统在基层的微观触角,因此事实上具有类行政化或行政辅助的义务,并与公民咨询委员会和民众联络所保持密切的协同配合。

3.社会力量有序参与社区服务与管理

新加坡的社区治理是政府主导与社区自治相结合的模式。执政党和政府在主导社区治理的同时,还积极推动其他社会力量,特别是社会组织协同参与社区治理。

为此,新加坡政府采取了诸多措施,主要包括:一是资源助力。新加坡社会组织的运行经费,主要来自于政府以购买服务等形式的支持,同时受益于新加坡雄厚的社会资本,大量捐助也使得社会组织如虎添翼。二是引导下沉。新加坡在政策上注意引导社会组织将重心下沉至组屋社区,资金支持也更多面向社区类社会组织。值得注意的是,新加坡为社会组织在社区内开展活动提供不少免费或低价场地,既压缩了社会组织的成本,又降低了服务收费,使得相关服务可以惠及更多低收入人群。三是率先垂范。在国家的号召下,新加坡的行政精英积极参加社会组织活动,很多甚至在其中发挥主导作用。

三、新加坡组屋治理的基本经验与启示

新加坡新市镇组屋区成功治理的经验显示,国家有可能影响社会不同群体的空间居住模式,利用对住宅分配的控制来保证每个居住区的种族和社会混合,从而阻止全球化可能带来的社会分化,整体消除居住贫困现象(彼得·纽曼、安迪·索恩利,2016)。

1. 执政党和政府的主导是社区治理的根本保障

经过长期实践,新加坡形成了"党—政—社区—居民"复合关系框架,社区成了新加坡人民行动党发挥影响力,进行选举政治的主战场。因此不仅在中央层面,更重要的是在基层社区,人民行动党发挥着核心领导作用,但这种作用是通过遍布全新加坡的基层社区组织体现的。广泛的活动以及与居民的直接接触,将党的影响扩展到民众生活的每个角落,既巩固了执政党的执政地位,又极大提升了社区治理的成效。新加坡的经验充分表明,公共住房社区的治理,离不开执政党和政府主导作用的发挥,唯其如此,才能从根本上保证社区建设在经济社会发展过程中的重要地位,保证居民的安居乐业。

2. 资源整合是社区治理的重要保证

社区服务与管理不是无源之水,需要持续的资源投入,新加坡在社区治理的资源整合方面凝结了宝贵的经验。

一是整合组织资源。新加坡与社区治理相关的组织众多,既包

括人民协会及其下属"三驾马车"等正式组织,也有市场组织和社会组织的广泛参与,还包括居民自发形成的基于兴趣的非正式架构团体。这些组织资源在国家和执政党的整合下,形成了良性互动与协调协同的格局。

二是整合人力资源。新加坡在精英治国传统下,积极鼓励并创造条件推动议员、商界领袖、专业人士、知识分子等进入社区,将社区作为展现志愿精神、履行社会责任的主要空间,贡献资源、提供服务。同时,新加坡还注重激发居民主体在社区治理中的主人翁精神,营造"我为人人、人人为我"的氛围。

三是整合物质资源。新加坡由于经济发展水平较高,社区治理的物质资源保障极为充沛。一方面是政府的固定拨款,结构包括行政费用和活动支出,以及不定期的专项支持。另一方面,政府发动社会慈善捐助,引导社会资金和资源进入社区,有力支撑了社区治理多元化发展和特色形成。新加坡制定了颇有吸引力的配额政策,即政府按捐款额度1:1比例配套,如果是长期固定捐款,政府则按1:3比例配套,确保了社区服务与管理不受财力困顿之虞。

3. 以需求为导向是社区服务的必然选择

社区只有满足了居民的主要需求,才会真正具有吸引力和凝聚力,这也是以人为本理念的真正体现。以需求为导向,也意味着服务内容的确立、社区机构和设施的设立,应审慎并聚焦。新加坡把全面掌握社情民意和真实需求,作为社区治理的基础性环节,无论是公众咨询委员会还是党支部负责人走访等,都确保了对民众需求的动态追踪。同时,在俱乐部的活动设计上,也考虑到了不同人群的群体共同诉求。除此之外,在坚持遵循共性的同时,也注重突出个性,比如老年人比例高的社区,就相应增加养老设施配置,从而实现共性需求与个性需求的兼顾。

4. 居民广泛参与是社区治理的有力支撑

新加坡的经验显示,社区治理从来不是自上而下的单向行为,必须激发居民自下而上的参与热忱,才能形成社区治理的良性循环,真正打造社区生活共同体。新加坡居民通过广泛的社区参与,已经将公共意识和自治热情内化于心,真正成了自我管理、自我服务的主体。一方面,广泛吸纳居民参与社区治理。凡事多征询、搞听证,已经蔚然成风,一些涉及居民切身利益的事如组屋内设施的更新、翻修等还必须通过居民大会投票表决。另一方面,新加坡积极鼓励志愿服务。新加坡对志愿服务有一系列制度化安排,热心志愿服务并取得显著成绩的志愿者,能够在公共服务等方面得到特别奖励。

第五节　欧美发达国家大型保障房社区治理的新转向

面对大型保障房社区治理的挑战,不少学者发出了"穷人应该住在哪里"的疑问(袁媛、许学强,2007),欧美发达国家开始反思这种模式的可行性与合理性,并逐步形成一系列有价值的探索,实现了诸多重要的治理转向。这些探索暗含着一条不言自明的结论:在这些国家,传统的大型保障房社区模式总体上是失败的。

一、从"管理"转为"治理"

大型保障房社区发端于国外政府的社会政策,在有效缓解低收入群体住房难题的同时,也引发政策预期之外的负面效应,结果便是社区愈发不可持续,成为问题社区,给政府带来了长期困扰。

国外政府一般最初的应对方向是加强管理,例如严格保障房进入和退出的资格审查,加强警力,遵循的是基于管理哲学的"失范—规范"逻辑路径。这种方式具有短期效果,主要依赖管理的强制力带来的震慑效应。管理哲学管控了局面,但并没有解决问题,也即治标不治本,并且主要依赖政府力量,带来了政府资源的巨大消耗,效果则并不显著且逐渐衰减。

因此,在西方公共管理转向的思潮下,治理已成为应对大型保障房社区问题的主流哲学,取得了较为显著的治理绩效。从管理转为治理,主要体现在四大方面:

1. 对问题本质的认知

大型保障房社区的问题究竟是什么? 管理哲学看到的是社区失范,不良现象高发,潜在假定则是大型保障房社区本身没有问题。但治理哲学从问题的本源开启思考,推崇源头治理,认为种种问题不是凭空产生,问题并非来自住房本身,根源在于人,在于建设大规模保障性住房、集聚过多弱势群体,事实上把城市整体面上的许多问题集中到一个点上。居住空间成了社会问题的容器,也就是说,是住房之外的问题影响了住房政策的实施,需要解决的远不止住房,还涉及教育、就业、医疗等。

2. 对参与主体的界定

应对大型保障房社区的问题需要哪些主体参与? 管理哲学强调政府单兵突进、直接介入,全方位依赖政府力量,带来的往往是政府资源消耗量与问题解决程度的不成比例,政府成为抱怨和攻击的主要对象,集规划者、建设者、管理者、资源供应者、寻租者等各种角色和标签于一体。治理哲学则看到了多元主体介入的必要性,社区修复所需要的时间长度、专注力、柔性化和艺术性,都非政府所长。因此,居民个体、社会组织、市场力量和学术界等都要发动起来,形成政府主导下的系统治理格局。比如,学术界对贫困如何与教育、健康、住房、法律和公共福利相联系的研究,在20世纪70年代后蓬勃兴盛(威廉·朱利叶斯·威尔逊,2007),有力促进了基于住房的社会问题研究深化,推动了保障房政策的调整。治理哲学还特别关注"人"的因素,把人视作主体而非简单的管理对象,努力为居民赋能,鼓励其自食其力,积极融入主流社会。

3. 对优化策略的设计

对于问题严重的大型保障房社区如何处理？管理哲学选择全面拆除年久失修、建筑质量难以持续的大型保障房社区，再进行一次物质层面的城市更新循环；对建筑条件恶化但尚具备居住功能的社区，则开展技术改造方式予以维持。治理哲学在建筑修复的基础上，更强调引入社会和经济等策略，注重系统化、精细化的全面优化。比如，20世纪80年代法国在148个衰落的大型保障房社区，实施居住区社会发展项目（Neighborhood Social Development），涵盖社会、经济和物质等多个维度（陈珊，2016）。同时，选择适合的大型保障房社区进行部分拆除、更新的探索，一方面减小保障房规模和弱势群体集聚规模，另一方面在拆除的空间内注入商务、商业、休闲、交往、中高端居住等复合功能，从而以局部更新实现空间减载和功能优化，促进社区整体改善。德国从20世纪90年代开始实施国家级的"社会城市"项目，在老旧社会住宅地区改善中增加更多社会利益维护、寻求社会均衡和城市生态保持的诉求，既通过适当拆建改善外在的周边配套，也通过就业培训、法律援助、健康促进等多种方式提升居民内在活力，有效扭转了区域"螺旋下降"的局面，提高了区域吸引力，从而更好融入城市发展（邹林芳，2013）。

4. 对解决方式的选择

对于大型保障房社区如何认识？管理哲学重在维持规范局面，强调秩序的恢复和问题的解决，也会逐步增加大型保障房社区的资源配置，其核心是维持大型保障房社区的正常运转。而治理哲学深刻认识到集中保障方式的不足，认为成本和风险都过高，并不适合大范围推广这种方式，更强调从补供给端转为补需求端，尊重和赋予住房困难群体一定的自由选择权，从而将在大型保障房社区空间集聚和制造的问题，疏解到更大范围的城市空间。值得注意的是，不少学者对大型保障房社区的否定性判断不能一概而论，这需要从一个国家整体的住房保障体系角度观察，比如新加坡组屋的运作取得了公认的成功。此外，也不能彻底抹杀公共住房的效用,事实上,绝大部分国家都在持续建设着适度规模的公共住房,公共住房仍是住房保障体系的重要组成部分。

表6.3　1970年以来欧洲国家与社会住宅相关的城市更新政策

国家	时　间	政　策	内　容
法国	1981—1989	居住区社会发展	1984年,选择148个区域。着眼于衰落区域的物质更新,计划中包括社会、经济发展以帮助居民获得合法资格
	1996	750个敏感城市区域	创造社会混合以及更多就业
	1998	城市更新项目	50个大城市项目,70个城市更新项目,策略包括拆除及建设新的住宅及城市空间,项目包括社会评价及居民参与的整个策略
	2006—2012	城市与社会结合合约	500个城市敏感区域签订此合约,目的在于增强区域社会经济多样性,包括教育、就业、健康及反犯罪等
荷兰	20世纪70年代初	城市更新	用社会住宅取代旧有居住单元
	1985—1995	城市更新基金	城市更新的范围从住宅本身扩展到周边环境
	20世纪80年代末	衰落区域的社会导向政策	针对社会隔离的社会政策,作为同期城市更新项目的附加
	1995—1999(Ⅰ) 1999—2004(Ⅱ) 2004—2009(Ⅲ)	大城市政策	30个主要城市展开,基于物质、社会及经济三个层面的城市更新。GSB-Ⅱ,GSB-Ⅲ协调城市范围内的项目而不是单独补贴单个项目,并整合物质、经济、社会等策略
	2000—2004(Ⅰ) 2005—2009(Ⅱ)	城市更新预算	着眼于物质更新,逐渐发展为大城市政策的物质更新部分

续　表

国家	时　间	政　策	内　容
德国	1984—1987	柏林国际建筑展	城市更新的12条原则,物质策略,新建筑及老建筑与新的居民参与的尝试
	1989—至今	预制大板建筑的更新项目	改进住宅及公共空间环境
	2000—至今	东 部(原 东德区域)城市更新	物质更新项目,着眼于原东德社会住宅,多为工业化建设的大板楼,巨大的空置率,拆除部分住宅,提高其余单元的标准
	2000—至今	西 部(原 西德区域)城市更新	综合物质、社会及经济策略的更新项目。一方面着眼于原有社会住宅区,一方面着眼于内城区域

资料来源:陈珊,《欧洲城市更新与社会住宅共同作用的演变及其启示》,《住区》,2016年第1期,第28—34页

二、从住房的“单一权利”转为“权利集群”

从国际公约角度看,对住房的理解呈现为逐步深化的过程,比如在拉美地区,住房长期被认为是一种商品而非一种权利(郑秉文,2014)。近30年来,住房讨论的语境,正从早期在建筑物、商品层面认识住房,到超越实物上升为权利层面谈住房。1991年,联合国经济、社会及文化权利委员会第六届会议对“适足住房权”做了完整阐述(联合国人权高专办,2019):

一是关于概念,适足住房权是每一名男女、青年和儿童获得和保留能够和平且有尊严地生活的安全房屋和社区。该委员会强调,不应对适足住房权作狭义的解释,而应将其视为生活安全、安定和有尊严的权利。

二是关于包含的自由,即,受到保护,以免遭受强迫驱逐以及任意破坏和拆除个人住宅;个人住宅、隐私和家庭免受任意干涉的权利;以及选择住所、决定生活地区和自由行动的权利。

三是关于包含的权利,主要是:住房权保障;住房、土地和财产归还;平等和非歧视地获得适足住房;在国家和社区一级参与与住房有关的决策。

四是关于适足住房的最低标准:

a. 住房权保障:住房权保障是指确保提供法律保护,以免受到强迫驱逐、骚扰和其他威胁。如果居住者得不到一定程度的住房权保障,即不能视为适足的住房。

b. 服务、材料、设备和基础设施的供应:如果居住者得不到安全的饮用水、适当的卫生设施、烹调、取暖、照明所需的能源、食物储藏设施以及垃圾处理,即不能视为适足的住房。

c. 可负担性:如果住房成本危及或损害了居住者享有其他人权,即不能视为适足的住房。

d. 宜居程度:如果不能保证人身安全,或提供适当的空间,以及提供保护,免受寒冷、潮湿、炎热、风雨、其他健康威胁和结构危险,即不能视为适足的住房。

e. 无障碍:如果没有考虑弱势群体和边缘化群体的特殊需求,即不能视为适足的住房。如果剥夺了就业机会、保健服务、学校、保育中心和其他社会基础设施,或处于受污染或危险地区,即不能视为适足的住房。

f. 文化环境:如果不尊重并且没有考虑文化特性的表达,即不能视为适足的住房。

g. 受到保护,以免遭受强迫驱逐。受到保护,免遭强迫驱逐是适足住房权的重要内容之一,与住房权保障密切相关。

显然,联合国对住房的理解表面上是"房",但实质上是"住",核心则是"人"。适足住房权不仅关心"有没有地方住",更关注"住得怎么样"以及"居住是否增进了生活、促进了福祉"。而实现进一步的关切,住房保障必然需要将房屋建筑之外的资源配给和环境打造纳入其中。

西班牙20世纪90年代后保障房建设中的包容性理念是适足住房权的生动写照。西班牙并未把保障性住房视作避难所或收容所,低造价也非低品质,相反却在保障性住房建设和社区营造方面渗入公平和正义理念,努力实现不同群体之间、不同年龄段之间的便利交流,以及各类资源的共用,确保了保障性住房始终位于主流社会空间之内(王勤,2016)。

从社会效应角度看,适足住房权概念无疑能增进保障房对象的整体福祉,并有利于住房保障目标的实现。但相应也导致成本的增加,因为从建房屋扩展到了建配套、建社区、建环境,从而不可避免带来公共支出的压力,对一些经济实力较差的城市而言,可行性未必高。

三、从"实物保障"转为"货币化保障"

住房保障作为公共产品,是工业革命后的产物,历史并不久远,在不同的发展阶段则会形成不一样的住房保障理论体系,体现着当代社会对住房保障认识的不断深化。在早期,住房市场尚不发达、住房保障需求极为迫切的情况下,政府的实物保障应运而生。以美国为例,20世纪初期即意识到中低收入群体严峻的居住问题,并在1937年开始逐步推进公共住房项目。以1949年的《住宅方案》为标志,公共住房开始大规模兴建,并发展为美国住房保障体系的最关键部分。直到20世纪70年代,整个社会房屋存量达到较高水平,紧缺状况大幅改观、保障压力整体减轻之后,公共住房在住房保障中的核心地位才开始弱化,项目随之也削减,直至1974年的《住房与社区发展法》(Housing and Community Development Act)之第8条款提出低收入者租金帮助计划,中止公共住房计划,全面转向以对住房弱势群体的房租补贴为主(姚玲珍、刘霞、王芳,2017)。在从实物转向货币保障的过程中,美国从20世纪70年代多次进行在保障房集中社区外进行安置的试点,比如,芝加哥Gautreaux试验的结果表明成人就业和青少年就学等方面都得到改善,20世纪90年代美国在六个城市推出了"搬向机会"(Moving to Opportunity)计划(袁媛、许学强,2007)。这些分散贫困的探索最终促成了住房保障从实物到货币化补贴的根本性转折。

从某种意义上说,德国等国通过设立专门的住房储蓄银行开展的住房储蓄和贷款,也是货币化保障的一种形式。

货币化保障转变的价值体现在:

一是补助方式转换。尽管货币化保障和实物保障都是政府公共支出占绝对主导,但货币化保障是彻底的补需方,而实物保障则更多体现为补供方。经济学原理显示,一般而言,补需方的效率和效益更高,市场机制的资源配置作用也能较好发挥。

二是选择空间更大。选择也是一种重要的权利。低收入阶层可以统筹考虑家庭就业就学和支付能力等状况,在城市范围内最大限度实现居住的整体效益,减少因被动迁居造成的生活及其他方面的不便或损失。

三是社会效应更好。货币化保障赋予低收入家庭更大选择空间的同时,客观上也实现了贫困的分散化,直接避免集中保障带来的贫困集中和问题集聚,能够减少因此而引发的骚乱和区域减值等负面效应,有利于促进社会融合与城市包容性发展。

四是政府角色变化。在实物保障模式中,无论是政府直接兴建,还是委托建设,政府都承担着重要责任,覆盖了从征地、设计、建设、运行、维护等所有环节,"吃力不讨好"是常态,也极易引发寻租等道德风险。而货币化补偿则使得政府摆脱了住房保障的"全能角色",能够更好地聚焦政策设计和改进。

从实物转向货币化保障并非毫无前提,有两个先决条件。一方面,全社会房屋存量应充沛。如果房屋规模较小,房屋短缺严重,用于自住以外接受市场调节配置的房源不足,那显然没有货币化保障的空间。另一方面,住房保障形式应多元化,没有一个社会只依赖一种保障方式,社会发展也是朝着满足不同群体个性化需求方向演进,因此货币化保障成为主流之外,一定存在实物保障、部分产权住房等多种选择。

四、从"专建"转为"配建"

发达国家在大型保障房社区治理的长期实践中发现,大规模建设保障性住房事实上是对不同收入阶层群体的空间区分,人为导致的弱势群体大量集聚增加了治理的难度,也造成了住房空间的两极化隔离,极易加剧社会阶层间的隔阂,引发社会不稳定。因此,20世纪60、70年代后,发达国家基本放弃了大规模集中保障的方式,陆续停止了大型保障性社区的建设,开始探索国家介入与市场化运作相结合的保障性住房配建模式。

根据1990年英国制定的《城市规划法》,房地产开发商在商业开发项目中必须配建可负担住房,比例为15%～50%(平均25%),价格通常为市场价的70%～85%。20世纪80年代伦敦曾发生过骚扰并致一名警察死亡的广水牧场(Broadwater Farm),曾被称为英国最糟的居住场所,但经过混合居住改造,已经成为伦敦犯罪率最低的区域之一。法国在2006年骚乱处置中,深刻认识到弱势群体、问题群体高度集聚的社会风险,随后出台的"城市更新计划",明确新开发的大型住宅楼盘,必须承诺建设一定比例的公共租赁房。西班牙2007年颁布的《地皮法》,规定所有住宅建设用地的30%用来建造保障性住房(徐建,2008)。德国社会住房较少采取集中新建形式,多为商品房配建社会住房,在市场上分散收购或鼓励私人将自有住房转作社会住房的形式,避免低收入人员集聚(施建刚、李婕,2018)。

在具体做法上,以美国为例,该国联邦住房与城市发展部(HUD)

在公共住宅项目中开展的阶层混居实践,主要以分散式开发和综合式开发两种实施策略为主(单文慧,2001)。

分散式开发的关键机制是构建"迷你邻里"(Mini-neighborhood),核心在于尽可能压缩每个保障性住房单元的规模,最大限度避免低收入阶层过度集聚。然后将每个小尺度的保障性住房组团点缀式穿插式配置在普通商品房社区,并且在住房建筑形式上保持相对一致,形成整体协调的社区风貌,从而实现低收入与中高收入两大群体的居住空间融合。这本质上是一种点状布局方式,意图依托占绝对多数的中高收入群体所带来的优质公共服务和就业等资源,解决小部分低收入群体的生存发展难题。

综合式开发的主要方式是一体化融合式规划、建设与运行,实施主体是市场化的开发商,政府出台政策,要求其在受让地块空间内统筹开发保障性住房和普通商品住房。政府也会对两者的结构配比做出安排,保障性住房的占比控制在二成至六成范围内;同时以当地平均年收入水平为基准线,社区居民按家庭计的收入范围是基准线的五成至两倍之间。这种方式的本质是发挥市场主体的积极性,通过市场化运作,既能促进公共利益,也可以因整体盈利水平得到保障而实现可持续运行。此外,一体化开发也有利于减少管理成本,避免分散开发固有的过于分散特点所带来的管理难题。

这一举措的关键,是从空间上的"阶层隔离"转向"阶层混居",一方面,可以依托市场力量增加保障性住房供应,分担国家公共支出压力;另一方面则是将弱势群体由过度集聚调整为"大分散、小集中"格局,从而在更大的城市空间范围内消化弱势群体的生活诉求,实现其适足住房权。一些学者认为,阶层混居有利于阶层间需求的互相满足,比如中高收入阶层需要家政、餐饮、快递等传统服务,而低收入阶层可以通过从事这些行业获得收入增加。不仅如此,中高收入群体能够提供弱势群体学习样本,以自身的成功激励弱势群体努力上进,摆脱贫困。

但这一模式也存在较大争议,特别是所谓的互补与榜样效应并非实践中的全部。一些样本案例反而显示,阶层混居生硬地将两个截然不同的群体在空间上混合配置,反而恶化了彼此之间的印象与关系。有四大问题:一是建筑标准并不一致。两类住房的建筑差距因距离变化,从难得一见变成日常所见,无形中让弱势群体的自卑感加剧。不少社区采取的两类住房相邻但硬隔离的措施,在自卑基础上又激发出愤怒情绪。二是成本支出增加。在混合居住社区内,中高收入阶层是主流,包括物业费等生活配套则实行市场标准,价格必然大大高于大型保障房社区,给保障房对象带来较大支出压力。三是就业互补异化。实践表明,中高收入阶层所需要的传统服务业往往由外国移民和外来人口承担,并不是作为保障房对象的城市中低收入阶层,甚至这些中低收入阶层也离不开中低端外来群体的服务,所谓两个阶层间的互补更多是书斋想象。四是恶化社区整体。弱势群体夹杂问题群体,不利于社区共同价值观的形成,中高收入阶层由于购买力较强、迁居空间更大,因此更有追求阶层纯化社区的倾向,最终导致普通商品房社区问题多发、中高收入阶层迁离、社区贬值。

英国在实践中发现,在同一栋高层住宅楼尺度实行混合居住反而容易激发社会矛盾,在街坊尺度试验的效果则更好,同一个街道容纳不同收入的局面,或者小规模的住宅组团之间的混合,但条件是必须保持日常公共活动如公交线路穿过低收入住宅区,或者让城市商业活动比邻低收入住宅区,低收入者才不会感到被排斥(杨滔、黄芳,2008)。

第六节　余论:大型保障房社区必然衰败吗?

社会保障是人类文明进步的重要体现,社会保障制度是工业革命以来维系现代社会运行的基础性制度之一,住房保障自现代社会保障体系形成伊始便是重要的组成部分。党的十九大报告也提出"幼有所育、学有所教、劳有所得、病有所医、老有所养、住有所居、弱有所扶"的目标愿景,住房保障之重要,概莫中外。

一、"大居何以成功?"之问

既然保障性住房具有社会正当性和必要性,那么首要的问题就在于如何有效实现住房保障。尽管很多发达国家逐渐以货币化租金补贴作为主要的保障方式,且货币化补贴天然具有自主选择空间大、低收入阶层空间分散化的优点,但住房实物保障仍在几乎所有国家存续,甚至还在一些国家居于主导地位。

所以需要进一步回答的,在于住房实物保障的实现形式,是集中化实物保障还是分散化实物保障更具有合理性? 这个问题的答案,既与特定国家的发展阶段特别是社会住房存量市场的充裕度有关,充裕状况无疑有利于分散化配置;更与对大型保障房社区的价值判断和认知有关,即这一模式是否必然走向衰败,毫无成功的可能性?

问题的关键,恰恰在于当前对大型保障房社区模式的先入为主的价值否定,而对这一模式弊端的细致研究,取代了对"什么条件下这一模式能够成功"的追问。对上海这样的大都市而言,在面临着住房整体供应和保障性住房供给双不足,大规模建设保障性住房任务尤为迫切的压力下,这个追问更具有重大的战略意义。

二、再议新加坡案例的深层价值

大型保障房社区必然走向衰败吗? 国内外大型保障房社区的实践给出了不同的答案,欧美发达国家普遍走过了从推崇到困扰再到放弃的历程,大规模集中建设保障房事实上已被证明整体失败。但新加坡基于新市镇尺度的组屋治理获得了令人瞩目的成功,证明了集中并不必然催生问题、趋向失败。那么截然相反的这两类案例有什么重大差别呢？或者说,是什么从根本上决定了新加坡模式更有可能成功?

本章第二、三节论述了大型保障房社区失败的因素和过程,指出区位、群体、管理、资源和文化等五大因素的重要性,这五大因素的缺陷和不足相互作用,导致了大型保障房社区在"筛选—衰退—锁定"运行过程中日渐衰落。这是典型大型保障房社区失败案例的中观因素和微观机理。无疑,新加坡组屋区域的成功治理避免了上述五个方面的问题,也没有走上"筛选—衰退—锁定"之路。但这并不是全部的答案,因为有一个关键性的前提被忽视了。这就是:大型保障房社区作为一个空间,是城市整体空间的一部分;其形成则来自于城市内部空间的置换与重构,是城市整体空间战略的结果之一。因此,脱离宏观层面的思考与比较,根本无法完整解释不同大型保障房社区的成败命运。基于新加坡成功案例,有四个宏观特质或条件显然发挥了重要作用。

三、特质之一: 坚持社会凝聚的理念

理念决定行为。坚持从规划之初即超越建筑物层面看待住房,在居住空间蕴含社会共同体价值,是新加坡与西方发达国家大型保障房社区建设的最大区别之一。

作为以华人为主,马来族、印度族等多种族共存的城市国家,社会凝聚是新加坡始终秉持的核心价值之一。新加坡的远见在于并没有把凝聚力作为远离日常生活的空洞口号,而是通过住房安排将凝聚力渗透到国民的左邻右舍。住房之于新加坡国民,远不止于遮风避雨的建筑本义,更有着双重的重大意义。

一方面是安居乐业。超过80%的绝大多数国民都居住于政府供给的组屋之中,组屋所在的新市镇具有完善、独立和优质的生活配套,且与市中心快捷通达。因此在新加坡,拥有住房就意味着享有体验美好生活的基础。对国家的认同和国家层面的凝聚力,通过居住空间得以形成和持续强化。

　　另一方面,则是新加坡按比例分配不同种族居住空间的做法,使得各种族在全国基本呈散居状态,同一组屋区内种族间杂居混处,没有出现单一种族过度集聚的情形。新加坡1989年专门出台种族融合政策EIP(Ethnic Integration Policy),以强制性的安排确保新加坡组屋单位内的种族分布达到规划要求,实现各种族在最基础的居住空间内的和谐交融。

　　显然,西方发达国家早期建设大型保障房社区,或多或少存在将低收入阶层"抛出"主流居住空间之嫌,而新加坡则一以贯之地在"团结和凝聚"的价值理念下,将最广泛的国民安置在恰当合理的地理区位,体现了空间战略服务于价值理念,价值理念引导住房保障。理念层面的重大差异,直接导致了两类社区后续不同的命运。

四、特质之二:与全球城市建设进程深度融合

　　西方发达国家大型保障房社区存在困境,无论是区位不佳,还是弱势群体集聚,本身并不是导致衰败的决定性因素,真正的问题在于作为孤立的空间,与城市发展进程基本脱离。正如小河若与大河相阻隔,必然逐渐走向干涸,大型保障房社区并非要素完备、自我循环的独立系统,离开城市母系统即意味着自身小系统的紊乱运行。

　　新加坡很好地将组屋、新市镇与全球城市建设进程融合于一体,组屋空间始终是新加坡城市空间系统中有机而活跃的独特部分。两者的深度融合,意味着全球城市雄厚的要素资源能够持续反哺和支持大型保障房社区。

　　一是发展阶段的融合。新加坡在建国之初、经济起飞初期即统筹考虑国民住房保障问题,将组屋建设和新市镇规划纳入经济发展总体设计,避免了经济发展与民生保障孰先孰后的犹疑。组屋模式支撑着全球城市建设,全球城市建设又反哺组屋运行,高质量的组屋模式是新加坡成功打造全球城市进程中独特而靓丽的一章。

二是发展空间的融合。新加坡组屋的区位选择基本与城市发展的空间拓展保持协调。统计显示,新加坡前三个组屋五年计划内完成的住宅,绝大部分位于离城市中心点半径5公里范围内;第4、5个五年计划内完成的住宅,则在离城市中心点5～10公里之间的环形区域内;第6、7个五年计划的相应区位则是10～15公里之间的环形区域;而1995—2008年间,则主要是对早年兴建的、位于市中心的旧组屋进行换代升级(张祚、朱介鸣、李江风,2010)。与西方发达国家直接在城市边缘、远离市中心的区域建设大型保障社区相比,新加坡组屋与市中心的距离更近,保持肌体相连的紧贴状态,实现了地租级差与有机联系的较好平衡,不至于导致脱钩局面。

因此,只有将大型保障房社区建设真正融于城市发展过程,才能让社区空间始终处于城市整体的滋养之下,有血有肉地健康持续运转。对一个致力于迈向全球城市的大都市而言,在全球城市建设之初,就应该将保障性住房建设纳入城市整体规划,注重发挥大型保障性住房社区的积极作用。新加坡经验已经表明,通过小空间融入大空间,子战略依托整体战略,大型保障房社区并不必然是城市发展的包袱,相反完全可以成为重要亮点。

五、特质之三：体制优势的全面发挥

作为实际上是一党制的城市国家,新加坡具有特殊的能力以积极和协调的方式发挥这座城市的功能(彼得·纽曼、安迪·索恩利,2016)。大型保障房社区作为特殊的空间,需要有特殊的治理方式,这其中某些体制优势恰恰可以发挥独特作用,新加坡的实践充分证明了这一点。

首先,国家重视。长期执政的政党能够从长远视角谋划发展,也更能看到并解决制约发展和国民幸福感的深层次问题。新加坡从独立伊始,就深刻认识到居住的重要性,李光耀甚至将其提升到"关键"的位

置。不仅如此,新加坡还将执政党的触角直接延伸到最基层的组屋,打通了从普通居民到最高层的对话渠道,构建了议题或民意"生成—沟通—反馈"的顺畅链条。也就是说,新加坡从国家层面深度介入组屋区的治理,无疑能给社区有序运行提供强大保障。

其次,强势政府。新加坡素以政府管理严格著称,政府强势调控国家发展每个部分和环节。这种强势一方面通过十年一次的总体规划调整而体现,这一规划直接决定着国家未来较长时期的发展方向,组屋和新市镇一直是规划关注的核心议题之一;另一方面,也体现为对利益调配的高度把控,无论是组屋单位内部种族比例的确定,还是组屋与私宅区位关系的调整,组屋特殊地位维系和健康发展都离不开强势政府的精确介入。

最后,土地国有。新加坡通过独特的法律安排,实现了国家对超过90%以上国土的所有权控制,并且可以因公共利益而锁定土地价格。级差地租是西方发达国家大型保障房社区普遍远离中心城区的关键所在,但新加坡则可以控制土地成本,在区位价值较好的区域大规模建设组屋,很大程度上规避了社区过于偏僻引发的种种问题。

新加坡的体制优势能够确保将大型保障房社区真正融入全球城市建设进程,并且通过强有力的介入和精妙的治理,尽最大可能消除大型保障房社区可能存在弊病,从而造就了住房保障与全球城市建设的相得益彰。

六、特质之四:以家庭为中心的文化特质

家庭在几乎所有文明中都有重要地位,但在东亚儒家文化圈中,家庭的作用颇为独特,事实上是连接社会和个体的关键枢纽。儒家家庭文化的核心是家庭的整体性、互补互助的差序性。

家庭为中心的文化上升到社区层面,便是以社区为家、社区大家庭的理念,一旦形成社区认同,居民就会像对家庭付出一样,主动关心社

区运行。其中还能涌现出许多能人骨干，引领更多人投身社区志愿服务，形成健康积极的社区氛围。

这种家文化体现在家庭层面，则是代际之间的和谐，以及对个人进取的鼓励。新加坡在组屋设计上大量推出四房、五房，主要基于支持多代同堂的考虑，客观上最大限度确保了大型保障房社区家庭单元的完整性和坚韧性。在大家庭文化下，个人的进取不仅具有个体成就的意义，还有为家庭争光、光宗耀祖的传统嘉许。显然，个体在这种文化下行为失范的可能性相对较小，社区积聚的问题也相应较少，更有利于大型保障房社区的治理。

新加坡的儒家文化是无形但强有力的内生动力，这种内化的传统力量是抵御可能存在的外界失范的最后也是最坚韧的防线，有助于防止大型保障房社区走向大规模的无序状态。

第七节　小　结

大型保障房社区并非中国首创，发达国家在这类社区空间建设和治理方面积累了很多经验教训，尽管具体国情不同，但这些宝贵探索能够对中国类似社区治理提供重要借鉴。总体而言，大型保障房社区大部分走向失败，已基本淡出欧美国家住房保障体系。本章聚焦国外大型保障房社区治理，重点分析不成功案例的失败原因，剖析这些社区衰败的过程；总结新加坡成功治理组屋的主要做法；提炼其他国家在大型保障房社区治理过程中的主要转向。

政府职能延伸到社会保障领域是工业革命引发的人类社会重大进步之一。在19世纪开始迅猛加速的城市化进程中，住房保障成为许多低收入新市民的关键需求，政府开始大规模集中建设保障性住房。二次大战之后，大型保障房社区在欧美发达国家普遍出现。随着时间演变,大部分大型保障房社区都出现治理难题,趋向衰败。总体来看,区位不佳、弱势人群高度集聚、关键资源缺失、管理乏力,以及"贫民窟文化"是大型保障房社区治理的五大难题,五个因素的交织互动,构成了大型保障房社区运行的过程性框架。以这五个因素为基点,大致可以提炼出三个子过程,共同构成大型保障房社区衰败的系统性过程:筛选—衰退—锁定,本质上是"建设与管理、硬环境与软环境、需求与资源"三大矛盾的失衡式运行。

新加坡的组屋治理是世界范围内少有的大型保障房社区成功案例。在独特的城市国家体制下,新加坡做法的关键是政府的及时和恰当的介入,主要包括:执政党和政府主导社区治理,基层社区组织积极发挥主要作用,社会力量有序参与社区服务与管理。新加坡的治理实践蕴含丰富的启示:执政党和政府的主导是社区治理的根本保障,资源整合是社区治理的重要保证,以需求为导向是社区服务的必然选择,居民广泛参与是社区治理的有力支撑。

除了新加坡外,在大型保障房社区发展的过程中,其他欧美发达国家也逐步认识到大型保障房社区模式的总体失败,并不断反思教训,调整应对理念和方式,主要体现为"四个转向":从"管理"转为"治理",从住房的"单一权利"转为"权利集群",从"实物保障"转为"货币化保障",从"专建"转为"配建"。在这些重要转变中,大型保障房社区事实上逐渐完成了自身的历史使命。这类社区空间的全生命周期,是人类社会在城市化进程中探索住房保障、实践"城市,让生活更美好"的重要篇章。

成功和失败皆有,那么论述到最后,必须要回答究竟如何认识大型保障房社区模式?回到新加坡案例和欧美发达国家案例的对比,可以发现,必须要从更为宏观的角度,才能全面评估大型保障房社区模式。相比较欧美发达国家城市,对上海而言,新加坡具有更典型的借鉴意义:文化传统相似,土地现状或制度以国有为主,政府的强势管理,更重要的是两者皆为全球城市取向的城市，且都将住房保障纳入了全球城市建设过程。新加坡案例的最大启示在于，全球城市与大型保障房社区并非天然对立、不可调和，通过全面融入全球城市建设进程和运行体系，大型保障房社区完全有可能取得成功，成为城市亮点，彻底摆脱常有的"包袱""累赘""问题"等负面标签。这其中，有四个深层次的命题发挥了至关重要的作用：坚持社会凝聚的理念，与全球城市建设进程深度融合，体制优势的全面发挥，以家庭为中心的文化特质。这些可能是新加坡案例成功更为内在的逻辑体系。

第七章 上海大型居住社区的整体性治理模式

第一节 大型居住社区治理的"上海模式"可能吗?

"模式"是行之有效的政策与行为的集成和提炼,包括专门理念、科学方法论、丰富实践和可信成果等。针对上海大型居住社区的治理,目前无论从学界研究判断,还是就大型居住社区居民的实际感受度而言,一系列的探索与做法还未得到高度一致的认可,提炼大型居住社区治理的"上海模式"为时尚早。前面章节论述表明,大型居住社区仍存在着诸多问题,尚处于持续磨合和改进之中。尽管如此,围绕大型居住社区的"上海模式"展开研究,有着重要的理论与实践价值,也具备较大的成功可能性。

一、破解治理难题的要求

集中式住房保障是21世纪以来中国大城市住房保障的主要形式,在建设运行中也遇到了和上海类似的问题,困扰着社区居民和各级政府,治理的挑战广泛存在。上海作为中国最大的中心城市,保障性住房建设规模居最前列,探索起步也属最早之一,因而具有较强的典型性和示范意义。上海有责任加快探索出科学合理的保障房集中社区治理之道,服务于本地大型居住社区可持续运转的同时,也为国内其他大城市类似社区的治理提供镜鉴。

二、长期实践的积累

如果从21世纪初上海 "大型居住基地" 算起，上海大型居住社区建设和运行的历史已近20年。在这一过程中，上海先后经历了从 "建房" 到 "建社区" 的升级、规划设计导则的制定、社区公建配置标准的明确、大批社区的建设、大量人口的持续导入、镇管社区等创新体制的构建，等等，汇聚了丰富的治理成果，也在不少点上取得了良好成效，从而推动了治理理念、逻辑体系等的持续优化和完善。随着一颗颗珍珠涌现，串成项链的条件基本具备。

三、示范案例的出现

早期建设并完工投入使用的顾村镇大型居住社区等，经过多年运行实践检验，整体良好，并未发生大的问题，完全不逊于普通商品房社区，形成了良好的示范效应。这并不意味着这些社区发展至今都是一帆风顺，相反都经历了较长时间的磨合过程，而且事实上特殊的重视、特殊的政策、特殊的干预始终持续，但这一切都未超出政府治理资源和能力范围。更为关键的是，这些社区正逐步生发出自我良性循环、自我可持续发展的秩序体系，达到了 "扶上马、送一程" 的政策目标。成功案例充分证明，在具有上海特色的治理框架内，大型居住社区完全有可能避免衰败的命运。

四、形成治理合力的需要

大型居住社区从诞生至今，始终处于舆论关注范围内，也不时处于风口浪尖之上。这些来自于学术界、媒体、公众的质疑，不利于不同层级政府之间、不同主体之间思想共识的形成，客观上影响了大型居住社区建设进程和日常治理。更为久远的危害是，大型居住社区和居民时常被贴上 "问题社区" "低端群体" 的标签，标签易贴难除。如果任由这些情绪和意见蔓延,不排除大型居住社区逐渐隔绝于主流社会,可能导致政府巨大的投入严重偏离政策预设目标。

五、理论发展的需要

集中式住房保障的国外实践,成功与失败案例兼具,失败较多,成功者如新加坡是城市国家,有一定的特殊性。那么这种模式适用于什么阶段和情境,其成功的要件是什么？事实上,学术界并未全面回答,更多研究成果则是分析其问题,论证模式的失败性。但城市发展之初的住房整体紧缺,往往需要大规模集中建设保障性住房,以满足低收入家庭的居住需求。这就有必要从理论层面深入研究集中保障模式如何才能走向成功,从而推动社会保障和公共管理等学科理论的演进。

虽然上海大型居住社区治理探索的时间长度短于西方发达国家的类似经历,但住宅建设规划制订体现着现实需要的现时性、适于实施运行的过程性和长期发展的战略性(朱锡金,2011)。过程性和战略性意味着社区发展是一个磨合过程,客观上必然伴随问题的持续出现和解决,任何一个新生事物均不能避免,不能以过程性问题否定整体价值,也不能以枝节性问题否定整体战略,而更应用发展的眼光全面、系统和长远地审视。只要社区沿着好的态势发展,遵循既定的长期战略方向,规划原则未受严重扭曲,并逐步实现政策设计核心目标,那么在过程中动态总结和及时提炼"模式"也具有价值性和可能性,并能够更好地推动大型居住社区从构想真正走向成功。

第二节 大型居住社区的整体性治理框架

上海大型居住社区大规模建设之时,大型保障房社区模式已不是西方发达国家住房保障的主要形式,但这些国家在集中性住房保障方面的经验教训,为上海住房保障的发展提供了诸多借鉴。上海系统谋划、整体推进大型居住社区建设和治理,因而显著区别于西方发达国家的旧路,并正在实践中逐步摸索出一条行之有效的创新之路。

一、整体性治理的提出

20世纪70年代中后期开始,西方主要国家广泛兴起新公共管理改革,改革内容涉及行政管理的体制、过程和技术等各个方面,是政府的全面再造。新公共管理理论强调在传统的行政架构中引入市场机制,其核心是权力的分散化,突出竞争、激励和绩效。但新公共管理在实践过程中,逐步暴露出管理碎片化倾向,包括政策制定和执行之间的复杂化、部门间协调的低效化,以及政策之间的冲突化等,引起了学界和实务界的反思。

同时,20世纪90年代以来信息技术的革命性进步,对人类整个经济社会系统的运行产生了巨大影响,推动政府运作理念和方式相应变革,由分散、部分和破碎向集中、整体与整合方向转型(胡佳,2010)。在信息技术支撑下,政府组织架构扁平化程度得以提高,问题响应更加快速,公共决策更加精准。

因此,总体而言,整体性治理的形成离不开两个背景:其一是新公共管理理论的衰落;其二是信息技术革命到来(竺乾威,2008)。英国约克大学的安德鲁·邓西尔于1990年首次提出整体性治理(Holistic Governance)概念,英国学者佩里·希克斯在1997年出版的《整体性政府》一书中进行了系统阐述,将之从概念上升为系统性理论。对于整体性治理理论催生下的政府形态,在美国、英国、澳大利亚等不同国家有各异的命名,如整体型、协同型政府等,但基本内涵没有大的差异。

二、整体性治理的基本内容

整体性治理被广泛认为是21世纪政府治理的新范式。概略而论,整体性治理的价值基础是以公众需求为核心,组织基础是以功能整合为支撑,方法论基础体现为以问题解决为导向(谢微、张锐昕,2017)。希克斯将整体性治理的内涵界定为:政府机构通过组织间充分沟通与合作,达成有效协同和整合,彼此的政策目标连续一致,政策执行手段相互强化,达到合作无间地去实现共同目标的治理行动(Perri6,2002)。

从公共行政三种经典范式比较可以看出,整体性治理理论主要包括三方面内容:

表7.1　公共行政三种典范的比较

	传统官僚制	新公共管理	整体性治理
时间	20世纪80年代以前	1980—2000年	2000年以后
管理理念	公共部门形态管理	私人部门形态管理	公私合伙/中央地方结合
运作原则	功能性分工	政府功能部分整合	政府整合型运作
组织形态	层级节制	直接专业管理	网络式服务
核心关怀	依法行政	作业标准与绩效指标	解决人民生活的问题
成果检验	注重输入	产出控制	注重结果
权力运作	集中权力	单位分权	扩大授权
财务运作	公务预算	竞争	整合型预算
文官规范	法律规范	纪律与节约	公务伦理与价值
运作资源	大量运用人力	大量利用信息科技	网络治理

续　表

	传统官僚制	新公共管理	整体性治理
政府服务项目	政府提供各种服务	强化中央政府掌舵能力	政策整合解决人民生活事件
时代特征	政府运作的逐步摸索改进	政府引入竞争机制	政府制度与人民需求、科技、资源的高度整合

资料来源：彭锦鹏：《全观型治理：理论与制度化策略》，《政治科学论丛》，2005年第23期，第62—100页

1. 价值关切

传统行政对真实世界的问题关注不够，表现出较为明显的经验导向，从既定的规范和标准出发，其政策结果在某种意义上是虚假的。整体性治理则体现了鲜明的问题导向，即关注人民生活中的实际问题，将生活事件（1ife event）包括日常的找工作、生病、居住等作为谋划治理的起点，政府职能和流程设计应据此再造。与新公共管理强调企业过程管理不同，整体性治理把重点放在确定一个真正以公民为基础、以服务为基础、以需求为基础的组织基础（竺乾威，2008）。

2. 关键机制

整体性治理超越新公共管理碎片化弊端的关键在于协调—整合机制，通过协调实现政策目标和手段的整合，政府横向和纵向的整合，形成政府的整体性运作，从而有效应对当代社会日益复杂的问题。一方面，政府部门间和部门内的整合。打破职能部门化原则，实行大部门式管理，依托信息技术促进政府内部的信息共享和功能整合，增强作为一个组织解决治理问题的能力。另一方面，充分授权。在权责一致的原则下，中央层面和上一级层面加大向下授权的力度，让下级政府更好地参与到整合过程中，实现基于共同目标的上下贯通，并提高解决问题的纵向协同能力。在此基础上，需要在价值层次突出沟通、责任、响应、信

任、公开等要素,形成相适应的价值重塑。除此之外,协调—整合还体现在政府、市场和社会之间的多主体合作,政府不排斥其他主体参与,反而结成伙伴关系,并保持彼此间的平衡。因此,整体性治理本质上体现了"由内而外""自上而下""上下内外相结合"的变革思想(李胜,2017)。

3. 治理结构

协调—整合机制的背后,是治理结构的动态网络化。传统科层制为基础的金字塔型政府组织架构日益显得僵化、臃肿,无法对外界日新月异的变化做出快速反应。整体性治理则强调要形成一种符合不同治理主体需求的相互依存、相对稳定的网络式组织结构,实现从分散化到整体性的转变(郑荣坤,2018)。这一结构首先是扁平化的,并基于实际问题,广泛容纳不同主体,在决策、执行等政策全过程激发广泛的互动。此外,这一结构执行的不是机械等级制的命令式文化,而是推崇不同主体间的平等、尊重和信任。在这一过程中,信息技术事实上提供了很重要的支撑。

三、大型居住社区整体性治理的框架

整体性治理分析框架用于大型居住社区治理具有重要的适用性,特别是整体性治理的核心关怀是解决人民生活问题,突出强调在这一过程中的政策整合。英国曾以社区反贫困为目标,将所有相关的干预活动(住房、就业、经济多样化、交通、社会服务、教育、职业培训等)集中到一起,重塑政府在该领域的治理体系(竺乾威,2008)。这些要素绝大部分也内含于大型居住社区运作实践中。

1. 作为整体性治理产物的大型居住社区

大型居住社区作为保障性住房社区,直接源于低收入阶层的住房改善需求,属于现代政治文明下的政府基本职能,但户籍人口近四分之一体量的人口迁居和100多平方公里规模的社区塑造,无疑是城市结构性的重大变化,远非简单的保障需求或政府职能所能解释。就其本质而言,大型居住社区是上海全球城市建设过程中的一个战略性举措,是城市适应全球城市功能打造而开展的城市空间根本性重构的有机组成部分。因此,就内在属性而言,大型居住社区本身就是城市整体性治理和系统性规划下的产物。

2. 大型居住社区整体性治理的框架

城市宏观格局变动之下,大型居住社区的建设运行是包含个体、本体和区域三个主体在内的整体性变化。从个体角度看,大型居住社区治理的本质体现为个人和家庭居住环境与生活系统的重构。从空间的角度看,大型居住社区治理的本质体现为从"空间置换"到"空间构建"再到"空间运行"的新社区空间塑造全过程,是一个从建设工程到社会工程的过程性连续体。从属地政府角度看,大型居住社区的本质体现为常住人口的迅猛机械增长和区域发展的重大被动式突变。三个主体各自的系统性变化交织互动,将形成更为复杂的演变过程,对治理的要求必然是整体性的。

大型居住社区整体性治理的框架集中体现为"五化":规划理念整合化,资源注入倾斜化,治理结构网络化,治理体制创新化,组织优势显性化。一方面,"五化"覆盖了大型居住社区从规划建设到运行管理的

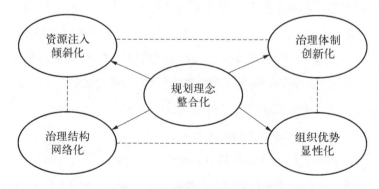

图7.1 大型居住社区整体性治理框架

资料来源:作者自行制作

全生命周期,体现了整体性治理的全过程性;另一方面,"五化"涵盖了社区治理所必需的理念、资源、主体、机制等要素,体现了整体性治理的全要素性。

在以"五化"为核心的大型居住社区整体性治理框架中,规划理念整合化最为关键,这也是决定大型居住社区不重走欧美发达国家早期大型保障房社区衰败旧路的决定性因素。理念决定行动。只有在前端、在理念和在规划层面坚持整合的战略导向,才能后续匹配相应的资源、体制和机制,达成治理目标,实现大型居住社区作为一种战略性举措的可持续良性发展。

更进一步而言,基于"五化"的整体性治理框架内含的主导思想是:在发展中治理,以治理促发展,最终实现低收入阶层居住与生存发展的有效平衡。

第三节 策略之一:规划理念整合化

国外大型保障房社区衰败的根源之一是社区的孤立式运行,这种孤立既体现在地理空间层面的区位偏僻,更关键的是反映在隔离于城市发展进程,游离于主流社会。两个层面高度交织、相互强化,并形成恶性循环。上海在大型居住社区规划之初,即牢固树立以人为本理念,确立了整合而非抛离的价值取向,在城市整体战略内一体化谋划大型居住社区全生命周期发展,涵盖选址、出行、就业等各方面,确保分离而不疏离,推动社区居民最大限度融入城市发展进程和主流社会。

一、融入全球城市进程

大型居住社区是上海全球城市进程的产物,根源于地方空间有限性与功能承载无限性之间的矛盾运动。作为城市空间战略重构和社会保障体系的重要部分,上海也一直在城市发展整体框架内谋划大型居住社区的建设运行。

《上海市大型居住社区规划设计导则》(以下简称"《导则》")在"第二条 理念"条款中指出:"大型居住社区是贯彻落实科学发展观,实施上海城市总体规划、完善城乡规划体系、优化城市空间布局、满足特大型城市人口发展需求的重要举措。"《导则》对大型居住社区作出了近、中、远三期的实施路径安排,其中远期即最终愿景是:"以上海城市总体发展、功能协调为目标,完善城市各项综合服务功能,融入新城、新市镇,形成'四个中心'和国际化大都市的有机组成部分。"

融入全球城市进程主要体现在,一方面,全球城市充沛的资源,包括公共财力、就业机会、公共空间等,可以通过多种形式让大型居住社区居民分享;另一方面,全球城市特有的"主城区+多中心"空间格局特征,结合大型居住社区合理选择,能够依托新的城市中心重构生活系统。

更进一步而言,对一个正在建设和发展中的全球城市而言,大型居住社区空间并非永远的偏远郊区,完全有潜力成为全球城市从主城区单一中心向市域范围内多中心演化的重要先导空间。

二、嵌入城镇体系

大型居住社区因其规划占地面积动辄数平方公里,且土地成本相对不高,必然远离中心城区,往往地处郊区偏僻之所。操之不慎,极易导致孤立化运行,这是国外许多大型保障房社区走向衰败的空间原因。上海在充分认识这一客观实际和教训的基础上,有意识地将大型居住社区纳入新城和新市镇的发展范围,充分依托这些区域的管理与服务资源,促进大型居住社区从起步到成熟的过渡。

据《上海市大型居住社区外围配套建设"十三五"规划》统计,最早两批大型居住社区选址中,31个位于新市镇范围,约占50%;位于新城建设范围的为38%。

最早两批数十个大型居住社区中,9个规模较大的基地总体布局在上海8个新城范围内,其余位于新市镇镇区范围内,或者新市镇邻近区域,充分融入上海城镇体系内。

基于这个事实,反过来看,大型居住社区也是上海郊区新城和重点新市镇发展战略的重大契机。比如,松江常住人口约176万,户籍人口68万左右,规划导入大型居住社区人口规模约为50万,这50万几乎都是本市户籍,因此等于再造了一个"松江"。但仅一个佘北大居,规划导入人口即达14.5万。为了容纳这些人口,往往要对本地农村实施动迁,又加速了本地城镇化进程。而从市级层面来说,为了支持大型居住社区发展,在轨道交通、优质教育和卫生等公共服务资源方面,给予大型居住社区属地区域一定程度的政策倾斜,能够加速临近的新城或镇发展,特别是在要素集聚、功能培育、配套建设等方面(熊健,2011)。

将大型居住社区分别嵌入不同新城和新市镇空间范围,客观上形成了大型居住社区分散化的布局特征。大分散、小集中格局,有利于在单个方向形成治理资源优势,避免过度集中引发的不可控社会风险。这其中隐含着适度规模的哲学。一方面,如果单个大型居住社区规模较小,资源配置的整体效率和效益便会降低,比如人气不足将影响商业氛围;另一方面,规模过大,则会让属地基层政府不堪重负,严重超出其承载能力,反而导致大型居住社区的失配、失管和失序。

三、整合住房保障体系和保障对象

大型居住社区作为保障性住房社区,主要满足低收入阶层的住房需求,但上海在社区结构性设计上,积极鼓励和倡导住房类型的多样性,提倡不同收入水平的居民适度混合居住,从而在源头上避免西方发达国家大型保障房社区单一收入阶层、同质化群体的过度集聚的风险。

《导则》围绕房屋的性质结构、户型结构、对象结构、标准结构等,

提出了综合性策略体系:

1. 性质结构

社区住宅供应总量构成中,普通商品住房及配套商品住房约占70%,经济适用房约占20%,廉租房约占5%,其他类型约占5%。

2. 户型结构

合理控制户型规模和类型,满足不同类型居民的居住需求。大型居住社区的住房面积标准以90平方米以下的2居室或小3居室为主,户型设计应紧凑、经济适用。

3. 对象结构

鼓励建立多类型、多标准的公共出租住房体系,包括: 老年公寓、人才公寓、青年公寓、工人公寓以及学生公寓等,以吸引人口定居、就业与就学。

4. 标准结构

提高保障性住房的建设标准和居住水平。经济适用房和廉租房的面积标准可以在中心城区面积标准的基础上提高5%～10%。

从上述结构性规定中可以看出,上海大型居住社区实际是完整的住房保障体系的空间承载形式,而其保障对象并非仅为社会最低收入群体,而是拓展到中低收入阶层和特殊身份群体,甚至还有购买普通商品房的社会主流阶层。这样就在限定范围内最大限度地形成了异质化的人口结构和多样化的身份结构,同时租赁房和公寓等非产权居住类型,也能促进社区人口的流动更新,有利于避免特定群体过度集聚所引发的种种负面效应。

四、贴近交通网络

机动性对个体福利和社会融合有重要作用,低收入阶层由于对汽车等交通工具占有能力较差,机动性往往依赖于公共交通网络,具有潜在脆弱性(徐建,2008)。显然,大型居住社区内的绝大多数居民自身无法

实现高度的机动性,对公共交通网络的需求极为迫切。上海在大型居住
社区规划中,特地将公共交通优先原则置于重要地位,尤其注重与中心
城区的通达性设计,努力推动居民维持和发展既有的生活与工作系统。

　　《导则》制订了明确的规划策略:

　　一是按照以公交为导向的发展模式(TOD)整合公共交通与土地使
用的关系,轨道交通站点应布局在大型居住社区可达性最高的中心街区。
从第一、第二批大型居住社区的选址来看,绝大部分邻近轨道交通线路。

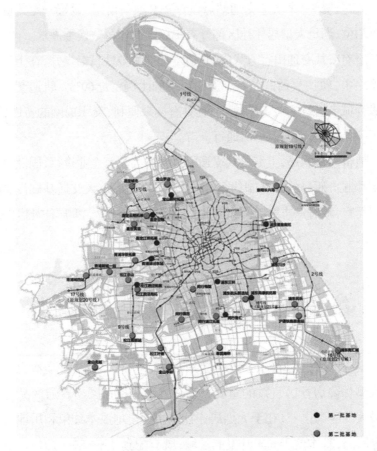

图7.2　上海市轨道交通网络(远景)与大型居住社区选址布局关系

资料来源:搜房网:《上海规划盘点:35个大型居住区如何冲击沪楼市?》,https://m.fang.
com/zt/wap/201409/sh7qu35shequ.html?city=sh&m=xf,2014年9月

二是在轨道交通站点周边150米范围内,综合布置地面公共交通站点、社会停车场库、自行车存放场、公共自行车租借点、出租车候客点,满足各种交通方式之间的换乘要求。

三是地面公交线路与站点设置应串联中心街区、一般街区的中心、外围街区的邻里中心、主要公共设施和就业岗位集中的产业区,并方便与轨道交通的换乘。

四是合理配置公共交通线网布局,每2万人配置1条公交线路。

五是选择一个轨道交通站点设置P+R换乘枢纽,设置一定数量的停车泊位,满足大型居住社区部分有车居民的停车—换乘需求。

所有公共交通出行方式中,轨道交通的重要性日渐提升,在上海交通网络中,轨道交通占公共交通出行量的比例超过60%。轨道交通已经成为城市运行的关键动脉,而且具有换乘便利、交织成网的特性,决定了一旦接入,便能无障碍通行全市。

值得注意的是,上海公共交通网络基本由国有企业运行,固然有其效率和服务质量的天然制约,但对于轨道交通等重大交通基础设施的布局而言,政府意志能够得到较好贯彻,有效兼顾了大型居住社区的出行需求。

第四节　策略之二:资源注入倾斜化

资源供给是大型居住社区运行的"生命线",资源量少质次也是国外大型保障房社区衰败的重要原因。大型居住社区与普通商品房社区最大的区别之一,在于大型居住社区由于土地成本约束和用地面积广等原因,基本位于尚未开发的区域,既有配套几乎空白;即使位于新城或新市镇附近,相较于巨大体量,周边资源供给也相对不足。而普通商品房社区往往是在综合配套成熟区域内,或者是成熟区域的外拓蔓延地带,可以直接享受或借用到系统配套。因此,大型居住社区极易出现资源配套与人口导入失衡局面,特别是"开门七件事"和教育、卫生等"家门口"性质的服务资源。同时,考虑到大型居住社区人口的特殊性,对部分资源的依赖性更强。为此,上海始终重视对大型居住社区进行资源倾斜化配置。而《上海市城市总体规划(2017—2035年)》提出"按照公共交通和公共服务设施配套条件调控大型居住社区的供地时序",把配套状况列入前置考虑范围。

一、全方位配置

上海对大型居住社区的定位是以居住功能为主体、生活与就业适当平衡、功能基本完善的城市社区。结合定位、规模、人口等要素,大型居住社区事实上需要全面综合的资源配置体系。

2009年出台的《上海市大型居住社区规划设计导则》(以下简称《设计导则》)从宏观层面和概念层面阐述了大型居住社区的配置方案。2012年上海制定《上海市保障性住房(大型居住社区)配套建设管理导则》(基地内市政公建配套)(以下简称《配建导则》)对此形成了标准化、制式化安排,该《配建导则》以独立的大型居住社区为单位,主要包括市政公用配套设施和公建配套设施两大类。市政公用配套涵盖: 城市道路、交通、桥梁、河道、道路绿化、管线综合、排水(雨水、污水)、给水、燃气、供电、信息通信、邮电、环卫等;公建配套则指: 基础教育设施(中学、小学、幼儿园)、行政管理设施(街道办事处、社区事务受理服务中心、居委会、派出所、房管办等)、社区服务设施(社区卫生服务中心、社区文化活动中心、社区体育中心、托老所等)、社区商业金融设施(超市、菜场、银行等),以及社区公共绿地。从覆盖范围以及相应指标来看,大型居住社区符合普通住宅小区标准,但区别于一些中高端住宅小区。整体来看,大型居住社区资源合理配置的前提是处理好三方面关系: 用地和功能,公益化和市场化,普遍和特殊。

1. 用地和功能

《设计导则》对用地和功能做了细化且协调的规定,明确:在大型居住社区用地安排中,公共服务设施用地约占12%～20%,产业用地约占15%～25%;确保城市功能的完整性,加强土地的合理安排和使用,提供功能齐全的公共及配套服务设施;加强功能的混合,发展城市商业功能。《设计导则》还针对不同大型居住社区的特定条件,提出了远期的高教教育区(如高校)、研究与开发区(科技园区)等特殊功能区设想。

《设计导则》规划形成多层次的城市服务设施。在中心街区,进行紧凑、高密度的开发,并规划布置城市型服务设施。对于功能具有相似性或活动具有关联性的设施,宜成组成片布局以形成特色功能区,如步行街区、广场街区等,以塑造中心街区的综合服务功能和活力氛围。在一般街区中,每5万人设置1处公共活动中心,进行相对紧凑、较高密度的开发,公共服务设施集中配置,并兼有多种复合功能。公共活动中心的服务设施可成街、成组、成坊布置,形成地区步行商业街、中小型广场,以塑造一般街区的活力氛围。一般街区的便民设施应均衡配置,并结合支路,在沿街或街角布置,服务半径约300米,形成方便、舒适、幽雅的生活环境。

具体到特定大型居住社区,也体现出各自的特色。比如同在嘉定区范围内,云翔基地突出产城融合发展,周边保留和提升了一定的产业功能;而城北基地则成为嘉定新城北部地区级公共服务中心的重要组成部分。

2. 公益化与市场化

政府主导的公益性资源保基本,市场化资源满足多元化、个性化需求,正常社区运行离不开两种性质资源的共同支撑。大型居住社区在教育、卫生、养老、公共文化、体育等方面都由政府公共财力覆盖。同时,《设计导则》也鼓励市场化商业和优质化社会服务业布局,提出要加强社会公共服务,引入优质的教育、文化、科技和产业设施与资源,吸引产业、公共服务和休闲开发的投资,促进大型居住社区的可持续发展。

例如,第一批大型居住社区选址之一的宝山顾村,已于2017年建成开业宝山最大的商业综合体——龙湖北城天街,包括商业与办公,体量超过40万平方米,且地处地铁上盖,立体交通规划完善。这也成为上海大型居住社区内首家大型商业综合体。嘉定云翔大型居住社区也结合地铁11号线站点建设有大型商业综合体,江桥大型居住社区附近则建有万达广场。这些案例充分证明大型居住社区并不必然是价值洼地和市场绝地。

3. 普遍与特殊

在符合住宅社区公建配套标准的基础上,大型居住社区还针对人口特征进行了专门的安排。特别是考虑到大型居住社区主体是低收入阶层,属于就业脆弱群体,主要依赖工资性收入和政府救济保障,因此,就业资源显得尤为重要。《设计导则》强调适度安排就业岗位,应在大型居住社区范围内提供总人口15%以上的就业岗位数量,预留相应的用地空间;鼓励经济多样性,重点是提供多种的经济活动空间,整合和保护现有就业资源,吸引新的就业资源,鼓励发展创新性产业类型。

二、全力以赴持续推进

大型居住社区建设在一片空白基础之上,体量更接近"造城"而非简单"造社区",公建配套涉及领域广、建设主体多,难度和压力巨大,必然要求政府在其中发挥主导作用。在大型居住社区推进至今的不同时期,上海先后于2009年、2013年和2016年,分别通过市政府专门发文、转发方式出台政策文件,包括:《关于推进本市大型居住社区市政公建配套设施建设和管理若干意见的通知》(沪府发〔2009〕44号)、《上海市人民政府办公厅转发市建设交通委、市住房保障房屋管理局关于搞好本市保障性住房大型居住社区市政公建设施基本配套若干意见的通知》（沪府办〔2013〕1号）、《上海市人民政府办公厅转发市住房城乡建设管理委关于加强本市大型居住社区配套建设管理实施意见的通知》（沪府办〔2016〕83号），持续推进大型居住社区公建配套设施建设和管理工作。

上海市政府顺应大型居住社区建设重心变化，将2016年作为大型居住社区配套年，重点突破一系列制约配套建设的瓶颈。

最早的沪府发〔2009〕44号文明确了大型居住社区配套建设的四大重要原则，提出了"同步""以人为本""联手""倾斜"等关键词，其精神内涵在后续诸多文件中一直得到体现。

1. 坚持规划优先，同步配套

将建设基地市政公建配套设施作为规划优先考虑重点，按照"立足当前、兼顾长远"的规划原则和"同步规划、同步配套"的建设要求，统筹指导，有序推进，加快促进居住区的完善。

2. 坚持以人为本，确保基本需求

根据本市城市居住地区和居住区公共服务设施配置标准、相关设置规范和规划要求，建设市政公建配套设施，努力满足居民的出行、就医、就学、购物等基本生活需求，积极创造居民就业条件。根据不同社区入住居民人口总量、人口结构及实际需求，合理布局，因地制宜，不断完善配套设施配置标准，不断提高居住社区宜居水平。

3. 坚持以区为主，市区联手

充分发挥建设基地所在区政府积极性。在市政府统筹协调、指导监督和有关部门的支持配合下，建设基地所在区负责组织实施建设基地市政公建配套的配套建设和管理。

4. 坚持机制创新，政策聚焦

完善原有开发机制，积极探索政府主导、市场化运作，国有企业集团对口建设的新机制。加大政府投入力度，各项政策向建设基地聚焦，并适当倾斜。

由于协调难和进度不一,以及市场化主体等待人气形成再投资等一系列原因,在初期大型居住社区建设时,时常出现交付入住与配套建设不同步的情形。但随着市级层面持续强力的介入,大型居住社区资源配套呈现不断改善的态势,并且入住与配套失衡的矛盾也得到很大缓解。以闵行区为例,鉴于"先有需求再配套"导致的对大型居住区"望而却步",该区提出"先做好配套、再吸引人",明确"配套等人"的要求。浦江拓展基地规划建设各类区级公建配套项目共64个,截至2018年底已建成项目57个,在建项目7个,公建配套在交付入住前即能完成。

三、全面协调过渡周转

大型居住社区并非一次性、一步到位式建成,呈现分期建设、分批入住特点。客观上在初期阶段,严格说来是从第一个居民正式搬迁入住之时起至居民规模化入住前,大型居住社区周边应形成过渡性周转安排。而根据早期大型居住社区的案例来看,社区形成初期是矛盾最高发阶段,配套不健全则是关键原因。

上述沪府办〔2016〕83号文根据全市大型居住社区前期配套实践,进一步提出,市政公建配套设施的建设应充分考虑大型居住社区及配套的建设条件和成熟程度,以住宅建设和交付使用、配套项目的建设周期为前提,做到"一次规划、按需实施,确保基本、逐步完善,远近结合、统筹兼顾",近期满足首批入住居民的基本生活和出行需求,远期具备逐步完善的配套条件和服务功能。这个安排的本质是顺应人口导入节奏,"由点及面""从基本到完善"的资源配置路径,体现了实事求是的稳妥态度。

以浦东曹路镇为例,2009年9月第一批居民入住时,同步开通了曹路4路作为短驳工具。之后的两年内,先后调整了790路、蔡陆专线运行路线,连接至世纪大道及陆家嘴。2015年开通曹路20路实现与轨交2号线唐镇站的连通。航头镇则先行回购入住率较高小区附近主要道路两边的小门面,依托镇财力招投标并招商,满足居民日常需求。

浦东航头镇和松江佘山镇,则分别在居委会成立前,通过社区服务站以及临时居委会筹备组等创新的体制安排,解决了过渡阶段治理主体缺失的难题,群众开门七件事的需求得到快速响应和解决,一些应急举措如开设临时菜市场等陆续推出。面对老年居民不懂网上支付、依赖现金缴费的情况,佘北大居居委会筹备组积极联系,不到一个月,落实东方有线、自来水、天然气、电力等缴费网点开设启用;并与附近大润发超市协商开通购物免费班车。

第五节　策略之三:治理结构网络化

单一、单向的治理方式已被证明无法有效应对复杂问题。整体性治理强调治理结构的网络化,形成基于多主体协同的无缝隙、系统性解决方案,达致整体治理效果。大型居住社区在运行过程中,逐渐形成并不断优化网络化的治理结构体系,包括治理主体、协作机制、支撑技术等多个层面。

一、主体多元化

大型居住社区作为城市空间、住房保障格局和低收入阶层生活系统的重构,是城市发展历程中的重大事件。不同于市场化的普通商品房社区,主要体现为供需双方基于自由意志的市场交易,大型居住社区牵涉到更为广泛的主体,既有政府和居民个体,也包括企业和社会组织等。

1. 政府主体[1]

大型居住社区建设和运行过程涉及纵向的不同层级政府,以及横

1　自大型居住社区启动建设之后,上海进行过多次政府机构改革,此处采用最新机构名称。

向的不同行政区政府、政府内不同部门。

市级政府职能重心为决策、规划和出资。市级政府的职能主要体现在住房建设、发展改革等部门上。上海市住房和城乡建设管理委员会、上海市发展和改革委员会共同负责研究政策、制订计划,会同相关区协调推进综合配套。其他市级部门,如环保局、税务局、教委、商务委等在公建配套中多有涉及。

上海市住房和城乡建设管理委员会下属上海市住宅建设发展中心具体承担保障性住房建设与管理的面上管理;市大型居住社区建设推进办公室负责大型居住社区红线范围内的公建配套;市大型居住社区外围市政配套建设推进办公室负责大型居住社区红线范围外道路、给排水及公交枢纽等项目。

此外,规划部门上海市规划和自然资源局负责制定了《上海市大型居住社区规划设计导则》,建设部门则牵头制定了《上海市保障性住房(大型居住社区)配套建设管理导则》(基地内市政公建配套)、《上海市保障性住房(大型居住社区)配套建设管理导则》(基地外围市政配套)等标准性文件。

区级政府分为人口导出区政府和人口导入区政府。导出区政府承担动拆迁和住房分配等前期工作,导入区则是大型居住社区属地区,主要负责部分公建配套建设。

属地镇承担大型居住社区的公共安全、公共管理、公共服务等职能,以及社区配套商业的招商等配套工作,是步入运行阶段后大型居住社区的管理主体。

2. 居民主体

居民是大型居住社区的主人,具有多个特点:一是来源广,一个大型居住社区居民往往源自多个区,甚至事实上还存在租住其中的外来人口;二是类型多,既有共有产权房居民,也有廉租房、公租房居民,还包括普通商品房居民;三是结构特殊,低收入阶层为主,老年人比例高,吸毒、犯罪前科等亚群体占比相对一般普通商品社区偏高。此外,大型居住社区作为镇域空间的组成部分,与同属一镇的其他居民也必然有一定的关联。

3. 市场主体

在大型居住社区生命周期不同阶段,参与其中的市场主体也有差别。在建设阶段,主要是建筑类、地产开发类企业;到了运行阶段,商业企业、物业管理企业等则与居民打交道更多。从所有制性质看,国有、个体私营等不同性质的企业皆有涉足。其中,由于保障性住房的公益属性、微利特征和紧迫需求,国有企业在建设阶段发挥了无可替代的重要作用。

4. 社会组织

针对特殊类型社区治理,社会组织由于其专业性,往往能起到非常重要的辅助作用。引入社会组织参与治理,还能让政府从"大包大揽"中摆脱出来,集中精力做好平台搭建、政策设计等工作。在大型居住社区内,由于政府政策、资金的支持,广泛活跃着多类公益社会组织。

二、协作网络化

大型居住社区的不同参与主体之间遵循着相应的关系逻辑与运作机制,呈现为紧密交织的网络化运行体系,构成无缝隙的整体性治理格局。

1. 政府间利益补偿机制

大型居住社区建设和运行涉及市级政府、属地区政府、人口导出区政府、属地镇政府等,相互关系的核心是利益的分配与调整,主要体现为三个层面。

首先是市级政府与属地区政府之间。属地区政府低价出让大量土地,意味着未来发展空间的相应减少,且由于承载数万乃至十多万低收入群体,从长远来看必然增加公共支出的压力,因此属于利益受损方。

市级政府往往通过人头补贴或者面积补贴的方式给予一次性定额补偿,对于供排水配套等,则从市级城市维护专项资金以及其他既有资金补贴渠道中相应安排,此外还在轨道交通、公共服务资源布局等方面相应倾斜。

其次是人口导出区和导入区政府之间。若从低收入阶层大规模迁出从而改善人口结构,以及空间置换后的商业开发增值角度看,人口导出区是绝对的受益方,因此在市级政府协调下,其对人口导入区提供相应补偿。考虑到单个大型居住社区居民来源地不止一个区,如嘉定江桥大型居住社区的居民来自虹口、静安、普陀、长宁、徐汇等多个区,导出区对导入区的利益补偿也体现为"多对一"模式。

最后是属地区级政府和镇级政府之间。由于镇级政府是利益受损的直接主体,也是财力和话语权最小的一方,在区一级范围内,区政府会按规定分担公建配套建设,同时在区级资源配置格局中优先考虑大型居住社区属地镇,努力确保其短期利益不受大的影响,长期发展潜力得到补充。

2. 政府购买服务机制

政府与社会组织之间往往是通过购买服务机制开展合作,将专业人员和专业方法引入大型居住社区治理。主要形式包括两类:其一是不定期的购买服务。在财政预算中编列购买服务经费,通过公开化、竞争性比选,确定合作对象,双方签订合同,部分还约定服务完成后的第三方评估。比如,浦东新区航头镇引进上海乐群社工服务社,承担大型居住社区内的专业化公益服务(邱素琴,2014);上海首家社区社会工作组织——上海公益社工师事务所就产生于大型居住社区。其二是委托管理。政府通过公开招投标程序,将大型居住社区部分设施委托给社会组织运营,这是更为深入的合作方式。典型如浦东新区三林世博家园将社区中心交由浦东公益组织发展中心托管,取得较好成效。

政府购买服务还有另一种特殊形式,即政府在大型居住社区治理中购买高校等企事业单位的技术或智力等服务。比如顾村镇就曾委托过复旦大学、上海工程技术大学等高校对大型居住社区治理进行课题研究,为科学治理提供智力支撑。

3. 特殊的市场化交易机制

尽管大型居住社区属于政府公共财政提供的保障性住房,但在具体实现上则是依托市场主体、遵循市场化机制。值得注意的是,大型居住社区承建主体基本都是上海市属国企,因此这一市场化机制中也内含着国企承担社会责任的特殊属性,但这并未从根本上改变政府主体与市场主体之间的市场交易逻辑。

以早期确定的大型居住社区为例,松江泗泾基地由上海城投控股开发,宝山顾村和浦东曹路基地则属上海地产集团负责,绿地集团承担了江桥基地的建设任务,浦江基地则花落城建集团。为此,上海在土地出让方式上进行了相应设计,实现了五大国企对口建设六大基地的格局。与此同时,为了更好地支持企业开发,建设银行、国家开发银行、光大银行等国有银行还提供了银团贷款。

在公建配套初期,纯市场化主体因人气等原因暂不进入,国有主体则在市场逻辑大前提下发挥了独特作用,比如顾村镇馨佳园社区配套商业网点开发和运营主要由宝山区属国企上海北翼(集团)有限公司负责。针对大型居住社区物业管理力量薄弱,以及集中入住阶段较为突出的违法装修、违法搭建、群租等现象,顾村镇委托区属宝房物业全面接管馨佳园物业管理,起到了积极作用。

因此,大型居住社区建设是"市场在资源配置中起决定性作用,更好发挥政府作用"的体现。

4. 协同共建机制

就其本义而言,协同存在于所有多主体合作之中。大型居住社区的协同共建更主要的是指社区基层组织发起并维系的共治行为,对象则以辖区内的企事业单位等机构为主,目的在于汇聚更多治理资源、糅合更大治理力量,更好地满足低收入阶层居民的需求,共同促进大型居住社区治理。形式包括党建联建、联席会议、资源供给、活动共搞、经验互鉴、知识讲座、法规宣传、居民服务等,最终为社区治理赋能增色。下表是顾村镇馨佳园社区某一年份的协同共建成员列表,涵盖了公共机构和企业主体,颇具特色的是将社区居民主要导出地居委会和村委会也涵盖在内。

表7.2　顾村镇馨佳园居民区共治联合会构成情况

类　型	名　　　称
事业职能单位	宝山公安分局交警支队第六中队 上海保障房管理中心 宝山公安分局刘行派出所 菊泉卫生服务中心馨佳园卫生站(卫生) 馨家园学校(学校)
相关企业单位	顾村农业公司 顾村工业公司 中国建设银行宝山支行 北翼商业集团有限公司(商业) 金丰建设发展有限公司(开发商) 宝房集团大楼物业公司(物业) 市北供电公司顾村营业站(电力) 刘行机动车驾驶员培训中心
动迁导出地 村、居	闸北区天目西路安源居委(导出地居委) 顾村镇大陆村、老安村、盛宅村、星星村(导出地村委)

资料来源:作者根据调研资料整理。

　　协同共建的优势还体现为通过机制化交往,润滑社区范围内不同主体间的关系,从而减少正式沟通成本,提高整体治理效率。比如,顾村镇馨佳园社区依托共建企业北翼集团,引导菜场、超市等市场主体倾听居民意见,优化业务模式,增加了平价肉品、菜蔬直供等形式。

　　5. 文化融合机制

　　文化认同和文化融合是大型居住社区居民与属地镇情感关系构建

的关键,是否认可自己新的属地身份,是大型居住社区成功与否的重要
标准。

大型居住社区属地镇级政府普遍关注导入居民的文化认同,重视
"以文化人"工作。一方面,广泛开展丰富多彩的社区内部文化娱乐活
动,提高居民对大型居住社区本身的认同感;另一方面,在此基础上,
开展导入居民与本地居民、城里市民与农村村民、城镇住宅小区与农村
村庄之间的交流沟通活动,逐步培育大型居住社区居民的新空间和身
份认同意识。比如,浦东新区航头镇创新举办"攀亲结对"系列活动,
按自由组合原则,在大型居住社区家庭和镇本地村民家庭之间,通过自
愿报名,居委会把关配对,开展以"文明家庭""和谐亲家""星级家庭"
为主题的攀亲结对。鼓励导入居民深入农家、田间地头体验生活,村民
走进大型居住社区感受现代社区文明,共同举行元宵节、端午节、中秋
节和重阳节联欢活动等,受到双方的普遍欢迎。

此外,面对镇村干部缺乏城市社区治理经验的实际,为了促进镇属
本地干部管理城市居民能力的提升,减少本地干部与城市居民观念和
文化方面的冲突,航头镇还先后选派数十名干部到浦东洋泾、潍坊、浦
兴和塘桥等街道挂职锻炼,并邀请专家和有经验的街道干部授课培训,
有效增进了大型居住社区治理中的文化对接。

三、技术现代化

21世纪第二个十年以来,随着网络信息技术和大数据技术的进步,
社区治理也逐步引入相应设备和技术,治理的"硬"支撑愈发雄厚。技
术进步并不是治理资源的简单增加,信息技术更重要的价值在于推动
政府治理理念、机制和手段的更新与变革,进而带来更好的治理成效。

1.技术催生的"四联"治理

失范是国外大型保障房社区的重要特征,既是社区衰败的结果,也
是推动衰败加剧的动因。而依靠传统基于人力的管理手段,很难有效

应对大型居住社区规模大、居民复杂的局面,管理队伍膨胀也会极大增加财政支出压力。依托信息技术则能起到事半功倍的良好效果,提高治理的精细化程度。

2013年开始,顾村镇逐步构建"智联城"社会管理系统,这一系统在技术上依托光通信和云计算等新兴科技。以"大联动、大联勤、大联防、大联合"为主要特色的"智联城"管理模式全面覆盖包括大型居住社区在内的顾村镇全域,运作模式具体体现为:

条块结合"大联动",成立由公安、城管、工商、食药监等部门共同参与的馨佳园综合执法队,形成专兼结合、行动迅捷、保障有力的执法力量;

智能机动"大联勤",通过将大型居住社区进行网格化划分,组织民警、辅警和城管队员开展社区巡逻执法,并由指挥中心对执法过程实施监控和调度支援;

智慧网络"大联防",在馨佳园社区配备人口管理系统和视频监控系统,并与镇社会管理指挥中心实现联网,辅以流动的社区综合执法,全面配强人防、技防力量;

基层基础"大联合",以居委为单位,广泛发动大型居住区社区党员和志愿者担任综治协管员,并配备与指挥中心实时联网的"综合执法通"。

通过系统一年多的运行,馨佳园社区万人报警量仅为前一年的四分之一,偷盗类110报警数同比下降六成以上,多个小区刑案发生率为零。大型居住社区的秩序得到了有力保障,成为社区持续向好发展的重要基础。2017年开始,宝山又将视频监控人脸识别系统覆盖大型居住社区,社区基本面的秩序得到更进一步巩固。

2. 社会治理一体化运行

游离于管理体系之外是欧美发达国家大型保障房社区衰败的重要原因。传统社会管理很难在城市整体空间内高度整合,管理中枢缺乏对城市边缘社区动态管理的能力和手段,更谈不上对问题丛生区域的及时干预。通过信息技术并逐步迭代至智能技术,社会治理在更高层级政府层面可以实现全域空间、全部门无缝隙运行,从而在"四联"基础上升级为"城市大脑"。

2017年下半年开始,浦东探索建设城市运行综合管理中心,按照"区中心+分中心和专业部门+工作站"的运行模式,以建立横向到边、纵向到底的全覆盖、无盲区的管理网络为目标,构建了"1+39(36+3)+X+Y"城市运行综合管理体系。其中,"1"是一级平台,注重实现资源高度整合、信息高度集成、指挥高度统一、条块高度协同。"39"是二级平台,包括36个街镇分中心和保税区、国际旅游度假区、世博开发区3个特定区域分中心,注重实现实体化、高效化、集成化运作,并将工作延伸到X个联勤联动站和Y个村居工作站。联勤联动站注重高效响应、快速处置,建在服务对象最多,产生问题最多的区域;村居工作站注重履行发现、自治、报告的职能。

在体系构建基础上,浦东着力强化平台功能建设,按照"7×24小时不间断运行、1 210平方公里全地域监测"的标准,推进"信息汇聚中心、运行监控中心、监督指挥中心、联勤联动中心、数据共享中心"等五大功能建设。城运体系履行对辖区内各类社会治理和城市运行安全问题巡查发现、派单督办、指挥处置和评价考核等职责,牵头开展疑难问题、管理顽症和民生热点难点问题的联动处置,并负责非常态下突发事件的应对处置,实现管理力量由各自为政向职能融合、协同作战转变,做到第一时间发现、第一时间响应、第一时间联动、第一时间处置,成为本辖区内社会治理和城市运行"听得见、看得着、查得到、控得住、处得了"的多功能综合管理指挥枢纽。

由此,浦东大型居住社区全面、彻底纳入了区域综合管理体系,而不是成为管理的死角,也使得复杂问题能及时得到多部门协同处置,社区秩序有了更为有利的保障。

第六节 策略之四：治理体制创新化

大型居住社区作为特殊类型社区，区位选址相对偏远，体量规模极其庞大，低收入阶层较为集中，公建配套阶段性不足，不能简单照搬普通商品房社区体制安排，客观上需要创新社区治理的体制和机制。考虑到大型居住社区基本位于郊区镇域范围内，而导入人口基本相当于或接近于既有人口规模，等于是在现有管理框架内将管理对象扩容一倍，形成"小马拉大车"的尴尬局面。因此上海逐渐探索出适应于大型居住社区治理的"镇管社区"模式，十余年的实践已初步证明该模式的创新性与生命力。

一、镇管社区模式的创设

一定的模式机制必然是特定历史阶段的结晶。镇管社区产生的背景是20世纪末开启的上海高速发展进程。改革的深化、开放的扩大、市场化的加速、住房制度的根本性变迁等因素，在结构层面深刻重塑着上海。从人口和空间两个角度看，体现的是边缘城区房地产的大量开发、人口的快速增加，城市居住空间的重心逐渐由主城区向外围蔓延，近郊镇域空间承载了越来越多的住宅社区，非本地的人口高度集聚。与此同时发生的，还有镇域内部农民的就地城镇化，农村人口购买商品房的现象愈发普遍。由此，包括近郊城乡接合部地区在内，上海整体发生了翻天覆地的变化，其中，大型居住社区工程是重要原因。

1. 镇管社区的内涵

从某种意义上说，镇管社区是矛盾的产物，这从字面上即可理解，"镇"主要是面向农村、农业、农民的行政架构，而"社区"一般认为是非农人口的集聚空间，是典型的城市化区域的微观空间。两者的结合,本质上是经济社会快速发展与行政体制调整滞后之间的失衡。因此,对镇管社区内涵的把握,应聚焦缘起、定位、主体、对象、方式等维度。第一,缘起。镇管社区来源于镇级基层政权面对镇域内城市化人口等要素的激增而进行的制度创新,前提是镇级基层政权的存续不变。第二,定位。镇管社区并非见诸上位法律条文的法定设置,事实上是镇域城镇化进程中的阶段性产物,随着城镇化达到一定程度,镇域整体将转为城市化管理体制。第三,主体。镇管社区的关键主体是镇级政府,市区两级提供政策和资源支撑。第四,对象。镇管社区的直接对象是镇域内的非农社区,更进一层则是以人口为核心的广义上的城市化要素。第五,方式。镇管社区的日常运行,并非城市社区治理的简单移植,也不是农村社区治理的迭代更新,采取的是具有镇域特色的复合治理方式,而且上海全市郊区相关镇的实践也呈百花齐放局面。

从发展初期看,由于没有市一级的上位政策法规,在基层实践中出现了多种"镇管社区"模式,其中承担大型居住社区项目较多且在全市率先试点的闵行区浦江镇和浦东新区三林镇的经验较为典型。

2. 镇管社区的典型模式[1]

一是管理体制方面。浦江镇镇管社区的体制设计可以归纳为"1+1+X"。其中:第一个"1"指的是镇级基层政权,主要是镇党委、政府;第二个"1"指的是"三位一体"的中间层,由居民区党委、社区事务管理服务中心、社区管理办公室以"三块牌子、一套班子"的形式构成,是浦江镇镇管社区模式的核心枢纽和运行实体;第三个"X"既可以理解为上述中间层内设的七个部门,包括行政办公室、业委会指导办

---

1 本部分内容来自于一线调研。

公室、党建科、创建科、综合科和物业科[1]等，也可以理解为各社区内的居委会。为了强化中间层的运作效能，镇党委副书记亲自兼任居民区党委书记。

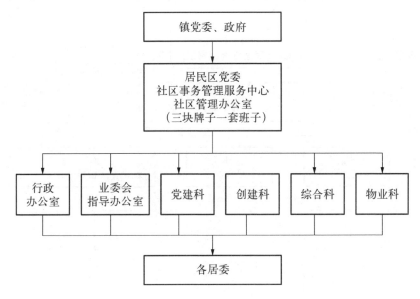

图7.3 浦江镇社区管理架构图

资料来源：作者根据调研材料整理

---

1 行政办公室工作职责：主要负责日常行政事务、后勤保障、住户基本信息采集和数据库维护、财务运作管理、档案管理、来信来访接待处置等。
  业委会指导办公室工作职责：牵头做好业主大会、业主委员会组建、换届改选和日常运作的管理指导工作，对相关问题进行协调等。
  党建科工作职责：配合居民区党委抓好居民区党务、党建工作，党员的思想教育工作，做好社区中心及各居委工作人员的人事、组织管理，按照上级要求，做好群团工作等。
  创建科工作职责：主要负责社区各类创建工作的组织、指导和协调；文体活动的组织和辅导；社区教育的指导和落实；上级精神的贯彻与宣传；各类信息的采集编制与上报等。
  综合科工作职责：主要负责新建小区的衔接和接收；新建居委的筹建，居委用房的装修和设备添置，社区中心及居委资产的管理等。
  物业科工作职责：探索与居民区特点相适应的物业管理模式。加强对物业公司的指导、监督和考核，处理好与居民切身利益有关的物业问题，配合区房管办事处做好小区违法现象整治，做好居民区综合治理等。

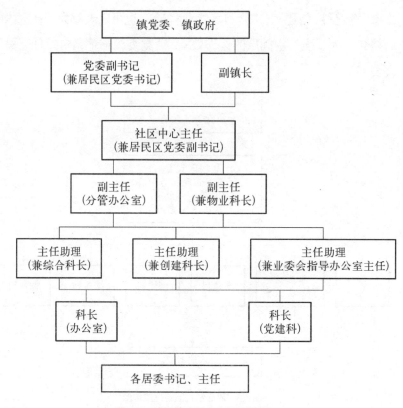

图7.4　浦江镇社区中心组织网络

资料来源：作者根据调研材料整理

　　三林镇镇管社区的体制安排略有别于浦江镇。两者最大的区别在于三林镇先划分片区，再依托每个片区设置具体机构，因此三林镇的中间层体现为片区层面。三林镇根据相对集中、规模适度和效能优先等三项原则，在全镇城镇化区域内划分四大片区：世博家园、永泰、杨思和三林。

　　在片区内，不同于浦江镇"三位一体"的格局，三林镇采用了"三委一中心"架构。"三委"主要指的是：体现党的领导核心作用的社区党委，广泛覆盖驻区单位党组织负责人，最大限度汇聚片区各类资源，处于中心地位，发挥决策大脑功能，也集中体现了社区共治理念；发挥镇级政府行政职能下沉社区作用的社区管理委员会[1]，本质上是政府的触角和政务的延伸，在镇相关职能部门指导下开展工作；作为社区自治重要载体的社区委员会[2]，其成员来自于社区居民的民主选举，发挥议事功能，包括听证、协商、监督和评议等具体运作形式。"一中心"主

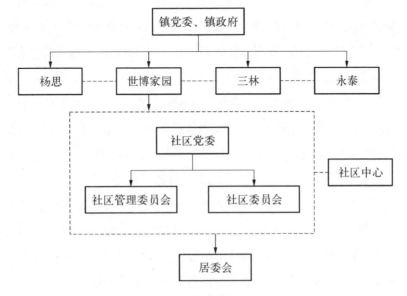

图7.5　三林镇社区管理架构图

资料来源：作者根据调研资料整理

1　社区管理委员会下设办公室，负责处理日常工作，遇到特殊情况或急难愁问题，社区管理委员会及时召集相关部门商议对策，并运用政府管理力量同社区调节力量的有效互动，快速稳妥解决难题，主要开展五方面工作：（1）加强环境治理，构建绿色家园；（2）规范社区管理，保障家园稳定；（3）深化宣教内涵，提高文明程度；（4）依托社团组织，提升服务水平；（5）培育社区团队，发展义工队伍。

2　社区委员会的职能包括：（1）建立健全专业委员会。社区委员会下设文明建设委员会、社会保障委员会、物业管理委员会、环境管理委员会、社会稳定委员会五个专业委员会，明确职责分工，参与社区的各项建设和管理工作。（2）以活动为有效载体，发挥参政议事作用。每月一次的活动制度，对社区单位和居民关注的热点问题、社区建设的难点问题进行研究，提出对策和办法。（3）营造良好社区氛围，深化同创共建机制。组织社区内所有群体参与社区"社会性、公益性、群众性"活动，调动社区各方参与社区建设的积极性和创造性。

要指社区中心,以事业单位的性质实体化运作,负责具体落实社区治理事项,工作内容兼有上级条线下达任务和社区党委决策交办工作,具有强烈的便民服务属性,是居民日常与政府打交道的纽带。

二是运行机制方面。在具有针对性的体制设计下,镇管社区还包含一整套行之有效的运行机制。第一,社区自治、共治机制。比如,三林镇社区委员会形成了评议和听证等机制,主要针对社区运行相关的事务。第二,综合管理机制。管理是社区有序运行的保障,比如浦江镇不定期开展多主体综合管理,包括居委会、物业、业委会等社区内组织,以及城管、公安和房管等政府部门。第三,服务购买机制。考虑到镇政府社区治理经验和能力的相对不足,不少镇通过编列社会组织服务采购预算,举行公开招投标,引入社会组织协助开展社区治理。比如,作为上海首家社区社会工作组织的上海公益社工师事务所就诞生于三林镇。第四,委托管理机制。这也是社会组织参与社区治理的一种形式。比如,三林镇将三林世博家园社区中心交由浦东公益组织发展中心托管,以其专业性赢得了群众的良好口碑。第五,凝聚认同机制。镇管社区的对象多为机械增长的镇外居民,因此对新地域和新社区的认同培育就非常重要。比如,浦江镇通过"和谐""邻里"等主题设定,以及舞台展演、文体比赛等多种形式,努力增进社区互动,打造社区生活共同体。

二、基于"基本管理单元"的镇管社区模式升级

1. "基本管理单元"的提出

2014年,为深入贯彻习近平总书记关于社会治理"核心是人、重心在城乡社区、关键是体制创新"的指示精神,上海市委将"创新社会治理、加强基层建设"列为年度重点调研课题,时任中共中央政治局委员、上海市委书记的韩正亲自担任课题组组长。根据调研方案,课题分别从街镇、居村两个层面入手,面向中心城区、城乡接合部、远郊地区三类地区,围绕基层体制机制、基层队伍、基层综合治理、基层服务保障四个

方面展开(谈燕,2014)。在调研成果基础上,上海制定形成了市委创新社会治理、加强基层建设"1 + 6"文件,即进一步创新社会治理、加强基层建设的意见,以及街道体制改革、居民区治理体系完善、村级治理体系完善、社会力量参与、网格化管理、社区工作者队伍建设等6个配套实施意见。

这一重大举措对上海基层社会治理格局产生了积极而深远的影响,除了街镇、居村体制机制改革和优化之外,作为非行政层级的基本管理单元成为重要创新点之一。《关于进一步创新社会治理加强基层建设的意见》(沪委发〔2014〕14号)提出了优化基本管理单元;上海市民政局在《关于做实本市郊区基本管理单元的意见》(沪民区划〔2015〕19号)中做了详细安排;2018年《关于推进做实基本管理单元的实施意见》(沪民区划〔2018〕6号)又进一步强化推进工作。从当前基本管理单元与建制镇数量对比看,已超过3∶2水平,显然对上海郊区基层空间治理的影响不可忽视(熊竞,2018)。

从上述文件中,可以窥见基本管理单元概况:

第一,内涵界定。

基本管理单元是在人口面积规模较大的郊区快速城市化地区、人口导入较多的大型居住社区及乡镇撤并后仍有大量居民居住的撤制镇地区,以社会管理和公共服务的可及性、便捷性和均等化为原则,综合考虑人口规模、地域面积、城市化程度、社区认同等因素,合理设置的非行政层级单元。基本管理单元发挥郊区城市化区域基本公共服务供给和基层社会管理功能,是城市管理服务的基本单元。基本管理单元一般常住人口在2万人以上,地域面积在2平方公里以上,区域边界清晰可辨。

第二,体制机制设定。

基本管理单元建立"两委一中心"组织架构,分别是社区党委、社区委员会和社区中心。镇党委与社区党委是领导与被领导的关系,镇居民区党委、综合党委与社区党委是指导与被指导的关系,镇政府职能部门与社区委员会是指导和被指导关系。社区中心是镇党委、镇政府服务社区群众的工作平台，在社区党委的领导下，承接、受理延伸至基本管理单元的各类党务、政务、事务、服务项目。社区党委与居(村)党组织之间是指导、服务、督查关系。

社区党委是在镇党委领导下的基层党组织，负责统筹基本管理单元内的区域化党建、居民区党建和"两新"组织党建工作，促进推动社区建设、协调社区事务、领导社区共治及指导居(村)民自治。基本管理单元配备3～5名行政编制，主要用于社区党委书记和部分专职干部岗位，行政编制在镇机关单列，专编专用。社区党委设副书记1～3名，其中1名为专职副书记；设委员5～9名，最多不超过11名。社区党委及其书记、副书记、委员由社区党员代表大会选举产生，任期与全市居(村)党总支保持一致。

社区委员会是在社区党委领导下，组织动员基本管理单元内的社区力量参与社区建设、社区治理的共治议事机构，发挥议事协商的共治平台作用，对涉及社会性、公益性、群众性的社区事务，进行议事协商、动员整合和评议监督。社区委员会由社区代表大会选举产生，设主任1名。社区委员会成员应充分吸纳基本管理单元资源配置部门、物业公司、驻区单位、居(村)委会、社会组织、社会贤达及居(村)民代表等参与。根据社区委员会社会化、专业化、非行政化的特点，因地制宜下设若干个专委会。

社区中心是镇社会治理、公共服务职能的延伸，是社区事务管理和服务的实施平台和物理空间，发挥办理公共事务、开展社区服务、组织居(村)民活动、履行城市管理等功能。

基本管理单元运行实行多元协商共治机制、社会化运作机制、民主自治机制、监督评议机制等四大机制。

从上述细致、全面的规定可以看出，大型居住社区前期的治理探索实际上是基本管理单元的运作实践。新形势下大型居住社区的空间定位进一步明确为基本管理单元,大型居住社区的治理体制机制也随之发生变化,本质上这也是镇管社区模式的迭代升级。

2. 大型居住社区治理的优化

在市级层面基层社会治理改革文件的指引下,各大型居住社区属地镇级政府纷纷启动有针对性的调整。下面以顾村镇为例[1]:

2015年6月,顾村镇设立共泰、菊泉两个基本管理单元。其中菊泉基本管理单元全部由馨佳园大型居住社区构成,面积5.52平方公里;含32个居委会,25个居民区党支部;保障房类别包括市区动迁、本地动迁、经适房、商品房、廉租房等多种性质;已入住4.63万户,共11.8万人(截至2017年10月)。

为积极推动基本管理单元创建工作,顾村镇突出党建引领核心,以构建"自治+共治+法治"治理机制为重点,进一步构筑"党组织引领与指导、政府推动与支持、社会协同治理、群众广泛参与、法治有力保障"的基层社区治理体系。

第一,突出党建引领核心,建立完善机制体制。

(1)建立健全"两委一中心"工作制度。明确基本管理单元党委及居民区党支部工作职责,建立健全党委例会、科室联络居委、居委信息报送、条线联络沟通等规范化制度;建立健全基本管理单元社区(居民区)委员会工作制度,明确运行章程,确立专题例会与常态化联络协作制度;建立健全基本管理单元社区中心联席会议、信息交流沟通制度。(2)做强"两委一中心"。针对群众关心的"开门七件事"与社会治理"急难愁"问题发挥党组织引领核心作用,按照"区域统筹、集中调配、集约共享"原则,整合多方资源实现"群众诉求联对、社区工作联办、百姓服务联动、工作信息联通",以"联席会议"等形式加强沟通,及时发现、解决问题。(3)加强党组织对"三驾马车"的引领与督导。一

---

1 本部分案例来自于顾村镇调研资料。

是紧抓社区工作团队建设。落实《顾村镇社区工作人员绩效考核办法（试行）》，强化社区工作者培育管理，建立激励机制，每季度开展随机抽取的群众民意测评，持续强化社区工作队伍的群众服务意识与能力。二是加强与物业公司的沟通和协作。明确首问责任制，加强居民区物业公司走访联络，督导居委会配合镇物业办，做好对物业公司的年度考核。三是加强对业委会的监督。在规范组建与监督业委会运行的基础上，聘请第三方社会组织，组织业委会成员培训，指导业委会签订物业服务合同，监督维修基金的规范使用。2016年，菊泉基本管理单元社区党委荣获"上海市优秀基层党组织"称号。

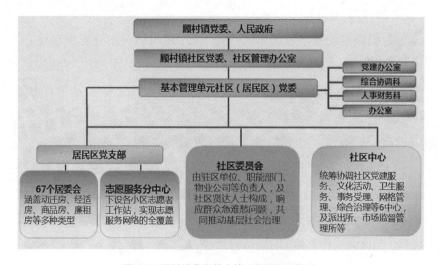

图 7.6 顾村镇菊泉基本管理单元组织体系
资料来源：顾村镇调研材料

第二，创新多元共治体系，激发社区治理活力。

（1）丰富"共治"服务。在区域化大党建基础上，以社区（居民区）委员会为共治平台，横向求广、纵向求深，联合职能部门、驻区单位、动迁导出地村居委等力量，开展"温馨12345""民主议事园""动迁两地情"等项目化活动，开展"七彩公益进社区""家门口的心连心诊室——华山一公里"等活动，有效解决了社区服务资源不足的问题，并结合全国卫生镇复审、争创全国文明城区等工作,组织多元共治力量有效加强"五违四必"整治。(2)发展"自治"力量。一是建设志愿服务网络。实现"两级、三治"志愿服务网络全覆盖,同时制订志愿者管理、培训、激励、保障等制度,目前已成立以党员为骨干的志愿服务团队300余支。二是创新公益服务项目化平台。先后开展了"文明督导——三鸟齐鸣""月老工作室""你呼我应菜单式志愿服务"等14大类20余项特色服务,其中"三治心连心"项目荣获"上海市2014至2015年度优秀志愿服务品牌"。三是弘扬志愿服务精神。在百姓舞台上用老百姓故事讲述志愿者感人事迹,集中开展"雷锋进社区""少数民族宣传月""12·5国际志愿者集中行动"等志愿宣传行动,使志愿服务精神成为深入民心的文化,馨佳园大型居住社区被推选参加全国一百个优秀志愿服务社区的评选。四是丰富居民文化文体生活。鼓励并支持居民成立书画社、百姓诗社、爱国剪纸、爱心编织、美味一家亲等多样化文体团队,组织"'我家这样过大年'摄影照片征集""'春到家园'送春联""亲子嘉年华"等活动,让居民"以文明暖人心,以活动促和谐"。(3)加强"法治"建设。一是在社区治理过程中,坚持联合公安、镇法治办、律师事务所等力量,以讲座、宣讲、案例分析等形式开展群众法治宣传与教育,引导社区居民依法办事,知法、懂法、守法。二是在推动居民区"五违四必"整治、开展文明城区创建、推动卫生镇复审等过程中,坚持引导多元力量以法治思维有条理、有秩序地进行协调解决,避免矛盾与冲突的发生,引导居民群众依法办事。

第七节 策略之五:组织优势显性化

党是中国基层社区运行和治理的核心。很多研究者发现,中国的基层社区治理中有不少独具中国特色的方式方法,发挥了独特而又重要的作用,集中体现了中国共产党领导下的组织优势。大型居住社区的治理实践,也包含着类似的创新之举。

一、"两代表一委员"

党代表、人大代表、政协委员是中国政治体系内、政府职能部门行政化体系之外的重要力量。"两代表一委员"通过联系、视察等方式广泛深入的调研,形成提案、议案,以及多种形式的建言献策和内参专报,是反映问题、优化治理的特色途径。正因其不隶属特定政府部门进行履职的特殊性,以及问题导向、实践导向和基层导向的视角,更能客观、综合、整体地发现工作疏漏,并提出超越部门分割的针对性建议。

大型居住社区推出后,一直是"两代表一委员"关注的焦点之一,尤其是大型居住社区前期配套之后的问题,在其持续努力之下,加速了建设和优化进度。比如,浦东新区人大代表曾在新区人大组织下,视察了浦东大型居住社区公建配套状况,发现并总结出道路出行基础设施、公共服务配套设施、公共管理队伍配备等数个领域的44项共性问题,并督促政府部门一一形成解决计划,收到良好成效。

二、调研传统

实事求是是中国共产党的思想路线。中国共产党一直保持着重视调查研究的良好传统,在革命、建设、改革的不同历史时期,始终坚持把调查研究作为进行正确决策和做好工作的重要前提。调研是致力于解决问题的主动而为,在大型居住社区治理实践中,能有效破除一些学者发现的保障房社区居民利益可能受到漠视的障碍(陈淑云、彭银,2016)。

1. 日常调研

大型居住社区作为所在区域的新生事物,政府部门会不定期采用走访、问卷调查和意见征询等方式,及时掌握真实社情民意,作为改进工作的重要依据。这种方式的本质是构建多元、畅通的利益表达渠道，避免政策和需求之间的错位。

比如，曹路大型居住社区有10个以上居民小区、超4万居民，规划设计的公共休闲空间日渐拥挤，居民拓展空间的呼声强烈。曹路镇对社区居民开展意见征询，准确掌握了原设计方案形式单一、活动场地设施缺乏、社区公共活动空间过少等矛盾点，并在此基础上进行设计方案的重大调整，涉及13个地块、多达1.3万余平方米的公共绿地建设项目。优化方案丰富多彩，包括在大型集中绿地上增加活动广场，增设花架、凉亭、休闲座椅和景观小品设施，增加绿化景观和植物造景等。

再如，航头镇在2011年10月鹤沙航城社区入住达到一定规模后，首次面向居民组织了设摊调查，通过数据采集和分析，精确掌握了居民核心而迫切的需求集中在"开门七件事"。于是，航头镇快速反应，在较短时间内回购了入住率较高小区附近主要道路两边的小门面，围绕"开门七件事"需求进行相应招商。航头镇每年还举行两次"大型居住社区居民代表恳谈会"，镇四套班子领导亲自出席，展开面对面深入交流，掌握第一手信息，及时回应居民诉求。

2. 大调研

2018年，中共上海市委决定在全市开展为期一年的"不忘初心、牢记使命，勇当新时代排头兵、先行者"大调研。市委明确，大调研要紧扣群众生产生活，紧扣经济社会发展实际，紧扣全面从严治党面临的现实问题，紧扣贯彻落实党的十九大精神需要解决的问题，紧扣市第十一次党代会确定的目标任务，紧扣企事业单位、"两新"组织、城乡社区和市民群众反映的突出问题。坚持开门搞调研，开放式寻找问题、收集问题，对调研中发现的问题逐项梳理、逐步聚焦，做到边调研边解决问题，把解决问题贯穿于大调研的全过程，并及时总结推广调研发现的好典型、好做法、好经验（上海市委，2017）。

不少大型居住社区集中的区、镇，将大型居住社区治理纳入大调研选题,并形成了常态化调研机制,成为大型居住社区良性运转的重要保障。

以浦东惠南镇为例,该镇布局有民乐等大型居住社区。在大调研中,为了亲自体验大型居住社区居民看病难的真实状况,调研组中几位年轻人分别在0点、6点、18点、21点等时间段,从民乐大居不同住宅小区出发去医院,实地模拟挂号、候诊、检查等看病流程,真正了解到居民看病不易,为就近增设卫生服务站点提供了决策支撑。通过类似方式,还促成了交通线路增设、学校加速建设等难题的解决。

三、社区骨干培育

社区作为生活共同体,自发的非正式力量往往具有意想不到的治理功能,释放出不同于甚至超过正式组织的作用。这其中典型之一是以志愿者身份活跃在社区内部的党员骨干。志愿者骨干特别是楼组长、党员志愿者骨干来自群众、扎根群众,具有一定的感召力和动员力,能够影响、引领社区氛围,弘扬正气,促进社区良性运转秩序和家园认同意识的形成。对于大型居住社区这样的特殊社区而言,这些非正式力量的价值尤为重要,是上一级党组织和行政组织在大型居住社区内非正式形态的战略支点与触角。顾村镇馨佳园和航头镇鹤沙航城大型居住社区的案例充分展示了这一点。

1. 组织发动和培育

在馨佳园大型居住社区居民入住之初,顾村镇党委号召居民党组织、优秀党员,利用多种媒体媒介,开展社区志愿自治宣传、志愿服务活动展示,帮助入户群体理解志愿服务概念,树立从"传统思路上的被动等待、接受政府管理与服务"向"现代意义上的主动实现自我服务、自我管理、自我教育与自我监督"意识的转变。

馨佳园社区专门成立社区志愿者服务中心,下设12个居民区志愿服务站,由党支部督导日常运行,以党员志愿者为核心骨干力量,组建各类志愿者团队300余支,发展注册志愿者1 000余人。

同时,馨佳园以"庆七一""3·5学雷锋""12·5国际志愿者日"等为契机,以党员优秀志愿者为模范典型,开展"身边人身边事宣讲""群众自治感人故事集""我奉献、我快乐、我享有——社区志愿者集体签名式"等活动,进一步在居民中树立"以志愿服务实践居民义务与权利,互助关爱、互利双赢"的价值理念。倡导争创五个"最先"志愿活动,即邻里互助最先参加、居民纠纷最先劝解、文明创建最先支持、稳定隐患最先报告、急难特事最先参与,推动更多骨干涌现,鼓励更多居民逐步发挥骨干作用。

鹤沙航城在社区党员及素质较高、做事公正、愿为居民办事、愿为小区管理出力的居民中挑选和组建楼组长队伍,作为社区骨干队伍的核心力量,并进行常态化培训、外出参观、经验交流,建立评价激励机制。志愿者达到一定规模后,开始细分出平安、卫生、啄木鸟、活动室、交通、图书管理、调解等10多类,逐步打造专业化队伍,并重点培育各细分队伍中的领头人,给予宣传、表彰,形成"点上激励、面上进步"的效应。

2.鼓励全方位发挥作用

积极将社区骨干纳入问题发现、协同会商、调解处理、联勤联合治理活动,充分发挥其独特作用。

大型居住社区入住初期,党员志愿者积极参与对群租、破墙开店、违章搭建、毁绿停车种菜等问题的整治。常态开展"温馨12345"活动,每周一,社区党员、居民代表、楼组长与镇房办、城管、派出所力量,与物业公司工作人员一起共同巡查居民区,就发现的问题及时召开联席会议,寻找解决方法。组建居民区文明督导队,开展"三鸟齐鸣"(啄木鸟、布谷鸟、百灵鸟)活动,每天在小区巡逻,督促居委会提高服务效率;督促业委会依法依规,确保维修资金规范使用;督促物业公司按行业规范开展"四保"工作,提升服务质量;利用黑板报、业主微信群等途径,加强文明宣传,提升居民素养。

通过发挥志愿者骨干的作用,仅在2013年下半年至2014上半年就有效制止40余起经适房转租或群租问题;相关部门成功取缔了馨佳园南块区"非法托老所";社区案发率长期保持极低水平;物业费收缴由原来的不到50%提高到现在的80%以上。

第八节 小 结

本章尝试着回答上海大型居住社区能否走出欧美发达国家大型保障房社区的衰败宿命。如果事实证明上海的努力可以实现成功,那么总结其理念、规划和实践并进而提炼出模式体系,就格外具备理论和实践价值。新加坡的成功案例已经打破了住房集中保障必败的魔咒,潜在的大型保障房社区治理的"上海模式"将提供新的方案选择。

总体来看,上海治理大型居住社区采用的是整体性治理框架。这一理论框架能有效克服治理破碎化的弊端。大型居住社区作为城市空间和大规模人口的战略性、整体性演化变动,恰恰需要无缝隙的全方位应对。上海大型居住社区整体性治理的框架主要包括"五化":规划理念整合化,资源注入倾斜化,治理结构网络化,治理体制创新化,组织优势显性化。其中,规划理念整合化最为关键,只有在前端、在理念和在规划层面坚持整合的战略导向,才能后续匹配相应的资源、体制和机制,达成治理目标。

具体而言,大型居住社区整体性治理主要表现为:

一是规划理念整合化,即将大型居住社区融入全球城市进程,嵌入城镇体系,整合住房保障体系和保障对象,贴近交通网络。整合理念以及相应规划安排的最大意义在于,居住空间的置换始终发生在城市空间有机体内,大型居住社区始终处于上海全球城市进程之中。

　　二是资源注入倾斜化，即全方位配置，全力以赴持续推进，全面协调过渡周转。资源供给是大型居住社区运行的生命线。上海高度重视大型居住社区的资源配置状况，从市级层面专门设计标准，持续落实，并着力做好最可能发生资源供给失衡的社区运行初期阶段的过渡周转安排。

　　三是治理结构网络化，即主体多元化，协作网络化，技术现代化。大型居住社区运行涉及发挥不同作用的众多主体，这些主体间遵循不同的合作逻辑，共同构成了网络化的运行体系，避免了碎片化式运作。信息和数据技术的进步也赋予了多主体整体运转的可能，让大型居住社区能够被政府管理体系有效覆盖。

　　四是治理体制创新化，即初期阶段的"镇管社区"模式创设，以及后续基于"基本管理单元"的"镇管社区"模式升级。这一体制变迁的背后，体现的是属地基层政府适应大量人口导入的持续体制创新，总体实现了"小马成功拉大车"。

　　五是组织优势显性化，包括"两代表一委员"、调研传统和社区骨干培育等内容。这是中国共产党领导优势的特色化体现，能够让政府主体始终与居民心贴心融为一体，民意畅通传达，及时正向反馈。社区骨干则发挥了重要的战略支点作用。

　　有研究者发现，公共住房由于其固有的非市场化供应模式，导致价格信号被扭曲，真实需求与实际供给之间难以精确匹配，成为这类住房模式的内在缺陷（周阳敏，2011）。但事实上，大型居住社区是体现政府干预的非市场机制选择。上海通过整体性的治理设计，全面精确地掌握居民需求偏好，开展有针对性的管理与服务，最大限度地修复和重构居民生活系统，使得迁居成为迈向更美好生活的新起点。

第八章 优化大型居住社区运转的方案设计

第一节　在全球城市框架内持续优化大型居住社区

全球城市的建设,是20世纪90年代后上海城市空间战略性重构的重要动因,居住空间也发生了深刻变化,保障性住房社区从21世纪初开始逐步出现。同时,全球城市也是大型居住社区可持续发展的关键依托。将全球城市建设与大型居住社区发展融为一体,已显现出较为突出的优势,必定会成为上海住房保障的重要特色。

一、全球城市是大型居住社区的关键依托

全球城市进程是上海大型居住社区形成虽非唯一、但却重要的原因之一。反面观之,全球城市建设也为大型居住社区可持续发展提供了独特而关键的支撑,发挥着"母体滋养"式作用,能够有效抵御和消解欧美早期大型保障房社区衰败的内在结构性矛盾。

1. 资源托底

全球城市是世界城市网络中的核心节点,具有最广泛的全球连通性,往往也是一国之内首位度最高、经济实力最强的城市之一。从地方可用财力角度看,2000年至2019年间,上海一般公共预算收入自497.96亿元增加到7 165.10亿元,位居全国第一,比第二位的北京高出近1 300亿。雄厚的财力为住房保障提供了强大的资源支撑,能够通过转移支付等方式支持大型居住社区构建完善的教育、医疗、养老等综合

配套体系。不仅如此,全球城市还拥有极为充沛的就业机会,包括规模庞大的中低端就业资源,特别是就业门槛相对较低的传统服务业就业岗位。加之全球城市通常具备的四通八达的轨道交通资源,可以便利大型居住社区居民与就业资源的连接。

2. 资产提升

全球城市固有的地方空间有限性和功能承载无限性之间的矛盾,使得中心城区转型为世界城市网络运转的"生产基地",成为价值高地,客观上是导致低收入居民外迁至大型居住社区的重要原因。但反面观之,全球城市助推下的中心城区价值抬升,必然带动上海全域价值的持续走高。从纽约、伦敦和东京的城市地产价值走势看,城市均值一直处于所在国的最高位之列。同样,相较于国内其他城市,大型居住社区自身的资产价值也较为可观,事实上也成为动迁居民、共有产权房业主等对象的财富积累。

3. 区位支撑

全球城市与普通城市相比,往往呈现为多中心、多核空间结构的网络城市(周振华,2017)。《上海市城市总体规划(2017—2035年)》明确,上海要形成:"一主、两轴、四翼;多廊、多核、多圈"的市域总体空间结构;"主城区—新城—新市镇—乡村"的市域城乡体系;"城市主中心(中央活动区)—城市副中心—地区中心—社区中心"的公共活动中心体系。相比较单中心结构而言,多中心结构更为均质化,资源空间布局更为均衡,依托多中心发展大型居住社区,能够确保相对有利的区位条件,不至于落入孤立和隔离的空间境地。

4. 结构改善

全球城市具有强烈的要素流动特征,其中也包括人的流动,本国外来人口和国外移民通常将全球城市作为谋求更大发展空间和更高收入水平的首选地。这些一定规模持续流入的人口中,青年群体占据较高比例。这一群体在全球城市奋斗的初期,离不开低成本租赁居住空间。在中心城区高房价压力下，不少中青年置业呈现出逐步改善的路径，初次购房受成本约束更大。这就意味着大型居住社区可以成为潜在的目标选择，从而也让大型居住社区流动起来，年龄结构、收入结构、素质结构都会正向改变，社区活力和吸引力有力增强，最终减小社区衰败的概率。

二、优化大型居住社区运转主要原则

1. 坚持近期治理与远期发展相结合

立足大型居住社区作为新生事物、整体处于起步期的实际，强化对各类暴露问题的及时应对和有效处置，提高社区居民满意度和获得感，全力消除对大型居住社区模式本身的潜在质疑，树立良好的社区形象和品牌效应。着眼城市长远发展，在整体框架下持续完善大型居住社区体制和机制，充分借助城市和区域发展红利，强化教育、就业、医疗等关键资源支撑，打造社区健康可持续运行的动力体系。

2. 坚持服务与管理并重

秩序是大型居住社区的首要任务，服务是大型居住社区的关键所在。聚焦大型居住社区关键短板，正视社会治理和公共服务资源匮乏引发的群众不满，把补齐配套作为推进大型居住社区治理的重要前提和内容。同时，在社区运行第一刻即重视规范管理，全力防止失范行为产生和蔓延，满足居民对秩序的需求，真正实现寓管理于服务，全面构建和实现人的全面发展的生活共同体。

3. 坚持政府主导与多方参与相结合

明确大型居住社区治理是各级政府，特别是属地政府执政为民的责任体现，充分发挥政府在政策制定、组织架构、资源供给和监督协调等方面的主体地位。在坚持政府主导地位的同时，注重发挥人口导出区、驻区单位、市场力量、非营利组织和个人等多元主体的积极性，切实推进社区共治和自治，打造社区良性运行体系。

4.坚持试点先行与因地制宜相结合

立足大型居住社区治理仍处于持续探索过程的实际,在基本管理单元等市级规定框架内,鼓励各大型居住社区在特殊人群服务、物业管理、共治自治体系建设等领域开展首创性试点探索,并及时总结和固化为规范性指导意见加以推广。同时,不搞简单一刀切,尊重各个大型居住社区基于自身区位、文化、经济实力、社区结构等特点,形成符合客观实际、具有针对性的治理体系。

三、优化大型居住社区治理的思路

立足大型居住社区主要特征,全面深度融入上海卓越的全球城市建设进程,遵循整体性治理理念,以基层社区治理能力的提升为主线,坚持问题导向、需求导向和目标导向,坚持规划、建设、运行全环节和全过程联动,坚持"资源整合、组织重构、重心下移"方针,打造和谐安定、功能完善、运行顺畅、活力繁荣的城市社区生活共同体。

立足大型居住社区主要特征,意味着不能简单套用普通商品房社区治理模式,必须准确把握大型居住社区在人口结构、区位结构、资源结构、文化结构等方面的特征,有针对性地开展治理方案设计。

全面深度融入上海卓越的全球城市建设进程,遵循整体性治理理念,表明必须跳出单纯的住房和住宅区视角,站在城市的整体发展战略高度和长远视野理解大型居住社区,厘清全球城市建设内含的现实和潜在优势,通过无缝隙的综合施策,彻底打破大型居住社区潜在的"下坠循环"结构。

以社区治理能力的提升为主线,表明要高度重视对于大型居住社区这类特殊社区治理的不熟悉、不适应和不敢为现象,把治理能力打造作为关键取向,治理能力的核心在于资源供给能力和秩序维护能力,所有措施最终都服务于治理能力提升。

坚持问题导向、需求导向和目标导向,意指必须标本兼治,着眼于解决当前暴露的问题,满足社区居民的主要需求,并始终以政策预设目标牵引治理行动,推动治理始终沿着正确方向纵深推进。

坚持规划、建设、运行全环节和全过程联动,表明大型居住社区作为一个过程,每个阶段都影响着治理成效,因此治理行为必须从前端规划环节即开始介入,确保每个环节都不偏离政策设计。

坚持"资源整合、组织重构、重心下移"的方针,意味着大型居住社区治理要聚焦资源、框架和主体三大层面,必须千方百计提供资源支撑,创新构建科学合理的体制机制,并始终将镇作为关键枢纽和主体,所有资源和体制机制设计,最终服务于提高镇一级治理能力。

打造和谐安定、功能完善、运行顺畅、活力繁荣的城市社区生活共同体,表明优化大型居住社区治理最终目标在于形成可持续的城市社区运行机制,为数百万导入居民安居乐业,实现个人的全面发展奠定坚实基础,并以基层社区和谐增进社会整体和谐,推动上海卓越的全球城市建设。

第二节　政策建议

进一步做好大型居住社区治理,必须在整体性框架内,从理念、规划、资源、体制和机制等全方位入手,实现有针对性的优化和改进。

一、理念认识层面

1. 强化大型居住社区的社会属性认知

大型保障性住房不仅是物理的建设工程,更是系统的社会工程,重构着数百万市民的就业就学、交通出行、邻里关系、社会联系等生活的方方面面。从起步之初的"大型居住基地"到"大型居住社区",名称的改变,体现的是从"住房集中区"到"生活共同体"的转变,反映了上海对大型保障房认识的深化,更加突出城市社区的整体发展理念,突出社会和谐、以人为本的理念。在大型居住社区建设加速推进的重要时刻,更要进一步加深认识,凝聚共识,深刻认识到:作为解决中低阶层住房问题的重要创新模式,大型居住社区是根植于郊区腹地的新型特殊城区,是城市弱势群体的主要集聚地,如果疏于管理,极易蜕变成区域发展的"洼地"和问题丛生的"乱区",因此没有创新的治理模式,没有高水平的治理实践,就没有大型居住社区的长期可持续发展。

2. 深化"全市一盘棋"大局观念

大型居住社区并非因属地区、镇自身需求而生,是上海全球城市建设进程中的产物,属于城市整体空间战略性调整范畴,直接动因是中心城区新定位和新功能设定,以及低收入阶层住房改善之需。就此而言,大型居住社区属地区、镇为城市发展大局做出了一定牺牲,但同时中心城区发展新取向也是服务于城市战略全局,这是中国"一盘棋"独特观念的重要体现。

"一盘棋"逻辑的一面是部分为整体的付出与牺牲,另一面则是整体对部分的补偿与支持。对于大型居住社区而言,其治理和发展理应上升到上海全市、全局层面统一谋划,而不仅是属地区、镇的单一责任,更需要得到来自外部包括纵向和横向的利益补偿和发展支持。显然,没有这样的"一盘棋"观念支撑,大型居住社区作为一种战略无法取得真正成功。

二、规划建设层面

1. 实施更大的区域尺度规划

《上海市城市总体规划(2017—2035年)》是一部全球城市理论指导下的前瞻性规划。优化新增大型居住社区规划,必须体现这部总体规划内含的人文、包容等价值导向,全面融入其多中心的空间体系。特别是要抓住上海郊区各区编制新一轮总体规划的契机,在现有大型居住社区微观规划的基础上,提升规划尺度,进一步在中观乃至宏观层面开展区域尺度规划设计。关键是将大型居住社区与新城、城市副中心、新市镇等融合思考、整体规划,实现公共服务资源配置、重大交通基础设施等要素一体设计,避免分割式规划带来的资源配置不足和过剩并存现象。

同时,也有必要借各区规划新编的机遇,调整和优化既有大型居住社区在规划层面的缺陷,尤其是完善大型居住社区与城市相关主、分中心之间的快速连接体系,改进区域公建配套质量。

2. 优化结构设计,构建多层次化居住格局

多样化、多层次化的人口结构是社区活力的重要源泉。大型居住社区普遍出现低收入群体、老龄群体比重过大的情形,急需增加中等收入和年轻群体的数量,形成老中青合理搭配、低收入混合中等收入的社区人口结构。一方面,要通过提高配套设施标准,吸引就业、就学需求强烈的中青年保障房购房者前来入住,增强人口集聚度的同时,优化人口结构;另一方面,适当扩大保障房覆盖面,增加共有产权房和公共租赁房比例,比如向外来青年人才开放保障房体系,以此吸引更多年轻群体入住,推动形成富有活力、和谐有序的社区生态,为开展社区服务和管理奠定良好的人口基础。

3. 加强流程再造和质量管控,实现又好又快推进

针对大型居住社区规划审批和建设过程中出现的流程与质量问题,应从流程和监管角度着手改进。一是规划科学是最大的效益。要完善规划的现场考察和比对环节,加强走访和主动问询,尤其是应将属地基层政府纳入规划过程,避免图纸和地块现状出现明显矛盾,减少规划不合理引发的后续治理障碍。二是简化和优化审批流程。依托自贸试验区政府职能转变改革,以及营商环境打造,通过取消审批、审批改备案、实施告知承诺等方式(唐玮婕,2019),最大限度地减少审批事项、优化审批流程,在信息技术支撑下将串联审批改为并联审批,加速大型

居住社区从规划到施工环节的转化。三是严格质量管控。严格落实责任制,强化监理环节,并在施工的不同阶段,组织相关居民代表或属地区镇人大代表考察施工现场,最大限度消除建筑质量隐患。

三、资源配置层面

1. 加速各类配套,促进人口集聚和社区成熟

大型居住社区居民迁居后个人和家庭生活系统的重建,载体依托是各类公共配套。生活需求的日常性和丰富性要求配套不能滞后,必须先行,这也是社区良性治理的重要前提。

一是抓主要矛盾。从关键着手,特别要加快开通直达市区,以及衔接轨道交通的公交线路;加快引入菜场、餐饮等生活服务业资源;加快医院、学校的建设。

二是推行集约化供给。基于大型居住社区居民主要是中低收入群体,以及分阶段入住的实际,采用新加坡邻里中心的模式,分片区设立,通过政府引导,快速集聚与居民日常生活关系最密切的菜场、餐饮、维修、日托养老等配套设施,以满足先期入住居民的需求,待居民全部入住后则可进行项目调整,继续发挥功能。

三是提高配套标准。改变目前大型居住社区配套设施执行标准过低的情况,按照最新行业标准,并适度参照普通商品房社区情况,在道路等级、环卫设施、停车位数量、电子围栏等技防设备、校园装修等方面,做到不落后、保长远。真正落实以常住人口为基准的队伍力量配置格局,适当增加行政、事业编制和警力等配备。

四是突出因地制宜。在大型居住社区通用规划的基础上,厘清不同社区的需求差异,进行有针对性的完善,开展精确化社区治理。近期应突出两大个性化需求:其一是养老,应提前储备一批社区居家养老空间,应对老龄化加重的趋势;其二是就学,聚焦出生高峰带来的教育需求,针对学龄前儿童较多的社区,加快学龄前和义务教育阶段学校的

建设。

六是注重多元化供给。大型居住社区的人口特征决定了其支付能力较低,购买社会服务能力较弱,建议在鼓励市场主体发挥作用的同时,引入慈善团体或社会组织,由政府提供部分补贴,开展低收费或免费的服务,形成多元化、多层次的公共服务供给格局。

2. 狠抓就业与教育,努力提升居民的发展能力

解决集中的贫困问题的最现实方法,是为聚居区底层阶层家庭和个人提供社会流动的资源(威廉·朱利叶斯·威尔逊,2007)。要高度重视就业与教育对个人和家庭发展的整体效应,将其作为社区长远发展的重中之重。就业是对劳动适龄人口当下的帮扶,而教育则是着眼于大型居住社区居民的未来社会流动,正如格莱泽(2012)所说,在存在种族隔离的地区投资是有可能取得成功的,只要投资的目标是孩子。

在就业方面,积极开拓就业渠道,引导居民就近就业,全力做好就业困难群体的就业工作。一是探索"三个联动"。通过与周边工业园区建设联动,与新城、新市镇建设联动,与休闲观光农业发展联动,努力引导居民实现就近就业。二是加大岗位开发力度。大力挖掘劳动保障、治安巡逻、市容绿化、老幼看护、残疾人服务等公益性岗位,并定期举办专场招聘会,开辟大型居住社区居民就近就业"绿色通道"。三是完善配套机制。对于吸纳大型居住社区居民就业的企业,给予一定的就业补贴;对于积极就业的困难群体,适当延长低保等期限。四是加大培训力度。重点针对有特殊岗位技能要求和自主创业计划的就业困难人员,开展特色培训、订单培训,多渠道、多层次、多形式地提高就业困难人员创业、就业的能力。

在教育方面,要以质量提升为重点,通过软硬两方面努力打造优质教育环境。一方面,市级层面制定中心城区重点学校在大型居住社区设立分校的规划,并完善学校硬件配备,按照不低于中心城区学校的建设标准,为大型居住社区居民后代提供优越的受教育环境;另一方面,切实推进与中心城区,以及区内优质师资资源的对接力度,在职称评定、津补贴、荣誉称号等方面给予在岗教师一定的倾斜,并努力返聘一批有经验的退休教师前来支教。同时,通过专项基金或慈善基金资助等形式,奖励考入优质高中和名牌大学的大型居住社区困难学生,在社区内营造努力向学、自立自强的良好风气。

3.夯实市区责任,强化公共服务资源供给

考虑到镇级财力实际,应贯彻财权事权相一致原则,着力强化纵向和横向支持,提高其应对大型居住社区资源供给的储备水平。一是建立市级可持续投入机制。将现有一次性财政投入改为一定年限的持续投入,或通过以奖代补的形式对大型居住社区继续增加资金支持。二是提升区级投入比重。在教育、卫生等基本公共服务核心领域,由大型居住社区所在区承担日常运行经费保障,减轻镇一级负担。三是鼓励人口导入区和导出区的结对共建。引导市区的人口导出区在基本公共服务等方面与人口导入区开展合作,尤其是发挥中心城区人口导出区在公共服务资源方面的优势,提高大型居住社区的配套资源规模和水平。

四、体制优化层面

1.进一步强化党在社区治理中的核心作用

新加坡的经验说明,执政党的领导是保障房集聚社区治理的根本保障,因此要旗帜鲜明地发挥党组织和党员在大型居住社区社会管理中的核心作用。一是强化党的基层组织建设。高度重视大型居住社区所在镇党委、社区党委和社区党支部的建设,开展强基工程,将广大党员凝聚在基层党组织周围,鼓励党员积极参与社区治理,努力成为社区治理的核心力量。二是推广对口联系制度。借鉴新加坡人民行动党议员深入社区一线的经验,充分发挥中国共产党密切联系群众的传统,实行"两代表一委员"驻区机制,将大型居住社区列为"大调研"活动的重点对象,进一步畅通社情民意上传下达的渠道,发挥政府正规途径之外的第二通道作用,让困难居民更广泛和真切地感受到组织温暖。

2. 全面支持镇枢纽和主体作用发挥

镇是大型居住社区治理的责任主体,但也处于行政层级和权力的最末端。只有镇的繁荣,才能带来大型居住社区的有效治理。因此,大型居住社区治理的中心在社区层面,但关键则在镇,镇是枢纽和主体。一方面,对于因大型居住社区建设而利益受损的镇,应在区域发展战略中实施倾斜,列入重点发展范围,在重大项目、重要设施等方面予以倾斜,确保其长期发展潜力。另一方面,合理划分纵向事权范围,市政项目的养护总体参照街道模式操作,由区财力承担;镇专注做好大型居住社区的社区治理和公共服务供给工作。

3. 在基本管理单元基础上探索析出街道

实践证明,基于镇管社区的基本管理单元模式,是短期内在现行体制框架内有效管理大型居住社区的重要保障。当前的重点应放在创造条件、推动基本管理单元真正做实上。一方面,在市级层面制定出台相关意见,为基层提供实施规范,避免镇管社区出现初期无标准可依的混乱;另一方面,强化各相关区层面对基本管理单元运行的综合支撑,督导和确保资源到位、运行规范,对于大型居住社区按照上限设定人员编制。

同时,对于完成规划建设任务、人口整体导入、社区运行平稳有序的大型居住社区,积极推动其从镇内析出,转为街道。成熟一个,转制一个。最终实现绝大多数大型居住社区转为街居体制,实施完全城市化状态下的管理。

五、治理机制优化层面

1. 强化全流程沟通协调机制

大型居住社区是一项多主体参与的复杂工程,涉及民生的敏感性要求必须实现无缝隙合作,但由于利益冲突和无经验可鉴,确实也出现了协调难的障碍,因此必须进一步强化全流程的沟通协调。一是优化纵向协同。既要根据经济社会发展和成本结构变化的情况,建立市级补贴动态调整机制,适度提高补贴标准,同样重要的是优化资金审批流程,加快资金下拨速度,切实提高属地基层政府优质高效提供商业等相关配套的资金实力。建议根据事权责任主体划分,尽可能将资金直接拨付给实际使用主体,减少无谓环节的折腾。二是强化横向协调。横向协调的关键在于明确人口导出区的责任,避免不时浮现的"甩包袱"心态和"撂挑子"行为,在市级规范协调之下,确定人口导出区在一定期限内的持续义务,包括导出环节的信息及时传递、运行阶段的帮扶支持等,让大型居住社区居民在多方温暖下尽快步入生活正轨。三是构建基层倾斜机制。鉴于属地基层镇级政府处于行政层级最末端,权责长期失衡,应通过相应机制弥补体制安排的客观不足,特别是在规划环节,确保导入镇政府的参与权与建议权,甚至是对部分规划细节的一票否决权。同时,关于大型居住社区的政策扶持和资源注入,也应进一步聚焦镇级政府。

2. 优化物业管理规范可持续运行机制

管理是大型居住社区避免走向失范的关键要素,其中物业管理是社区整体环境和基本秩序保持的第一道防线。应瞄准问题综合施策,彻底改变物业管理的短腿状况。一是构建最低成本保障机制。针对大型居住社区物业收费标准低、缴费率低、成本增加快的实际,建议形成社区运行初期市、区、镇、居民四方成本分摊机制。在强化居民物业管理费收缴工作的基础上,根据保障社区有序运行的最低成本测算,由市、区、镇三级共同补充。物业管理不容懈怠,良好秩序不能中断,最低成本保障机制应持续至社区步入自我循环轨道之时。二是强化物业企业筛选和监管工作。建议在大型居住社区运行初期,由国有物业管理企业承接社区物业管理,发挥国企兼顾营利性和公益性的优势,避免市场化企业"成本—收益"核算逻辑带来的冲击。同时，做好日常多方共商和共管工作，督促物业管理企业尽责履职。三是重视欠费清缴工作。全面掌握居民欠费原因，制定相应对策。尤其是对于恶意欠缴行为，采取纳入社会信用征信体系、支持物业管理企业司法诉讼等多种方式，打击歪风邪气，切实提高缴费率，维持社区自我循环。四是督促和支持物业狠抓社区环境管理。对于垃圾乱扔、防盗门破损、群租、居改非破墙开店、毁绿占绿、饲养家禽、乱贴乱画、占道堆放物品等不文明和违规行为，坚决予以制止，避免形成"破窗效应"。

3. 完善社区治理骨干队伍培养机制

特殊社区需要专门人才，大型居住社区的良性治理离不开强有力的队伍支撑。一是锤炼基层干部队伍。首先，在镇域范围内挑选年富力强、经验丰富的干部充实到社区党委、居委等治理一线，形成富有战斗力的基干力量；其次，持续开展高强度的岗前和在岗培训，推广一线涌现的成功案例，营造"干中学"氛围；再次，鼓励大型居住社区干部与属地区城区范围内的街居干部开展双向交流；最后，也要不拘一格从基层草根中发掘和使用具有丰富经验的民间"老法师"。二是吸纳专业力量介入。社会组织是社会治理的专业力量，尤其对于政府规范化治理难以覆盖和有效应对的特殊群体、特殊领域，社会组织更为擅长。应充分发挥上海社会组织规模大、类型多的优势，通过政府购买服务的形式，将更多面向社区治理的专业社会组织引入大型居住社区治理体系。三是鼓励社会精英走进社区。鼓励和吸引政协委员、企业经营者和社会知名人士等定期走进大型居住社区，走入居民中间，发挥社会精英的资源优势，推动社会资源向大型居住社区倾斜，为居民生活就业和社区治理提供力所能及的帮助，形成乐观向上的社区氛围。

4. 形成居民社区认同和参与机制

认同和参与是塑造社区生活共同体的基础。一是以理服人。在人口导出区相关部门协助下，多途径解决大型居住社区居民的历史遗留问题,鼓励通过司法方式明断是非、形成裁决,避免过激、消极情绪的长期存续和蔓延。二是以情动人。对困难弱势居民,加大帮扶力度,及时宣传身边的好人好事,传播正能量,营造社区内互帮互助、携手共进的温馨氛围。三是以趣联人。发挥社区自治金等资源的作用,积极鼓励社区积极分子和有特长的居民,成立基于兴趣和共同爱好的小组、小分队等,广泛开展形式多样的群众文体活动,发挥非正式组织凝聚人、鼓舞人的独特作用。四是以会促人。推广社区民主,让居民参与社区各类事务,是激发居民主人翁意识的重要途径,以听证会、评议会、考评会等多种载体,将居民真正纳入社区运行的全过程,才能真正形成凝聚而牢固的家园。

5. 构建技术支撑机制

公安、城管等基层管理力量不足,不同条线部门之间协同不够,以及社区内部群租、损害公共财物等,是不少大型居住社区治理面临的客观实际。在强化力量配置,优化协同机制,加大整治力度的基础上,应顺应信息和数据科技的突飞猛进,将大型居住社区打造为新技术应用的示范区域。关键在于市区两级而非仅依靠镇级政府,增加对大型居住社区智能化设备的专项投入,通过布设基于物联网的各类智能感知设备,全域、全维、即时感知社区安全风险,并通过人脸识别、车牌识别等技术,做到社区家底清、动态明,逐步将所有大型居住社区建设为"智能安防小区"。同时,在"城市大脑"框架内,发挥合成指挥效能,以条线间和条块间协同,实现力量倍增效应。

第三节　小　结

本章是全书逻辑演进的尾声,在基于成因、现状、问题、国外经验等论述之上,提出进一步优化大型居住社区治理的政策设计。上海大型居住社区的发展，不能脱离全球城市定位这个最大的背景和依托。全球城市建设之所以能成为大型居住社区的关键依托，在于具备内在的资源托底、资产提升、区位支撑、结构改善等重大优势，能够改造上海大型居住社区的先天基因，有效抵御和消解欧美早期大型保障房社区衰败的内在结构性矛盾，从而有可能走出一条独特的光明之路。

尽管上海在大型居住社区治理中已逐步摸索出一系列行之有效的做法，但不可否认的是，仍处于发展过程中的大型居住社区还存在一些问题，急需强化有针对性的治理。构建优化大型居住社区运转的方案设计应遵循四大原则：坚持近期治理与远期发展相结合；坚持服务与管理并重；坚持政府主导与多方参与相结合；坚持试点先行与因地制宜相结合。在此基础上，立足大型居住社区的主要特征，全面深度融入上海卓越的全球城市建设进程，遵循整体性治理理念，以基层社区治理能力的提升为主线，坚持问题导向、需求导向和目标导向，坚持规划、建设、运行全环节和全过程联动，坚持"资源整合、组织重构、重心下移"方针，打造和谐安定、功能完善、运行顺畅、活力繁荣的城市社区生活共同体。

在整体性框架内开展大型居住社区治理，应从理念、规划、资源、体制和机制等层面全方位入手，实现有针对性的优化和改进。

参 考 文 献

1. 联合国人居署:《全球化世界中的城市——全球人类住区报告2001》,北京: 中国建筑工业出版社,2004年,第25、49、96、101页。

2. 张祚、朱介鸣、李江风:《新加坡大规模公共住房在城市中的空间组织和分布》,《城市规划学刊》,2010年第1期,第97—109页。

3. 萨森:"迈向卓越的全球城市: 全球城市理论前沿与上海实践"研讨会,http://sh.people.com.cn/n2/2018/0402/c134768-31413591.html,2018年4月2日。

4. 周俭、黄怡:《营造城市大型居住社区的多样性》,《上海城市规划》,2011年第3期,第22—25页。

5. 钱瑛瑛、陈哲、徐莹:《基于空间失配理论的上海市中低价位商品房选址研究》,《现代城市研究》,2007年第3期,第31—37页。

6. 吴启焰:《大城市居住空间分异的理论与实证研究》,北京: 科学出版社,2016年,第22页。

7. 徐建:《社会排斥视角的城市更新与弱势群体——以上海为例》,复旦大学博士学位论文,2008年,第95、198页。

8. 陈淑云、彭银:《保障房居住区社区协同治理创新研究——以四螺旋协同治理体系为视角》,《湖北行政学院学报》,2016年第3期,第71—76页。

9. Hall, P.G. Cities in Civilization: Culture, Innovation, and Urban

Order, Weidenfeld & Nicolas, London.

10. 高杰:《经济适用房小区居民满意度评价》,《科学发展》,2013年第2期,第45—54页。

11. 陈忠:《空间辩证法、空间正义与集体行动的逻辑》,《哲学动态》,2010年第6期,第40—46页。

12. 金桥、徐佳丽:《上海大型居住社区的特征、问题与未来发展——基于2014年问卷调查数据的分析》,《城市与环境研究》,2016年第1期,第15—28页。

13. 桂家友:《城市新建大型居住社区的管理困境与创新治理——以上海市浦东新区为例》,《上海城市管理》,2015年第5期,第42—48页。

14. 陈荣武:《上海大型居住社区基层社会治理路径研究——以上海市浦东新区为例》,《党政论坛》,2015年第6期,第29—33页。

15. 彭善民:《新建保障性住宅基地的社区管理创新——以上海G镇大型居住社区J区为例》,《社会工作(实务版) 》,2011年12 期,第30—32页。

16. 周江评:《"空间不匹配"假设与城市弱势群体就业问题：美国相关研究及其对中国的启示》,《现代城市研究》,2004第9期,第8—14页。

17. Brama, A., "White Flight"? The Production and Reproduction of Immigrant ConcentrationAreas in Swedish Cities, 1990−2000, Urban Studies, 2006, 43(7), pp.1127−1146.

18. Marcuse, P., The Enclave, the Citadel, and the Ghetto: What Has Changed in the Post-Fordist U.S. City, Urban Affairs Review 1997, 33(2), pp.228−264.

19. Morrison N, Monk S. Job-housing Mismatch: Affordability Crisis in Surrey, South East England. Environment and Planning A, 2016, 38(6): 1115.

20. Friedmann, J. The World City Hypothesis. Development and Change, 1986(17): 69–83.

21. 刘志林、王茂军:《北京市职住空间错位对居民通勤行为的影响分析: 基于就业可达性与通勤时间的讨论》,《地理学报》,2011年第4期,第457—467页。

22. 周素红、程撕萍、吴志东:《广州市保障性住房社区居民的居住-就业选择与空间匹配性》,《地理研究》,2010年第10期,第1735—1745页。

23. 徐建:《国外保障房集中社区衰败的机理及其治理研究——兼论对中国保障房建设的启示》,《上海城市管理》,2018年第6期,第44—47页。

24. 贾宜如、张泽、苗丝雨、肖扬:《全球城市的可负担住房政策分析及对上海的启示》,《国际城市规划》,2019年第2期,第70—77页。

25. Peter Mann. An Approach to Urban Sociology. 1965, London: Routledge.

26. 袁媛、许学强:《国外城市贫困阶层聚居区研究述评及借鉴》,《城市问题》,2007年第2期,第86—91页。

27. William H. Carter, Michael H. Schill and Susan M. Wachter. Polarization, Public Housing and Racial Minorities. Urban Studies, 1998(10): 1889–1911.

28. 约翰·里德:《城市的故事》,北京: 生活·读书·新知三联书店,2016年,第1页。

29. 成思危:《经济全球化与中国的应对》,《中国软科学》,2001年第3期,第8—12页。

30. 丝奇雅·萨森:《全球城市: 纽约、伦敦、东京》,周振华等译,上海: 上海社会科学院出版社,2005年,第2、3、28、246、265页。

31. 徐建:《"全球城市"的概念差异和发展逻辑》,《探索与争鸣》,

2019年第3期,第11—14页。

32. 彼得·迪肯:《全球性转变——重塑21世纪的全球经济地图》,刘卫东等译,北京:商务印书馆,2007年,第11、66页。

33. 格雷格·克拉克:《全球城市简史》,于洋、陈静、焦永利译,北京:中国人民大学出版社,2018年,第2、12、87页。

34. 宁越敏:《世界城市研究和中国的世界城市建设》,《探索与争鸣》,2019年第3期,第8—10页。

35. 迈克尔·波特:《国家竞争优势》,李明轩、邱如美译,北京:中信出版社,2012年,第38页。

36. 加里·杰里菲等:《全球价值链和国际发展:理论框架、研究发现和政策分析》,曹文、李可译,上海:上海人民出版社,2018年,第3、47页。

37. 联合国贸易和发展组织:《世界投资报告2013》,北京:经济管理出版社,2013年,第127页。

38. 彼得·纽曼、安迪·索恩利:《世界城市规划:全球化与城市政治》,叶齐茂、倪晓晖译,北京:中国建筑工业出版社,2016年,第38、39、45、52、238、269—270页。

39. 诸大建:《3.0升级版;全球城市的双元竞争力概念模型》,《探索与争鸣》,2019年第3期,第15—19页。

40. 周振华:《全球城市:演化原理与上海2050》,上海:格致出版社&上海人民出版社,2017年,第27、52—57、168、178、403页。

41. 上海财经大学课题组:《未来30年上海全球城市资源配置能力研究:趋势与制约》,《科学发展》,2016年第8期,第92—102页。

42. 陈磊:《从伦敦、纽约和东京看世界城市形成的阶段、特征与规律》,《城市观察》,2011年第4期,第84—93页。

43. 陈宪:《全球城市是一种永续的自我更新能力——基于国际比对和经验参照》,《探索与争鸣》,2019年第3期,第28—30页。

44. 徐建:《"卓越的全球城市"愿景与浦东开发开放》,《科学发展》,2018年第11期,第43—50页。

45. 周振华:《全球化、全球城市网络与全球城市的逻辑关系》,《社会科学》,2006年第10期,第17—26页。

46. 洪俊杰、商辉:《中国开放型经济的"共轭环流论":理论与证据》,《中国社会科学》,2019年第1期,第42—64页。

47. 联合国贸易和发展组织:《世界投资报告2013》,北京:经济管理出版社,2013年,第176页。

48. 爱德华·格莱泽:《城市的胜利》,刘润泉译,上海:上海社会科学院出版社,2012年,第5、32—35、65、73页。

49. 安杰尔·什洛莫:《城市星球》,贺灿飞、陈天鸣等译,北京:科学出版社,2014年,第61、89、102页。

50. 潘家华、魏后凯:《城市蓝皮书·中国城市发展报告NO.6:农业转移人口的市民化》,北京:社会科学文献出版社,2013年,第112页。

51. 权威人士:《开局首季问大势——权威人士谈当前中国经济》,《人民日报》2016年5月9日,第1版。

52. 张学良、刘玉博、吕存超:《中国城市收缩的背景、识别与特征分析》,《东南大学学报(哲学社会科学版)》2017年第4期,第132—139页。

53. 杨公朴、夏大慰、龚仰军主编:《产业经济学教程》,上海:上海财经大学出版社,2008年,第250页。

54. 项继权、刘开创:《中国特大城市过度极化的根源及其治理》,《理论与改革》,2018年第6期,第153—163页。

55. 倪鹏飞:《改革开放40年中国城镇化发展的经验与启示》,《光明日报》2018年12月11日,第15版。

56. 萨森:《全球城市转型之问》,《探索与争鸣》,2019年第3期,第5—7页。

57. 屠启宇：《建设卓越的全球城市：新视野、新思维、新责任》，《探索与争鸣》，2019年第3期，第24—27页。

58. Sassen, S. The Global City: New York, London, Tokyo, 2nd edn. Princeton, NJ: Princeton University Press, p.349.

59. 周振华：《伦敦、纽约、东京经济转型的经验及其借鉴》，《科学发展》，2011年第10期，第3—11页。

60. 何雪松：《上海全球城市的社会架构、文化融合与社会和谐》，《科学发展》，2016年第12期，第112—118页。

61. 乐施会OXFAM：《乐施会发布〈香港不平等报告〉，香港贫富差距增至44倍》，2018年10月1日，http://dy.163.com/v2/article/detail/DT1B5IRD0512QCHU.html。

62. 张幼文：《扩大内需与对外开放——论生产要素从引进、释放到培育的战略升级》，《毛泽东邓小平理论研究》，2009年第2期，第7—17页。

63. 多琳·马西：《关于空间与城市》，多琳·马西、约翰·艾伦、史蒂夫·派尔编著：《城市世界》，杨聪婷、朱颖、宫本丽、邓庆坦译，武汉：华中科技大学出版社，2016年，第137页。

64. 亚里士多德：《物理学》，北京：商务印书馆，2009年，第92页。

65. 马克思、恩格斯：《马克思恩格斯选集》第7卷，北京：人民出版社，2009年，第875页。

66. 耿芳兵：《马克思空间理论特性考察——基于空间正义、共同体实践、空间解放三个维度》，《理论界》，2017年第7期，第29—34页。

67. 马克思、恩格斯：《马克思恩格斯选集》第1卷，北京：人民出版社，1995年，第276页。

68. 李秀玲、秦龙：《"空间生产"思想：从马克思经列斐伏尔到哈维》，《福建论坛·人文社会科学版》，2011年第5期，第60—64页。

69. 黄荣滋：《马克思空间要素理论和社会主义流通体制的改革》，

《经济科学》,1985年第5期,第33—36页。

70. 马克思、恩格斯:《马克思恩格斯选集》第46卷下,北京:人民出版社,2009年,第33页。

71. Harvey D., The Geopolitics of Capitalism, Chaptery in D Gregory and J Urry(eds.), Social Relations and Spatial Structures, 1985, pp.128-163, London: Macmillan.

72. 陈学明:《论西方当代马克思主义》,《西南林业大学学报》,2017年第1期。

73. 杨芬、丁杨:《亨利·列斐伏尔的空间生产思想探究》,《西南民族大学学报》人文社会科学版,2016年第10期,第183—187页。

74. 张一兵、大卫·哈维、杨乔喻:《空间塑形与非物质劳动—张一兵与大卫·哈维对话之一》,《人文杂志》,2017年第11期,第22—31页。

75. 曼纽尔·卡斯特:《网络社会的崛起》,北京:社会科学文献出版社,2000年,第569页。

76. 牛俊伟:《从城市空间到流动空间——卡斯特空间理论述评》,《中南大学学报(社会科学版)》,2014年第2期,第143—149页。

77. 陆扬:《解析卡斯特尔的网络空间》,《文史哲》,2009年第4期,第144—150页。

78. 吴宁:《列斐伏尔的城市空间社会学理论及其中国意义》,《社会》,2008年第2期,第112—127页。

79. 藤田昌九、雅克-弗朗斯瓦·蒂斯:《集聚经济学:城市、产业区位与全球化》,石敏俊等译,上海:格致出版社、上海三联书店、上海人民出版社,2016年,第146页。

80. 大卫·哈维:《列斐伏尔与〈空间的生产〉》,黄晓武译,《国外理论动态》,2006年第1期,第53—56页。

81. 陶东风:《城市空间研究在中国的兴起及其理论旨趣》,《中国政法大学学报》,2017年第2期,第18—28页。

82. 约瑟夫·E.斯蒂格利茨:《让全球化造福全球》,雷达、朱丹、李有根译,北京:中国人民大学出版社,2013年,第15页。

83. 任政:《空间正义论》,上海:上海社会科学院出版社,2018年,第2页。

84. 张幼文、梁军:《要素集聚与中国在世界经济中的地位》,《学术月刊》,2007年第3期,第74—82页。

85. 周振华:《服务经济发展:中国经济大变局之趋势》,上海:格致出版社、上海三联书店、上海人民出版社,2013年,第104—105页。

86. 徐建:《在"全球城市"框架下谋划西咸新区发展》,西咸新区研究院编:《创新引领城市发展——首届创新城市发展方式(西咸)国际论坛文集》,2019年,西安:陕西新华出版传媒集团、陕西人民出版社,第148—155页。

87. 曹慧霆:《基于全球城市视角的上海国际社区发展研判》,《上海城市管理》,2016年6期,第71—75页。

88. 邓智团:《卓越城市 创新街区》,上海:上海社会科学出版社,2018年,第15页。

89. 程遥、赵民:《新时期我国建设"全球城市"的辨析与展望——基于空间组织模型的视角》,《城市规划》,2015年第2期,第9—15页。

90. 郑国:《公共政策的空间性与城市空间政策体系》,《生态文明视角下的城乡规划——2008中国城市规划年会论文集》,第1—8页。

91. 徐建:《如何在"全球城市"框架下理解我们的时代和城市》,澎湃新闻,https://www.thepaper.cn/newsDetail_forward_2030263,2018年3月19日。

92. 周振华:《上海改革开放40年大事记研究卷一:排头兵与先行者》,上海:格致出版社&上海人民出版社,2018年,第46页。

93. 徐建:《改革开放释放发展潜力》,《经济日报》第十版理论版,2019年4月22日。

94. 李银雪、江海苗:《上海公租房运营方式优化》,《科学发展》,2018年第5期,第100—106页。

95. 赵义怀:上海住房制度的变迁、经验得失及未来设计方向,网易号,http://dy.163.com/v2/article/detail/DTO5MTAB0514R9LG.html,2018年10月10日。

96. 王鹏:《上海市低收入家庭居住问题研究》,同济大学博士论文,2007年。

97. 上海市房地产科学研究院:《上海住房保障体系研究与探索》,北京:人民出版社,2012年,第33、34、37、43页。

98. 范佳来:《市属保障房已开工2.4万套》,《解放日报》第二版,2018年7月3日。

99. 屠启宇等:《金字塔尖的城市:国际大都市发展报告》,上海:上海人民出版社,2007年,第232页。

100. 刘志峰:《城市对话:国际性大都市建设与住房探究》,北京:企业管理出版社,2007年,第269页。

101. 严荣:《国际大都市的住房保障体系》,《上海房地》,2012年第5期,第27—29页。

102. 陈秉钊:《当代城市规划导论》,北京:中国建筑工业出版社,2017年,第10页。

103. 陈秉钊:《反思大上海空间结构——试论大都会区的空间模式》,《上海城市规划》,2011年第1期,第9—15页。

104. 李健:《全球生产网络治理的大都市区生产空间组织研究》,《南京社会科学》,2011年第5期,第1—7页。

105. 艾大宾、王力:《我国城市社会空间结构特征及演变趋势》,《人文地理》,2001年第2期,第7—11页。

106. 徐晶卉:《上海首季新设1411个外资项目,同比增43.4%》,《文汇报》头版,2019年5月13日。

107. 张晓辉、陈洪：《1998年以来我国房地产行业政策梳理》，http://www.sohu.com/a/272886407_498791，2018年11月2日。

108. 徐建：《从进博会与世博会比较看上海的城市发展逻辑》，《科学发展》，2019年第4期，第56—60页。

109. 李克强：《大规模实施保障性安居工程，逐步完善住房政策和供应体系》，《求是》，2011年第8期，第3—8页。

110. 邵珍：《"单核"向"多心"挑战现有社会管理模式》，《文汇报》第二版，2011年6月9日。

111. 胡毅、张京祥：《中国城市住区更新的解读与重构——走向空间正义的空间生产》，北京：中国建筑工业出版社，2015年，第174页。

112. 吴缚龙：《中国的城市化与"新"城市主义》，《城市规划》，2006年第8期，第19—23页。

113. 上海市政协人口资源环境委员会等：《上海建设现代化国际大都市的人口合理分布研究》，周剑萍主编：《上海人口与计划生育年鉴2002》，上海：上海科学技术文献出版社，2002年，第244—249页。

114. 陈烁：《大居：一个全新社区如何破解宜居难题》，http://www.pudong.gov.cn/shpd/news/20160911/006005029008_14f6bdc4-dc67-4822-a98d-7d88e8c04182.htm，2016年9月11日。

115. 考斯塔·艾斯平-安德森：《福利资本主义的三个世界》，北京：法律出版社，2003年，第29页。

116. 施建刚、李婕：《上海住房保障政策效应评价》，上海：同济大学出版社，2018年，第59、64、73页。

117. 姚玲珍、刘霞、王芳：《中国特色城镇住房保障体系研究》，北京：经济科学出版社，2017年，第15、16、21、33、55页。

118. 宋博通：《从公共住房到租金优惠券——美国低收入阶层住房政策演化解析》，《城市规划汇刊》，2002年第4期，第65—73页。

119. 宋博通：《20世纪美国低收入阶层住房政策研究》，《深圳大学学报: 理工版》,2002年第3期,第65—72页。

120. 王佳文:《美国的住房状况与住房政策》,《国际城市规划》,2015年第1期,第49—55页。

121. 杨晚香:《低收入阶层住房保障制度研究》,2010年行政法年会,2010年。

122. 陈珊:《欧洲城市更新与社会住宅共同作用的演变及其启示》,《住区》,2016年第1期,第28—34页。

123. 杨滔、黄芳:《英国"可负担住宅"建设的经验及借鉴意义》,《国际城市规划》,2008年第5期,第76—82页。

124. 汪建强:《英国"可负担住宅"的建设及其启示》,《河北工程大学学报(社会科学版)》,2008年第1期,第66—68页。

125. 李显龙:《国人买得起组屋》,新加坡文献馆,http://sginsight.com/xjp/index.php?id=4165,2010年1月28日。

126. 洪亮平、姚杨洋:《可持续性公共住房制度构建——新加坡公共组屋制度的发展及演进》,仇保兴等主编:《第十届中国城市住宅研讨会: 可持续城市发展与保障性住房建设》,北京: 中国建筑工业出版社,2013年,第113—117页。

127. 夏磊、任泽平:《新加坡如何实现"居者有其屋"? ——新加坡住房制度启示录(下)》,泽平宏观,http://www.sohu.com/a/256251655_313170,2018年9月26日。

128. 陈剑:《〈长租公寓的日与夜〉之四: 政府的作用》,财新博客,http://chenjian.blog.caixin.com/archives/187856,2018年9月6日。

129. 郑翔:《英国城市居民的住房供应和保障政策及其对我国的借鉴》,《中国房地产》,2007年第4期,第30—32页。

130. 李和平、章征涛:《城市中低收入者的被动郊区化》,《城市问题》,2011第10期,第97—101页。

131. 邹林芳:《德国城市更新中住房建设与政策实践:"社会城市"

项目的发展和挑战》，仇保兴等主编：《第十届中国城市住宅研讨会：可持续城市发展与保障性住房建设》，北京：中国建筑工业出版社，2013年，第365—371页。

132. 威廉·朱利叶斯·威尔逊：《真正的穷人：内城区、底层阶级和公共政策》，成伯清、鲍磊、张戌凡译，上海：上海人民出版社，2007年，第211、225、244、264页。

133.《比达达利首批预购组屋将竣工 区内公园2022年起分阶段建成》，联合早报网，http://www.zaobao.com/realtime/singapore/story20190505-953891，2019年5月5日。

134. 郑秉文：《住房政策：拉丁美洲城市化的教训》，北京：经济管理出版社，2014年，第44页。

135. 联合国人权高专办：《关于适足住房》，https://www.un.org/zh/development/housing/about1.shtml，2019年5月13日。

136. 王勤：《西班牙高品质低造价社会住宅实践对中国宜居住宅市场化开发的启示》，《住区》，2016年第1期，第13页。

137. 单文慧：《不同收入阶层混合居住模式——价值评判与实施策略》，《城市规划》，2001年第2期，第26—29页。

138. 朱锡金：《对大型居住社区的概念认知和上海住宅建设发展的断想》，《上海城市规划》，2011年第3期，第3—6页。

139. 胡佳：《迈向整体性治理：政府改革的整体性策略及在中国的适用性》，《南京社会科学》，2010年第5期，第46—51页。

140. 竺乾威：《从新公共管理到整体性治理》，《中国行政管理》，2008年第10期，第52—58页。

141. 谢微、张锐昕：《整体性治理的理论基础及其实现策略》，《上海行政学院学报》，2017年第6期，第31—37页。

142. Perri6, D. Leat, K. Seltzer, G. Stoker. Towards Holistic Governance: The New Reform Agenda. Basingstoke: Palgrave, 2002.

143. 彭锦鹏:《全观型治理:理论与制度化策略》,《政治科学论丛》,2005年第23期,第62页。

144. 李胜:《超大城市突发环境事件管理碎片化及整体性治理研究》,《中国人口·资源与环境》,2017年第12期,第88—96页。

145. 郑荣坤:《整体性治理理论的演进及意蕴探析》,《行政科学论丛》,2018年第11期,第51—56页。

146. 熊健:《上海大型居住社区规划的实践和思考》,《上海城市规划》,2011年第3期,第36—40页。

147. 徐建:《机动性:社会排斥的一个新维度》,《兰州学刊》,2008年第8期,第97—99页。

148. 谈燕:《今年市委头号调研课题启动》,《解放日报》头版,2014年2月27日。

149. 邱素琴:《当前大型居住区治理的困境与对策——以上海市浦东新区航头镇为例》,《上海党史与党建》,2014年第5期,第46—49页。

150. 熊竞:《上海基本管理单元建设的现状、问题与建议》,《上海城市管理》,2018年1期,第17—22页。

151. 中共上海市委:《市委决定2018年在全市开展为期一年的大调研》,《解放日报》头版,2017年12月30日。

152. 唐玮婕:《上海自贸区:持续深化改革 积蓄竞争优势》,《文汇报》头版,2019年3月4日。

153. 周阳敏:《基于包容性社会治理的保障房建设与管理研究——国外的经验教训及其对中国的启示》,《河南社会科学》,2011年第7期,第122—127页。

后　记

这是一本酝酿已久的书。

1999年，我自家乡扬州来到上海求学，并在复旦大学度过了从本科到博士阶段的完整学习生涯。二十世纪末、二十一世纪初，正是上海在"四个中心"框架下城市大发展、加速向上攀升的起步阶段。伟大的时代催生出无数的研究命题。这其中，住房体系的构建，因其和几乎每个城市人息息相关，受到持续的高度关注。

大型居住社区是新世纪以来具有上海特色的地方性政策术语，一般指的是大型保障房社区。我对大型居住社区的关注，可以追溯到十八年前博士阶段的课题研究，当时主要是从社会政策的角度切入，运用了较为流行的"社会排斥"理论。毕业后到上海市人民政府发展研究中心工作时，结合决策咨询研究，我调研了上海多个大型居住社区，就一些具体的问题撰写了多篇内参专报并获得市领导批示。2014年，我根据前期的研究积累，成功申请了国家社科基金项目，研究大型保障房社区的治理问题。

在构思分析框架和逻辑主线的过程中，我意识到必须跳出自身前期的研究框架，否则难以解释在调研中发现的新问题。恰好自2014年开始，在研究上海发展长远战略过程中，我对全球城市理论产生了兴趣，并集中阅读了大量相关文献。全球城市理论本质上是经济全球化时代的城市发展新话语体系，城市嵌入全球经济网络越深，则城市本身受影响程度也越高。以1990年浦东开发开放为标志的上海城市快速发展，以及"四个中心"的定位，实质就是上海向全球城市持续迈进的过程。而上海住房保障体系也大致在这一时期启动并持续构建。也就是说，宏观层面的城市整体转型、中观层面的住房保障体系，以及微观层面的个体和群体命运，在全球化加速的特定历史阶段、在上海这个中国大陆受全球化影响最深的特定城市，深刻地交织在一起并相互影响。事实上，在学术界关于城市空间的研究中，全球化因素的引入并不新鲜，但在特定区域和特定过程研究中的深度运用却并不够。基于此，我从全球城市理论体系出发，结合治理理论，构建了研究的分析框架。本书就是在前述国家社科基金项目基础上形成的。

如果说本书有什么新意的话，可能对传统观点的批驳是最主要的贡献。西方的研究著述以及国内对保障房社区的研究，几乎都指向这类社区因弱势群体的高度集聚而难以摆脱走向社区衰败和治理失败的命运。本书则认为，全球化进程对区域城市化进程的不同影响模式，以及城市政府不同的治理资源和策略等，对保障房社区的治理绩效有着显著的影响。本书以上海为案例的研究，初步证明了大型保障房社区成功治理的可能性。

需要指出的是，每个城市都有特殊的约束条件和资源禀赋，社区空间的演化也是一个长周期过程，因此这项以上海为研究对象的研究只是一个起点，期待未来能有更多的中国城市案例研究来丰富这个领域，给予政府政策制定和一线治理实践提供科学支撑。

著作是个人研究的结晶，文责需自负；但一本书的问世，远超出研究本身，背后离不开家人、师长和朋友的关心与支持。也要感谢文汇出版社和熊勇编辑，在合作过程中，我深感，专业和敬业是一种难得的品质。

致敬这个时代和这座城市，以及生生不息的人们！

徐建

2023年8月6日

图书在版编目（CIP）数据

"全球城市"的特殊空间治理／徐建著. 一上海：
文汇出版社,2023.9
ISBN 978－7－5496－3986－1

Ⅰ.①全…　Ⅱ.①徐…　Ⅲ.① 城市管理－研究－世界
Ⅳ.①F299.1

中国国家版本馆CIP数据核字(2023)第177394号

"全球城市"的特殊空间治理

作　　者／徐　建

责任编辑／熊　勇
封面装帧／张　晋

出版发行／**文匯**出版社
　　　　　上海市威海路755号
　　　　　（邮政编码200041）
经　　销／全国新华书店
排　　版／南京展望文化发展有限公司
印刷装订／江苏省启东市人民印刷有限公司
版　　次／2023年9月第1版
印　　次／2023年9月第1次印刷
开　　本／720×1000　1/16
字　　数／220千字
印　　张／17.75

ISBN 978－7－5496－3986－1
定　　价／58.00元